U0739368

读客文化

超级符号就是超级创意

中国的
品牌战略家

席卷中国市场21年的华与华战略营销创意方法

今天，在中国任何一个超市、药店、书店、小卖部、大商场、互联网，
你都能看到华与华设计的包装和推广的畅销产品。

华杉　华楠 著

十周年纪念版

江苏凤凰文艺出版社
JIANGSU PHOENIX LITERATURE AND
ART PUBLISHING

图书在版编目（CIP）数据

超级符号就是超级创意 / 华杉, 华楠著. — 南京：
江苏凤凰文艺出版社, 2023.5（2025.7重印）
ISBN 978-7-5594-7633-3

Ⅰ.①超… Ⅱ.①华… ②华… Ⅲ.①品牌营销
Ⅳ.①F713.3

中国国家版本馆CIP数据核字(2023)第045360号

超级符号就是超级创意

华杉　华楠　著

责任编辑	丁小卉
特约编辑	洪　刚
封面设计	吴　琪
责任印制	刘　巍
出版发行	江苏凤凰文艺出版社
	南京市中央路165号，邮编：210009
网　　址	http://www.jswenyi.com
印　　刷	天津联城印刷有限公司
开　　本	710 毫米 × 1000 毫米　1/16
印　　张	23
字　　数	554 千字
版　　次	2023 年 5 月第 1 版
印　　次	2025 年 7 月第 4 次印刷
标准书号	ISBN 978-7-5594-7633-3
定　　价	118.00 元

江苏凤凰文艺版图书凡印刷、装订错误，可向出版社调换，联系电话：010-87681002。

十周年纪念版自序
超级符号品牌理论

　　《超级符号就是超级创意》于2013年出版，之后历经两次增编，是华与华文库的第一本书，也是最重要的一本。这本书奠定的超级符号理论，如今已经成为中国市场普遍接受的营销传播理论，也随着华与华客户的全球化，开始在全球市场发挥影响。2022年，华与华与浙江传媒学院联合编著的本科教材《超级符号理论与实例》，将超级符号理论定义为行为主义符号学。

　　营销传播的理论，大致都源于心理学的两条主线。第一条主线，是从弗洛伊德到荣格，以潜意识、集体潜意识，到神话原型、品牌原型，超级符号的文化母体理论，就是这一条线；第二条主线，是从巴甫洛夫到维纳、华生，发展到大数据营销，以刺激反射为核心，人的一切行为都是刺激反射行为，刺激信号能量越强，行为反射越大，不研究心智，只观察、统计、预测刺激信号和行为反射的对应关系，整个人工智能，都以此理论为基础；华与华的超级符号方法，也以行为反射为最终目的和指导方针。所以，我们称之为行为主义符号学，是心理学史两条路线的结合。

　　超级符号理论也在继续发展，并从传播理论发展为完整的企业和品

1

牌理论，主要内容包括：

1. 一切传播都是符号的编码和解码，超级符号就是编织最有效率的符码，能最快促使消费者行动——两个行动：买我产品，传我美名；并高效积累品牌资产。

2. 文化母体四部曲——寻找母体，回到母体，成为母体，壮大母体。超级符号创作，基于文化母体，也就是共同的文化契约和习俗。华楠后来写的《超级符号原理》一书重点阐述了文化母体理论。文化母体，让品牌成为新的人类学、社会学意义上的习俗。

3. 品牌三角形理论——产品结构、话语体系、符号系统——就是品牌的全部构成。这个三角形，在本书中已经有所涉及，但当时并未确立为华与华方法的品牌理论。之后，我们将品牌三角形与皮尔斯符号三角形（符号、对象、解释项）结合，完善为超级符号品牌理论。

4. 视觉设计三角形理论，在强调刺激信号和行为反射的基础上，提出信号、识别、图腾的设计三角形，并强调信号第一，扭转重识别和图腾而轻信号的普遍错误设计观念，不是识别设计，而是信号设计。

5. 营销传播的口语哲学。语言是最大的符号系统，语言的超级符号就是口语和语音（听觉符号），口语第一，书面语第二；语音第一，文字第二；听觉第一，视觉第二。

6. 消费者的四个角色，是对消费者行为学的发展，特别是强调消费者的传播者角色，传播者角色与口语哲学结合，形成华与华方法的"播传"理论，强调"传"，而不是"播"；不是流量漏斗，而是流量循环。现在，播传理论已成为中国市场广泛熟悉的传播理论。

7. 品牌资产理论，品牌作为存在者之存在，不是存在于消费者的心中，而是存在于大众的嘴上，结合口语哲学，定义品牌资产为品牌的大众口语报道，品牌即言说，品牌资产是大众言说品牌的原话，能给品牌带来两大效益：买我产品，传我美名。

8. 品牌文化理论，品牌是一个物质财富和精神财富的集合，品牌文化就是品牌为消费者创造的精神财富，主要包括三大精神财富：情绪财富、人生财富、知识财富。

9. 企业战略理论，在本书中提出企业战略"三位一体"模型，后来结合企业经营活动理论，丰富华与华方法企业战略菱形模型，在《华与华方法》一书中有详细阐述。

10. 企业理论和企业家理论，在本书中提出，在《华与华方法》一书中有更多阐述，并在继续发展中。这是我未来十年的学术任务。

11. 营销"4P"理论，本书中做了4P和4C的区辨，之后发展为完善的华与华营销"4P"理论，主要框架是：产品是购买理由；价格是三个利益分配：分配给顾客，分配给上下游产业链和员工，分配给竞争对手；渠道是组织共同体；推广是整个品牌传播。

今年是华与华成立21周年，《超级符号就是超级创意》出版10周年。华与华每一天都在进步，超级符号理论也每一天都在发展，想要跟踪进展的朋友，可以阅读我们每年出版的《华与华超级符号案例集》系列图书，我以《超级符号品牌理论》为这篇序言的标题，这也是我下一本书的书名。

感谢您阅读本书！并期待在更多的华与华文库书籍中与您相遇！

华杉

2023年2月8日

于上海环球港华与华办公室

第三版自序
企业是经营知识的机构

　　《超级符号就是超级创意（第三版）》终于与读者见面了。本书2013年出第一版，2016年出第二版，2019年出第三版。同时，今年也在英国出版了英文版*Super Signs*。

　　第三版相比第二版，增加了汉庭酒店、足力健、莆田餐厅等新案例，还有一个比较大的变化，就是增加了《华与华简史》。因为2018年是改革开放四十周年，我们这一代是改革开放的产儿。所以，我也想用这篇文章来纪念改革开放。

　　第三版是最后一版，本书以后不会再增补了，这就是最后的样子。

　　接下来，"华与华"新的出版计划，是《华与华文库》。在2013年本书出第一版时，我请蒋炯文教授给我作序，他说："华杉，你这个书不像一本写超级符号的书，还有其他好多内容，信息量太大！"事实正如蒋教授所言，这本书，浓缩了我的好多思想，或者说，给这些思想起了一个头，每一个都应该单独成书，但却就这么拧在一起了。所以，之后的发展，就是将这些内容展开，写成《华与华文库》。

　　《华与华文库》目前已经出版了八本书。

1.《超级符号就是超级创意》，有中、英文版，并有得到APP音频课程。

2.《超级符号原理》。

3.《华杉讲透〈孙子兵法〉》，有中文简体版、繁体版、韩文版、泰文版，并有得到APP音频课程。

4.《华杉讲透〈论语〉》。

5.《华杉讲透〈孟子〉》。

6.《华杉讲透〈大学中庸〉》。

7.《华杉讲透王阳明〈传习录〉》。

8.《华杉讲透〈资治通鉴〉》的第一册，预计共三十册。

我模仿孔子的"祖述尧舜，宪章文武"，也确立了华与华方法的道统，我称之为孔孟王道、阳明心学、孙子兵法、德鲁克哲学、熊彼特理论、华与华方法、持续改善。"华杉讲透"系列，就是完成"孔孟王道、阳明心学、孙子兵法"的写作，等《资治通鉴》解读写完之后，我还会写《史记》解读。《史记》写完后，这部分就完成了。

其余的部分，2019年出版的《超级符号原理》由华楠执笔，是华与华超级符号方法的一个纲领性总结。接下来，我还计划完成《华与华方法》的写作，系统地讲述企业战略、品牌资产管理和持续改善。再之后，会扩展写作一部超级符号的专著。

主要计划大概是这样，还有其他一些出版物，就不一一介绍了。具体内容，读者可以关注华与华的官网和微信公众号。

企业是经营知识的机构。领先的企业，要做社会在某一方面的"首席知识官"，要站在人类在某一方面知识的前沿，更要为人类创造新的知识。我希望华与华能笔耕不辍，从我写、华楠写，到全员写作，不仅为我们的事业基业长青，也要为往圣继绝学，传承人类的文化遗产。

华杉

2019年2月14日

于上海环球港华与华办公室

第二版自序

《超级符号就是超级创意》出版三年了，书中的一些案例企业，都取得了巨大的进步。所以再版增修，也是补充一些新的内容。我想这本书，以后我会每三年再版增修一次。

"我爱北京天安门正南50公里"——固安——从一个落后的农业小县，发展成京津冀最耀眼的产业新城，在中国社会科学院发布的《中国县域经济发展报告（2015）》中，被列为"中国县域经济竞争力百强县"。

"I ♥ 莜"，西贝莜面村，在这三年成为中国餐饮业最耀眼的明星企业。

"一个北京城，四个孔雀城"，孔雀城跻身中国地产十强。

"晒足180天，厨邦酱油美味鲜"，厨邦成为中国领风气之先的调味品企业，其包装和广告风格都被亦步亦趋地模仿抄袭。

"小葵花妈妈课堂开课了"，葵花药业已成为中国儿童药遥遥领先的第一品牌。

三年时光，我们的事业有进步，我们的思想也有进步，除了在超级符号的方法上不断深入外，在对企业本质和战略的认识上，我们也有新的体会。这次增修最重要的内容，是对企业战略的重新定义——企业的本质，是为社会解决问题，企业的业务组合和产品结构，就是该社会问题的解决方案，所以企业战略，不是企业的战略，而是企业为解决该社会问题而为社会制定的战略。

在本次增修中，我们重新改写了原来的"企业社会价值论"部分，从"重新定义企业战略，重新定义企业社会责任"的角度，阐述了葵花药业如何解决中国儿童用药问题。又增加了"安全第一，360"的案例，360公司如何将自己的企业社会责任和经营使命，定义为"保护中国互联网安全"，并从个人网络安全、企业网络安全、国家网络安全三个方面，重新布局自己的业务战略，为企业奠定永续经营的使命基石。

人间正道是沧桑！我希望我们的营销方法正，创意不是贪巧求速，拔苗助长，而是抓住本质，一战而定；我们的价值观念也正，企业不是为机会所牵引，而是为使命所驱使，才能基业长青。

除了客户的进步、思想的进步，华与华自己也有一些进步。2014年开始，我们设立了一个内部的华与华100万元创意大奖，每年奖励公司最突出的创意。要得到大创意，就要让奖金额超过全世界所有的创意奖项，2014年，西贝莜面村项目组夺得了第一个100万元现金大奖，2015年的大奖由360项目组获得。这次增修，我增加了大奖赛的内容。

2014年，华与华也开始推行合伙人制，小伙伴们喊出"打造富豪创意人"的口号，总之是解决分配机制，让华与华的创意人能成为一个值得终身从事的富有岗位。目前除了我和华楠，我们有两位董事合伙人、三位合伙人。我希望未来有一百个，所以本次增修，也增加了一点合伙人制的内容，帮助大家了解华与华。

企业的经营，一要有事业理论，理论要清晰；二要有经营逻辑，逻辑要成立；三要有价值观，价值观要正。在本书最后，也收录了我在华与华2016年会上的发言，讲华与华的事业理论、经营逻辑和价值观，供大家批评！

谢谢您购买我的书——《超级符号就是超级创意》。

华杉　敬上

2016年5月11日于上海

第一版序

你的品牌超级符号是什么？

中欧国际工商管理学院营销系主任蒋炯文教授

收到了新书的书稿，在扫了一眼本书目录后，眼前一亮，便情不自禁地研读起来，一鼓作气读罢，有种欲罢不能的感觉。受此触动也就愿意就此话题说上几句，和读者以及业内人士分享，谈些心得以作讨论。

国内外以营销及品牌为题的商业畅销书不胜枚举，盖因近年来市场营销和品牌管理的话题获得了极大的关注，准确地说是热闹非凡。很多人都认为，似乎靠着一本书就能给求知若渴的读者和实践者释疑解惑，然而实际上这些"盛况"总让人感觉热闹过后缺少些真正落地的东西。在商学院长期从事营销学的教学工作，也让我看到学员们对于落地实用的品牌营销法门的渴求。

这也正是本书与其他营销学畅销书和教科书最大的不同。首先，言语和概念的使用通俗易懂，凝练的观点具有直接的指导意义，作者十数年的品牌营销咨询功底由此可见。

书中深刻地剖析了消费者作为营销的起始点和终极目标的多重属性，入木三分，根基扎实。尤其赞同"永远不要想消费者忠于你，反过来，是你时刻要忠于你的消费者"这句醍醐灌顶之论。想想诺基亚曾拥有庞大的重复购买的消费者，而今兵败如山倒，几乎消逝在手机市场上，这句话确实具有很强的现实警示意义。

在品牌方法章节中，从品牌顶层设计到具体落地实施，重复和强化了华与华公司在实际操作过程中总结下来的诸多创新精华案例以及凝结出的充满智慧的解决方案：把符号和话语做到极致，就是超级符号和超级话语。

当前随着中国经济的持续发展，以及社交媒体等创新互动营销方式的兴起，为企业和营销人士提供了更多的武器，如果运用得当将十分有利于企业为自己的产品和品牌找到在消费者心中的最佳位置。但有一点依旧不容忽视：那就是营销的根本法则和消费者的诉求从未改变——如何迅速获得消费者的认知并打动消费者。对于企业来讲获得认知和打动消费者的成本越低越好，大家都追求获得认知的投入比竞争对手更合理、更高效。而华与华的超级符号方法尤其着眼于用创意降低营销成本，并直接得到消费者的行动反射。

该书深具中国特色，所采案例不乏本土经典，但同时又具有明显的国际视野，放之四海而皆可用，深刻地践行了作者所说的"天下功夫，唯真不破"的道理。

本书的目的显然不是为了列入畅销书的行列博得一阵掌声和簇拥，而在于给读者提供一个深入思考品牌和营销的指引。作者的管理理念亦有别于他人，他认为一个开放的价值观造就了一个"平台生态圈"，这可以真正繁荣行业并提高国人整体的营销水平和认识。就观点创新这一方面看，作者毫无疑问是值得赞扬的。

所以读者读罢不妨问问自己，你的品牌超级符号是什么？

2013年10月 于上海

目　录

第三章　用词语创造流行看法

第四章　一切创意都是为了降低营销传播成本

第五章　企业社会责任、经营使命、企业战略三位一体

第六章　产品的本质是购买理由

第七章　品牌顶层设计：所有的事都是一件事

第八章　重新认识消费者：消费者的四个角色

第九章　调研方法论：一切调研在现场

HUA & HUA

华

2002

第一章

品牌就是符号

什么是超级符号?

有没有一种超级创意,能让亿万消费者,对一个陌生的新品牌,只看一眼,听一声,就能够记住它、熟悉它、喜欢它,并乐意掏钱购买它,甚至逢人就爱谈论它?

有!这个超级创意就是超级符号。

超级符号是人们本来就记得、熟悉、喜欢的符号,并且还会听它的指挥;超级符号是蕴藏在人类文化里的"原力",是隐藏在人类大脑深处的集体潜意识。它已经为掌握引爆它引信的人积聚了数万年的能量,将超级符号嫁接给品牌,就得到超级创意、超级产品、超级品牌、超级企业。

可以说,华与华方法是"企业符号学",是品牌营销的超级符号方法,是企业战略的超级符号方法,也是产品开发的超级符号方法。

先讲一个案例,作为超级符号方法的引子。

如果你经常坐飞机,可能在航机杂志上看到过这个广告。

我爱北京天安门正南50公里

010 - 6921 5888
www.guanda.gov.cn

Gu·An 固安工业园区

交通密集的区位优势

天安门正南 50 公里，北京中轴线上，就是大北京新兴的投资热土——固安工业园区。11 条高速公路，6 条铁路贯穿固安，这里高速交通的密集程度超乎您的想象，毗邻京津两地机场、港口，四通八达，气势如虹。

产业聚集的公园城市

固安工业园区为河北省新的经济增长极。固安及周边地区，形成了电子信息产业，汽车零部件产业，现代装备制造业的完整产业链，固安已成为很多企业投资大北京的首选园区。

固安是发达的工业园区，也是美丽的公园城市，商务休闲配套齐全，固安被誉为"中国温泉之乡"，优美的环境让您和家人安居乐业，爱上固安！

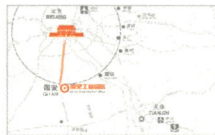

京东方厂房实景

行车路线：
沿京开高速到达榆垡出口，向南行驶 15 分钟抵达固安工业园区。

24 小时 全天候
为 投 资 者 服 务

▲ 固安工业园区杂志广告

这是河北省固安工业园区城市营销的案例。城市营销，营销的是一个"地点"，而营销的第一步首先就是要找到这个地点的"地标符号"。比如中国的符号是长城，北京的符号是天安门，上海的符号是外滩，巴黎的符号是埃菲尔铁塔，纽约的符号是时代广场。

2003年以前的固安，是在北京南部，河北省靠近北京大兴的一个河北省农业小县，如何把这个地点营销出去呢？我们如何找到一个符号，让投资者立刻熟悉它、喜欢它，并且马上就想去看看它呢？可是这么一个农业小县并没有什么值得挖掘的地标符号，所以我们没有在固安县的范围内找地标符号，而是找到了一个中国最大的超级地标、超级符号——北京天安门，然后根据天安门标注了固安的位置——正南50公里。这样一来，"天安门正南50公里"，大家一听就知道固安在哪里了，它的投资价值也就出来了。

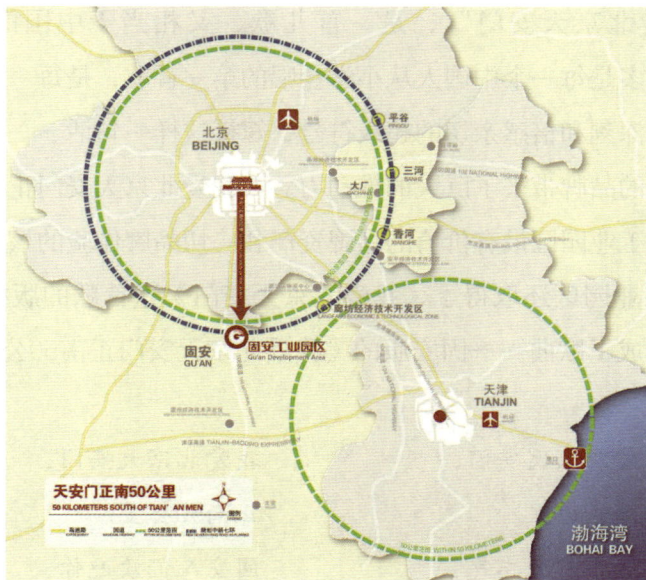

▲ 天安门正南50公里的巨大区位价值

这一个符号嫁接，把北京的符号嫁接给了固安，把北京的原力、天安门的原力注入了固安工业园区。

从这里你已经看到超级符号方法的价值，一个本来完全陌生的、第一次听说的地方能一下子让人感觉非常熟悉。这不正是一个新品牌梦寐以求的吗？你不知道固安，但你熟悉天安门，马上知道它在天安门正南50公里。它不仅能被人立刻熟悉，让人对它马上产生亲切感，还让人迅速了解其价值感，因为在这个符号里，有人们熟悉、亲切的符号，并且人们了解这个符号的价值。使用了这个符号，就一下子把这个记忆宝库打开了，运用了。投资建厂在天安门正南50公里，是不是很棒啊！

有了"天安门正南50公里"这个品牌超级符号，我们觉得还不够，品牌腾飞的两个翅膀还差一个，我们又找到了另一个超级符号，一首大家耳熟能详的歌——《我爱北京天安门》，从而得到我们完整的口号："我爱北京天安门正南50公里！"

"我爱北京天安门"，是一首儿歌，又相当于中国的"第二国歌"，差不多是每一个中国人从小学会唱的第一首歌，是每一个中国人都熟悉、意味深刻和倍感亲切的超级符号，嫁接这样一句话、一首歌，给固安工业园区的品牌带来了巨大的推动力。"我爱北京天安门正南50公里"就成了固安工业园区最有价值的品牌资产和一切品牌体验的核心。

固安工业园区还取得了《我爱北京天安门》这首歌的版权所有者的授权，改编成了歌曲——固安版的《我爱北京天安门正南50公里》：

我爱北京天安门，　　　　　　　我爱北京天安门，
正南50公里。　　　　　　　　　正南50公里。
小城市有大志气，　　　　　　　固安人们欢迎你，
固安人们欢迎你！　　　　　　　未来城市在这里！

广告是符号的编码，在固安工业园区的这个广告中，我们还可以看到，一个西装革履的西方男人——他是投资者、企业家的符号——端着一块标语牌，那标语牌的形式和字体，正是和天安门广场上"世界人民大团结万岁"的标语牌一致。

除了广告形象之外，在固安的规划馆，也是招商引资的展馆里，整个场景音乐都以《我爱北京天安门》为主旋律，改编成"叮叮咚咚"的钢片琴背景音乐，或者恢宏的交响乐。而所有来宾在参观结束后，最后一个环节，就是和固安工业园区广告形象上的那块"我爱北京天安门正南50公里"的标语牌合影留念。

天安门和《我爱北京天安门》的改编歌曲就是固安工业园区的品牌超级符号。

"我爱北京天安门正南50公里"，这一创意获得了巨大的成功，成为固安的城市品牌传奇、品牌资产，也成为固安的城市文化遗产。固安人为之骄傲，并在今天无所不在地把这个标语牌用各种形式运用到他们的城市景观、街道家具和城市节日活动中。

这样，仅仅过了十年，"我爱北京天安门正南50公里"，就成了固安的城市符号，而我相信，她有机会延续一百年、一千年。

总结：

所有的传播都是符号的编码和解码。超级符号方法，就是使用信息传达效率最高、信号能量最强的符号来进行编码。固安的常规编码方式是"河北省廊坊市固安县"，而编码为"我爱北京天安门正南50公里"，就是改变命运的超级符号创意。

▲ 在固安的城市导视系统上，也用上"我爱北京天安门正南50公里"的超级符号。

▲ 固安工业园区的广告牌，成为高速公路上的一道风景线。

▲ "我爱北京天安门正南50公里"，为固安加油。

▲ 在固安工业园区成立十周年晚会上，一群10岁的小朋友合唱"我爱北京天安门正南50公里"，载入固安美好的城市回忆。

▲ 参观固安城市规划展馆的来宾最后都在"我爱北京天安门正南50公里"标语牌后合影，带走固安记忆。

建立品牌就是建立符号

如果人类不曾发明"品牌"这个词，用"符号"来表述"品牌"的含义，或许更准确些。

"我们要建立一个品牌"，如果表述为"我们要建立一个符号系统"，对我们的工作会更具有指导性。

一个超级品牌就是一个伟大的符号系统。品牌要么始于符号，要么成为符号，通常两者都是。

如固安工业园区的品牌始于天安门这个符号，而十年后"我爱天安门正南50公里"成为固安的城市符号。

如可口可乐的瓶子始于女人的身体曲线符号，成为可口可乐的品牌符号，随着可口可乐品牌的成功，更成为人类的文化符号。

广告和品牌传播在理论上可纳入"宣传"的范畴，《不列颠百科全书》是这样定义宣传的：宣传是一种借助于符号（文字、手势、旗帜、纪念碑、音乐、服饰、徽章、发型、钞票图案、邮票等）以求操纵他人信仰、态度或行为的系统活动。

在此定义中，我们可看到，宣传是使用一个符号系统来达到特定目的的活动。**就国家的宣传而言，这一符号系统包括文字、手势、旗帜、纪念碑、音乐、服饰、徽章、发型、钞票图案、邮票等。品牌，也是一套符号系统，它和国家符号系统没有本质区别。**只是国家符号的功能是治国，品牌的功能是销售。

国家用符号影响人们的信仰、态度和行为，品牌用符号影响消费者的看法、观念和消费行为。

有的人可能不同意广告、品牌属于宣传的范畴这个观点，觉得宣传这个词过时了。不过，正如企业管理的理论是始于军队的管理，品牌传播理论首先始于政治宣传，政治宣传的最高境界，还是战争动员。可以说，宣传的理论是广告理论的母体，我们找东西要从根上去找。

商品也是符号

商品就是符号，在消费社会人们更是通过消费符号完成对自我角色的定义。比如一个姑娘，她拎一个LV的包，是为了通过这个商品道具的符号意义，来传达自己的角色。一个成功人士，住哪个地段、什么房子，开什么车，穿什么衣服，就是他给自己打造的一个符号系统。这个符号系统把他的身份、角色定义出来，传播出去。

商品作为符号来定义其消费者，商品本身也由符号完成定义，即：符号定义商品，商品符号定义人。

人是符号动物，符号携带着或明或暗的意义，深刻影响着人的行为，或者说符号控制了人的行为，是驱使我们消费的动力。

华人首富李嘉诚，可以说就是靠符号发家的，他靠什么符号呢？花的符号——塑料花。

以前人们喜欢在家里有一个花瓶，花瓶里面插上几朵花，这让家里很舒服、很温馨。但是鲜花很昂贵，而且需要经常打理、更换。所以那时的家庭在鲜花上要花费一定的开支。

二十世纪六十年代的时候，塑料工业发展起来了，于是商人发明了鲜花的符号——塑料花。这个塑料花买回来，往那上面一插，两年它也不会凋谢，这个东西多好，所以塑料花就一夜风靡全世界了。

当这个塑料花出来之后，下一步就要让这个塑料符号能够更像真花。生产商精心钻研把花做得鲜艳欲滴，怎么让花漂亮，怎么让颜色不褪，怎么能够水洗，洗完之后颜色还在上面，怎么才能永远都漂亮。很快技术上的问题就解决了。这个花一插上去鲜艳欲滴，当我们去做客，走到客厅的时候，我们一眼就看到，哎呀，你这个塑料花真漂亮啊！

主人这就不高兴，因为他希望你说它是真花。于是有人就在上面加香味，香味是一个符号，加上去香味之后，那个塑料花插在那里也能发出香味，进一步迷惑客人，让客人认为这个是真花。

后来，塑料花已经做得过于逼真、过于鲜艳、过于漂亮之后，又不行了，大家又觉得真花不应该是这样的。一朵真正采回来的花，有些地方必须是蔫掉的，有些叶子必须是有虫子吃过的。于是，又有一个天才，不再追求花的完美，他在花上面加上了虫咬过的痕迹。

首先，创造出一个符号来代替原来的东西，然后，不断地往上面添加，味道的符号、虫咬的痕迹、蔫掉的叶子等，不断添加各种符号来扮演真实的东西。当我们知道它是假的之后，我们还是愿意把它插在那里，而且谁在这个符号上面做得越完美，谁就卖得越好，这个就是对符号的消费，我们也愿意消费它。

我们深入地理解消费与符号的关系后，查看你身边的一切消费品，你就会发现符号无处不在。而且，符号一直深刻地影响你的购买行动。有些符号它生来就是符号，有些符号是在消费的过程当中演变、沉淀、进化为符号的。

我们在这里讲的符号不仅仅是商标，说符号消费经常被非常浅薄地理解为LV、GUCCI、阿迪达斯等商标的消费，我们在这里指的符号是指一切具有携带意义的视觉形象、听觉符号、触觉符号、味觉符号和嗅觉符号。在学校走廊上闻到臭鸡蛋味，就知道这是化学课的符号、硫化氢的符号、有毒的符号、叫你捂住鼻子快速通过的符号。

掌握符号就能创造出不一样的产品、不一样的体验来。一个面包商，把他的面包做成了美女的形象，然后这个新闻就被全世界都知道了，这个面包就卖火了，这就是简单地应用了符号。因为面包是可塑的，可以成为任何符号，他利用了这一点，他就卖开了。

一个会议桌，桌面是木屑做成的，不是昂贵的原木，但是你看上去的时候却很像是原木做的桌子，为什么会像原木的桌子呢？因为它使用了木纹的符号，它的桌面上被画上了木纹。为什么要画这个东西呢？因为买这个桌子的人愿意消费这个符号，他也知道这个桌子不是原木做的，但是上面有原木的花纹，他就更愿意买它。

"红烧牛肉面"——方便面包装上放着几大块牛肉的照片，那个牛肉的照片拍得让人垂涎欲滴，虽然你知道里面只是一包调料粉，而不是大块牛肉，但是由于封面上有牛肉的照片，你就愿意买；如果包装上印的不是牛肉的照片，而是一张粉末的照片，你会买吗？这就是符号的作用，这个符号用得越漂亮，用得越清晰，用得越好看，用得越让人垂涎欲滴，这碗方便面就越好卖。

实际上这里面带来美味的可能根本就不是牛肉，而是味精，是食品添加剂，你知道这一点，但是你仍然不会在乎它。因为包装上拍的是一块牛肉，没有拍味精，这就是符号的作用。虽然我们知道这个符号的意义是假的、是空洞的，但是我们还是愿意为这个符号付费。就像电影《黑客帝国》里那个叛徒，他看着手里叉子上的牛排，说："我知道这是假的，是电脑程序，但我还是喜欢它。"于是他为了得到一套生活享受的符号系统，出卖了人类。

可口可乐的玻璃瓶，那个经典的形状，一开始出现的时候，它是由一个女人身体的符号所演变来的，它借用了那个符号，使人们喜爱这个瓶子的形状，但是当它成为全世界到处都有的第一品牌的时候，这个瓶子就进化成为符号。

你身边的一切都是符号。比如现在拿起你的手机，你不用读说明书，你拿起来就能用，你知道搜索需要按哪个键，电话本应该按哪个键，回到首页按哪个，接电话按哪个，挂电话按哪个，你全部都知道。它没有教你，为什么你知道呢？因为上面的符号你全认识，不认识的符号可以猜，而且基本上都猜对了，不是你猜的能力强，而是设计这个符号的人本事大，他能够让一个使用者即使从来没有用过这个手机，也能根据符号指示正确使用。

再看看你的手机，拨打键和挂机键，是个听筒的符号。手机根本没有分成机座和听筒两部分，但是听筒拿起和放下的符号却流传下来。未来孩子们可能从出生就没见过听筒和机座分开的电话，但是他们继承了这个符号。从这个意义上说，听筒进化了，它在进化中消失了，升天了，留了符号在人间。

今天的产业特别是互联网产业，一切都是屏幕上的符号系统，产品开发、产品命名、用户体验，全部都是一个符号系统工程！

既然我们前面谈了那么久的符号，那么现在我们要来研究一下符号这两个字的意思。

什么是符号？符号学奠基人索绪尔在符号学开山之作《普通语言学教程》中说："我们可以设想一门研究社会范围内的符号生命的科学，它是社会心理学的一部分，也是普通心理学的一部分，我们称之为符号学。"

索绪尔提出"符号生命"，定义了符号是有生命的，有着对人的心理的强大影响力。符号学，是心理学的一部分。

商品与符号的关系是什么呢？

商品蕴含着消费价值，符号揭示和强化这一价值。

符号引导消费。

符号赋予商品生命。

符号在品牌战略中的价值

什么是传播？传播是人与人之间、人与社会之间，通过有意义的符号进行信息传递、信息接收或信息反馈活动的总称。

传播是进行符号的编码，再给接收者解码的过程。

营销传播的目的是通过影响消费者的观念和行为，促使他做出购买商品的行动。

你要消费者购买的这个商品，就需要一个符号。或者说，你需要一个符号来指称它。**这就是符号学的首要功能：能指和所指——指称功能。**

符号的指称，可以是简单的指称。如"狗"这个词，是一个能指，它的所指，是指狗这个动物。

符号的指称，也可以是非常高效率地浓缩大量信息的指称，**这表现了符号的第二个功能——浓缩信息功能**。比如"1＋1＝2"，这里的"1""＋""＝""2"都是符号。如果没有这些符号，一加一等于二还行，三千八百五十二乘以五万八千三百二十等于多少就费劲了。

想想你中学学过的那些数学、物理、化学知识，想想那些方程式，没有符号，整个科学体系就无法建立起来。当然，没有语言符号，语文你也学不成。

社会生活中如打招呼的动作，仪式、游戏、文学、艺术、神话等的构成要素都是符号。军礼、少先队队礼、飞吻、竖大拇指、竖中指，这些都是典型的动作符号。把食指竖起来放嘴边，这是动作符号，再配上一个声音符号"嘘——"，这是"别说话"的意思！

纳粹的举手礼，十万人在广场上举起手来，那更是摄人心魄的符号。一个动作，就统一了意志，压制了异己，并能发动对犹太人的攻击。整个希特勒的纳粹德国就是一个符号帝国，希特勒是一个把符号暴力发挥到极致的恶魔。

符号的第三个功能，是传达指令的功能。

也就是说，符号就是命令。

我们从小就学习并习惯、依赖于符号的命令。是斑马线告诉我们在什么地方过马路，是红绿灯保护我们在过马路的时候没有被撞，是厕所上面的那个洗手间的符号指引我们该进哪个门。

由于你认识符号，电话来的时候，你知道该按哪个键，你给一个两岁小孩看那个电话，他就不知道该怎么办。有一天，他爸爸教他，按绿色的键就是接电话的，你会发现，他非常着迷。电话一响，他马上冲过去要按那个东西。

在电梯里面，小孩够不着电梯的按键，但是一旦他发现按哪个按键可以控制这个电梯的时候，他马上就会着迷，然后每次都抢着按。他赖在电梯里面不出来，下到一楼，他又上到九楼，下到一楼，他又上到八楼。每一次他都会发现是正确的：只要按到九楼，电梯就在九楼开；只要按到八楼，电梯不会在九楼开，肯定在八楼开。

他慢慢地学习了怎么去应用符号，怎么去听从符号，怎么跟符号合作，来控制自己，控制这个世界。

符号有强大的意志力，影响人的看法，指挥人的行为。人们是听符号指挥的，"红灯停，绿灯行"就是符号指挥行动。乔布斯用它来设计软件，就是红按钮关窗，绿按钮开窗。

小时候看战争电影，吹冲锋号，这就是指挥你向前冲的符号。你不冲，就军法处置了。

▲ 整个希特勒的纳粹德国就是一个符号帝国，希特勒是一个把符号暴力发挥到极致的恶魔。

我们能够看到，符号可以浓缩承载极大的信息量，符号可以传达巨大的力量和影响人的思想行为。

简而言之，就是如下的几个功能。

符号的功能一：指称识别功能。

符号的功能二：信息压缩功能。

符号的功能三：行动指令功能。

这三个功能，正是营销传播所需要的，这就是符号在品牌战略中的价值。

这样就更能理解，为什么说建立品牌就是建立符号。**找到一个符号，能识别我们，浓缩我们的价值信息；还能同时影响消费者的看法——喜欢我们；指挥消费者的行为——购买我们的商品，还推荐给亲友。**

行动，我们要强调行动，因为一切的最终目的，在于行动。传播的基本原理，还是刺激反射原理，给出一个信息符号刺激，得到对方一个行动反射，如果不得到最终的行动反射，你的刺激还是无效的。

用符号打造品牌最小记忆单位

我们正处在一个信息碎片化的时代。

人们对一个品牌的印象，是来源于一些"记忆碎片"的堆积。比如你对可口可乐的印象，就是几十年来无数的记忆碎片堆积起来，形成的那个印象。

我们研究符号，就是谋求将记忆碎片中最小的一片，打造成一个品牌符号，并达到三个效果。

第一，每个人记得的都是同一片；

第二，一记就牢，不容易忘记；

第三，能装载品牌的身份及价值，实现零损耗传播。

"每个人记得的都是同一片"，这很重要，这样大家就不会对品牌盲人摸象，如果每个人摸到的地方都不一样，摸几年都摸不全。传播是什么，一传十，十传百，百传千，猫就被传成了大象。你要想你传播的东西不被传歪，不被损耗，不被夸大，就要打造一个明确的符号。

比如三精的口服液，每个人首先想起的都是蓝瓶，而蓝瓶会带来纯净、安全、科技的联想。想到葵花的儿童药，每个人都马上联想到小葵花妈妈在课堂上课的形象，这形象又带来健康、亲切、专业的信赖感。想到田七牙膏，就想到拍照的时候喊"田——七——"。

所以我们称品牌符号为"最小记忆包"，用以提高记忆和传播的效率及准确性，同时，极大地降低记忆和传播的成本。

"同一个记忆碎片，同一个品牌印象"，这是华与华方法做品牌体验的一个重要原则，你现在就可以测试一下你的品牌，问问周围的人："说到A品牌你想到什么？"看看每个人脱口而出的是不是同一个记忆碎片。如果能达到同一片，那就是一个极其了不起的巨大成就。

今天提到固安，所有人都能脱口而出"我爱北京天安门正南50公里"，这就是固安的记忆符号、品牌资产。不过，要想获得品牌资产，你还需要掌握一个宣传的超级秘诀——

宣传即重复。

你必须坚持不懈地重复十年以上，他就能成为百年品牌。

重复，是宣传的最大智慧，要做到很不容易，因为人们耐不住再上去创造一番的冲动，于是他们就会丢掉自己的金子，搞点新花样出来，他们会说他们在进行"品牌升级"！新创意往往是对品牌的犯罪，因为品牌的金子一旦丢弃之后，没人知道她曾是金子，她就这样消失了。

超级符号的超级在哪里？

什么叫超级符号呢？

在符号当中，哪些超级，哪些不超级呢？

我们前面讲到符号的**指称识别、信息压缩、行动指令**三大功能，超级符号就是这三大功能都达到最强的符号。

指称最强势，最明确。

浓缩信息量最大，最强，最准确。

行为意志力最强，对人的行为影响力最强，且影响的人最多。

这就是超级符号。使用超级符号，能够最大程度地提高品牌的传播效率。

什么样的符号这么超级呢？主要是公共符号和文化符号。

公共符号，比如红绿灯、交通标志、男女厕所标志，这就属于最强大的公共符号，因为全世界所有人都认识，而且听它指挥。所谓一切行动听指挥，我们每天都在听符号指挥。

超级符号是人人都看得懂的符号，并且人人都按照它的指引行事的符号，人们甚至都不会去思考它为什么存在，只要一看见这符号，就会听它的话！

挑战超级符号的后果是严重的，中国曾经两次挑战红绿灯这个超级交通符号。一次是"文革"的时候，因为红色代表革命，就应该代表前进，所以把红灯改为"行"，绿灯改为"停"，很快就因为造成混乱停止了；第二次是2012年的黄灯停新交规，规定机动车遇路口时应减速通过，黄灯亮时已经越过停止线的车辆可以继续通过，还未越过停止线的车辆应停车。抢黄灯行为属于违反道路交通信号灯通行，对驾驶人处以罚款和扣分的处罚。新规出台后，把大家都搞晕了，后来也是不了了之。

而另一种超级符号——文化符号，是指人类文化的原型符号，比如金元宝的形象是中国人的文化符号；餐桌布的绿格子，是全人类的文化符号。

超级符号有什么作用呢？它的作用主要是它在品牌传播上有着巨大的价值。

它可以轻易地改变消费者的品牌偏好，也可以在短时间内发动大规模的购买行为，还可以让一个全新的品牌在一夜之间成为亿万消费者的老朋友。

它为什么能轻易改变消费者的品牌偏好，让消费者喜欢它呢？因为消费者本来就喜欢它。

它怎么能让一个新品牌在一夜之间成为消费者的老朋友呢？因为它本来就是消费者的老朋友。

超级符号是人类文化的原型，蕴含人类文化的原力。

当品牌嫁接了超级符号，它就得到了人类文化原力的祝福，它就在每个人的大脑深处有了内应，就像电影《盗梦空间》一样，超级符号将品牌植入了人类数千年最深的一层梦境。

超级符号，就是和消费者的大脑里应外合的游戏。

厨邦酱油就是一个非常典型的、借助超级符号一举成功的案例。

在酱油这个激烈竞争的市场，厨邦如何异军突起，成为全国一线的重量级品牌？关键在于华与华为厨邦创意了餐桌布绿格子的品牌符号，并把它应用到厨邦的所有产品包装和企业形象上。

消费者可能不知道厨邦，不认识厨邦，但是他们所有人都知道绿格子，认识绿格子，了解绿格子的含义——餐桌布、食物和食欲。所以这个绿格子，一下子完成了厨邦品牌的识别、记忆、价值传达，还有消费者的品牌偏好——对绿格子的好感移植到厨邦品牌身上。

华与华方法说包装是最大的媒体，包装是品牌最重要的战略工具，

这个包装的改变价值有多大呢？

第一是极大地提高了产品的能见度。绿格子能形成强烈的陈列效果，特别是作为瓶形包装特有的45°角陈列面。因为消费者在超市是在货架之间穿行，他们看货架上的商品首先是从45°视角看的，而厨邦酱油瓶的包装的侧面恰好形成了一个密集陈列的绿格子阵列。这也是华与华方法的体现——包装设计是为了建立陈列优势。

第二是即刻建立品牌偏好。我们说超级符号能让一个新品牌，即刻成为消费者的老朋友。熟悉亲切的绿格子，让消费者即刻觉得这是一个熟悉的、亲切的品牌。

第三是唤起食欲。食品包装设计，做让人有食欲的设计是最重要的，什么样的视觉符号能激起人的食欲、刺激人的味蕾呢？餐桌布的符号就有这样的神奇功能。

这就是超级符号的魔力，能够激发人的整体性经验。

符号给人带来信息刺激，这个刺激激发了什么呢？超级符号和文化符号能激发起人类文化里关于这个符号的所有经验，打开消费者头脑中的记忆、情绪和体验宝库。这就是把人类的文化财富和原力能量为我所用。

超级符号方法是刺激消费者本能的最高效的反射方法。符号就是人们大脑深处的意识，是文化条件反射，是一个直接的、本能的反射捷径。

当消费者看见绿格子这个视觉符号的刺激，他的本能会让他的思想作出反射，甚至让他的味蕾作出反射。这个反射是本能的，是在一瞬间完成的。这就是超级符号的原力！就是电影《星球大战》的"原力觉醒"。

▲ 当消费者看见绿格子这个视觉符号的刺激，他的本能会让他的思想做出反射，甚至让他的味蕾做出反射。

▲ 绿格子能形成强烈的陈列效果，特别是作为瓶形包装特有的45°角陈列面。因为消费者在超市是在货架之间穿行，他们看货架上的商品首先是从45°视角看的，而厨邦酱油瓶的包装的侧面恰好形成了一个密集陈列的绿格子阵列。

▲ 厨邦董事长张卫华先生与华杉在厂商联谊会上，两人都系着厨邦绿格子领带。

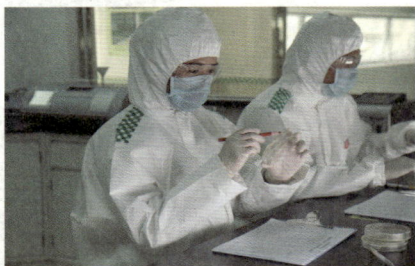

▲ 厨邦酱油的研发人员身着的工作服和身处的工作车间，也都标识着绿格子的超级符号。

▲ 厨邦酱油的工厂就是一个绿格子的海洋。

我们反复用了"原力"这个词。这个词是从哪里学来的呢？电影《星球大战》里，绝地武士使用的力量，是宇宙的原力，电影中的The Force，指的是本原的力量，原初的力量，最强大的力量。《星球大战》的导演卢卡斯是受谁的影响呢？神话学家约瑟夫·坎贝尔。卢卡斯说："《星球大战》就是基于坎贝尔的理念创作的现代神话。"坎贝尔的理念是什么呢？坎贝尔是神话学的开山祖师，写了《千面英雄》等神话学著作，提出了"神话原型"的概念。坎贝尔研究全世界所有民族、宗教的神话，大到基督教、佛教、伊斯兰教，小到印第安人和非洲的原始人部落，最终发现他们的神话都是相似的，都是英雄的冒险，都遵循同一个"原子核心模式"，所谓"千面英雄"，"The hero with a thousand faces"，是说一千个民族的英雄，有一千个面孔，但他们都是同一个原型，同一个英雄，同一个故事套路。

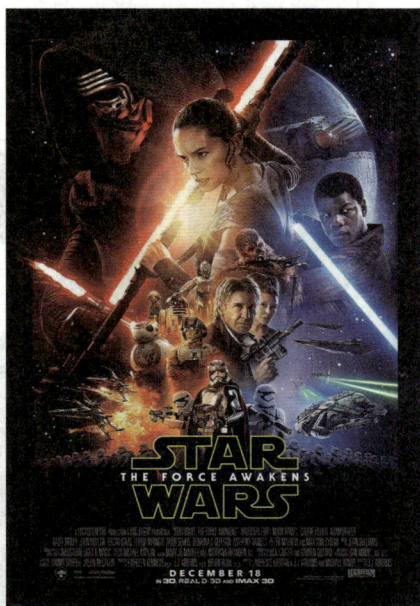

▲《星球大战：原力觉醒》海报，《星球大战》里绝地武士使用的力量，就是宇宙的原力。

原型，是神话、宗教、梦境、幻想、文学中不断重复出现的意象，当然也是品牌营销中反复出现的意象。后来品牌理论发展出品牌原型分类的理论，其基础就是坎贝尔的神话学。

坎贝尔的思想又从哪里来呢？来自荣格的集体潜意识，人类几万年形成的，在人出生之时就与生俱来的潜意识。弗洛伊德提出了潜意识，荣格提出了集体潜意识。

格子的形象，或许有几万年了吧？餐桌布的绿格子形式，或许有一千年？我们不知道它们存在的具体时间有多久，我们只知道，它深入到全世界，每个人都认识，都能做出同样的反应。这就是集体潜意识的原力。如果要我们溯源超级符号的理论根基，我们会追溯到卢卡斯、坎贝尔、荣格、弗洛伊德。超级符号，是运用人的潜意识，运用人类的集体潜意识，是最强大的文化原力。

正如索绪尔所说，符号学是心理学，我们追根溯源，能追溯到弗洛伊德和荣格。

▲ 左图：弗洛伊德；右图：荣格

再举一个例子，中国知名的餐饮品牌——西贝莜面村。

西贝莜面村要在全中国，乃至全世界推广莜面文化。

莜面文化本来就是世界性的，因为莜面学名"燕麦"，是联合国推荐的十大超级健康食品之一，在中国也被列为第三主食。

但是好多中国人都不认识莜面的"莜"字，不知道它念yóu，还有人把它念成xiǎo。我们想让所有中国人，甚至全世界的人认识这个汉字"莜"，但谁又有兴趣来上我们的识字课呢？所以这是一个巨大的营销传播障碍。

而超级符号、超级话语就可以即刻降低这个成本，一下子就进入到所有人心中去，使所有人都认识、都记住、都喜欢、都亲近莜面。

华与华找到了这个超级符号、超级话语，就是"我爱你——I love you！"并把I love you，嫁接为"I love 莜"！再用全球流行的超级符号，"我爱纽约"——I ❤ NY——的心形标志，创作了"I ❤ 莜"的超级符号。

这样西贝莜面村就拥有了具有强大冲击力的超级符号系统，创造了全球共享、无与伦比的品牌体验。"I ❤ 莜"的超级符号，也将西贝莜面村从一个有着浓浓的西北乡土气息的地方菜品牌，提升为世界级的国际品牌。

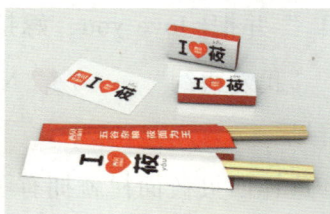

▲ 2013年11月13~15日，"中国美食走进联合国"系列活动在纽约联合国总部举行，潘基文秘书长、各国驻联合国官员等400多位嘉宾一起出席了本次美食品鉴会，西贝莜面妹现场展示了中国西北人制作莜面的传统手工艺，西贝莜面这一中国地方特色的美食，让嘉宾们领略了中国美食文化的独有魅力，并对中国美食赞不绝口！

▲ 不用问路到门口的西贝导视系统。

▲ 明档后的西贝莜面村厨师，身着"I ♥ 莜"的工作服，正在忙碌地制作美食。

▲ 西贝莜面村的服装文化

西贝亲嘴打折节，是华与华基于品牌资产观和营销服务观，为西贝从无到有创造的品牌节日。

每年2月14日情人节这一天，当你和你的爱人来西贝吃饭，只要买单的时候互相亲吻，西贝就会给你打折。所以，我们把西贝的品牌寄生，从"I love you"这句话，更推向了寄生在情人节这个文化原力上。

品牌寄生让超级符号"I ❤ 莜"寄生在2月14日情人节里，寄生在人们的表白场景中，放大爱的体验，这也就是为什么我们要创造亲嘴打折节活动，而且要办50年、100年，永远办下去。

▲ "亲嘴打折"商场宣传图、活动图

超级符号之所以超级，是因为它嫁接了人类文化的原力，成为人们生活的一部分。再举一个例子，中国老人鞋龙头企业——足力健老人鞋。

足力健老人鞋的使命是"让每一位老人都穿上专业老人鞋"。我们以城市公共路牌为灵感，创意设计了足力健老人鞋的超级符号，用了"醒目的三角形路牌+健康大步向前走的老人"这样一个组合。

为什么要做这样一个设计呢?

首先，三角形的设计来源于城市公共路牌，这是一个具有文化原力的超级符号，全世界人人都认识，它具有天然的视觉强制性，不想看都不行，这就降低了品牌的营销传播成本。

然后，三角形是一个超稳定结构，头戴绅士帽，手持文明杖，是一个大步向前走的健康形象，这就是足力健的老人。

而老人的形象和"足力健老人鞋"的文字，可以让那些第一次听说和看见这个品牌的人，也能够清晰地明白产品是什么，品类信息一目了然。

这就是用超级符号的方法去降低足力健老人鞋品牌的营销传播成本和消费者的选择成本。

▲ 华与华根据类公共符号创意设计了足力健老人鞋超级符号，用"三角形城市路牌"和"健康大步向前走老人形象"相结合，让消费者第一眼就注意到三角形的足力健老人鞋超级符号。

▲ 足力健老人鞋将超级符号全面导入全国5000多家门店，包括门店设计、物料道具、产品外观等。用超级符号和符号系统，持续积累品牌资产。

构建品牌符号的五大路径

如何创造品牌符号？人有五大感觉：视觉、听觉、嗅觉、味觉、触觉。这五大感觉，就是五条品牌符号化路径。

（1）视觉第一

我们通常说的符号，大多是指视觉符号。

一般来说，品牌符号还是遵循视觉第一的原则，我们记得的品牌，多半都先有视觉印象。从距离来说，看得比听得远；从速度来说，光速比音速快；从文化来说，文字要翻译，图形无国界。

但是听觉不一定是第二。

（2）听觉不一定是第二

田七牙膏，拍照时大声喊"田——七——"就是典型的听觉符号。

在品牌广告中使用固定的音乐旋律也是常用的听觉识别手段，如英特尔的广告："灯！等灯等灯！"

品牌听觉符号，用就比不用强，这就和品牌有标志跟没标志的区别一样。要有视觉标志，也要有听觉标志。田七的听觉识别和英特尔的听觉识别，它们的性质并不一样，英特尔是把一个音乐旋律，长期重复，成为一个符号，这个旋律并不是英特尔本身，甚至和英特尔也没有必然关系。田七的照相大声喊"田——七——"，则是品牌名称的独特听觉符号，它甚至也同时是广告口号，咧开嘴，露出牙齿，也传达了品牌的身份、价值和体验。所以，照相大声喊田七的"田——七——"更是一个品牌的听觉标志。

为什么要提出"听觉不一定是第二"呢？因为目前企业对听觉标志

的重视还远远不够，听觉标志的潜力还很大。

听觉有视觉无法比拟的优势，就是不需要看见。

视觉只利用了眼睛这一个感官，而听觉可以同时启动受众的耳朵和嘴巴，口耳相传。

消费者之间的传播，也就是传播的传。不是眼睛递眼色，是嘴巴传给耳朵；不是视觉在传，是听觉来传。

华与华方法说，不做传播做"播传"，长腿的创意自己会跑，播一个东西出去让它自己能传！

拍照大声喊"田——七——"，就是一个播出去自己就能传的代表案例。不仅企业在广告里喊，也带动了消费者之间的流行，让消费者在各个合影的场合替你喊。

在前面固安工业园区的例子中，选用《我爱北京天安门》这首歌，是超级话语，也是超级音乐——超级听觉符号。

视觉符号的选择，标准是过目不忘。

听觉符号的选择，标准是耳熟能详。

做编辑，不要做原创。不做原创，不是抄袭别人的，而是传承老祖宗的，因为老祖宗的东西，几百上千年还流传下来的东西，它已经进化为符号，人们耳熟能详，一旦做了定能百战百胜。如孔子所言，"述而不作"，不是创作，而是编辑老祖宗千锤百炼的智慧。

在中国，我们都熟悉那些革命歌曲，那些革命歌曲的创作，也可以说是运用了超级符号的方法，因为他们几乎全部是改编自民谣的曲调，这是它们得以传唱的关键。宣传家们懂得，不要自己去作曲，而是直接改编经历过时间考验的经典民谣。

要想确保我们的声音传遍世界，就要去找那已经传诵千年的东西，那就是超级符号。

传播的关键在于传，视觉只能播，听觉播又传。视觉设计成功的关键，也在于要做有听觉的视觉，也就是可描述的视觉，能说出来的视觉，厨邦酱油就是其中的典范。

妻子让你打酱油，要厨邦的，你可能出门就忘了。但她再告诉你"绿格子包装那个"，你就不会忘。传播的关键在于传，传是口耳相传，递眼色传不了多少信息，也传不了多少人。所以，听觉思维才是广告创作的关键。视觉传达是要让你设计的视觉元素能发动听觉传达。

我们再看厨邦酱油的绿格子符号设计，它是视觉传达设计，但它是一个具象的、可描述的、可以用听觉传达的视觉设计——"餐桌布绿格子"。

你做了个什么设计？你说！

我现在教给你一个设计方案检测方法。如果一个设计师过来向你汇报说，他做了一个设计。你就问他："你做了个什么设计？你说！"如果他通过描述就能让你的脑海里出现准确的画面，这是一个传播成本低的好设计。如果他说："没法说，你过来看嘛！"那就证明这设计的传播成本比较高。使用有风险，决策需谨慎。

传播的关键在于传，这是华与华方法最重要的核心之一。人们投放广告，总是用到达率来算千人成本。事实上，传达率的影响因素是到达率的十倍！而传达率是华与华创意方法的关键，这在本书后文会专门讲解。

（3）嗅觉符号和味觉符号

有人说现在我们要进入"嗅觉营销"，似乎这又是一个新知识，但其实还是一个老常识。

如果你脱离了常识去运用知识，就会有问题。

什么叫嗅觉营销呢？蔡英文在第一次跟马英九竞选中国台湾地区领

导人时，请了一个嗅觉营销顾问，给她策划"香水营销"，顾问设计了一款香水，命名为"LOVING：太平洋的风"，代表蔡英文的味道，在党代会喷洒，创造"蔡英文嗅觉记忆"，为蔡英文拉票。营销团队甚至还开发蔡英文护手霜，创造"蔡英文的触觉记忆"。

这就是嗅觉符号和触觉符号。

不过蔡英文的符号营销，是盲目营销，因为她脱离了符号和商品的关联。她去赶嗅觉符号的新潮，实在是非常荒诞。为什么呢？因为她不是酱油、酒店什么的，她的品牌跟嗅觉、触觉没关系，她需要的是政策记忆、人格记忆，不是嗅觉记忆、触觉记忆。

从蔡英文这件事上，我们也可以看到一种很典型的盲目，人们对一些营销理念、营销方法没有本质的认识，总以为出奇就能制胜，因而容易被一些"神奇的新招"迷惑。

做任何事情，要始终服务于最终目的，前面我们说了，符号刺激，一定要得到价值记忆和行动反射，没有价值，没有行动，盲目的刺激，就是干扰。

符号不是光在广告上，还在产品上。

产品本身就是企业的"自媒体"，是品牌最大的媒体。华与华做的所有案子，首先都强调"自媒体工程"。自媒体不是微博、微信，而是你的产品、包装、工厂、员工、车辆……你所有的一切，把他们和它们全面媒体化。在完成全面媒体化的自媒体工程之前，不要考虑投放媒体广告的事。

厨邦酱油的包装也是把产品包装当成广告位用的成功案例，那瓶颈上的"有图有真相，就在这儿晒足180天"，能顶多少亿的中央电视台广告啊。

要说味觉符号呢，老干妈就是老干妈的味儿，不是这个味儿顾客就不认。

康师傅红烧牛肉面，打广告："就是这个味儿！"我对这广告很有共鸣，有时吃到别的品牌的红烧牛肉面，如果它和康师傅味道接近，我就觉得："嗯，这个还比较正宗。"

酒店业是嗅觉营销的先锋，你走进任何一间香格里拉酒店，都是一个味道。

快消品也可以把嗅觉符号发展起来，现在包装纸有一种技术，在洗发水、沐浴露或牙膏标签上放一张用特殊技术制作而成的纸，就可以通过摩擦闻到产品的味道。

我们说嗅觉符号、味觉符号主要用在产品上，是因为你在媒体广告上闻不到也尝不到。不过，现在有了热敏纸技术，你也可以在杂志上闻到产品的味道了。

（4）触觉符号

符号学里讲触觉符号，一般以发烧为例子。

孩子发烧了，我们怎么知道他发烧了呢？先看见面颊发红、精神萎靡、表情痛苦——这是视觉符号，还呻吟——听觉符号，但这都不足以让你得出他发烧的结论，只有你动用触觉，用手在他额头上一摸——发烧了！

烫的触觉符号，才是发烧最大的符号。

在品牌营销中使用触觉符号，这种应用实际上是非常普遍的。在设计这本书封面的时候，我们就很仔细地设计了它的触觉——回忆一下你刚拿到这本书的情景——这触觉带给你什么感觉，让你对这本书作出什么判断？

有的语言学家认为，触觉才是人类的第一语言，婴儿一出生，就需要抚摸，而且能读懂抚摸。

很多人逛商店，特别是女人，喜欢把商品一路摸过去。即便她没有摸来摸去的习惯，在决定买之前，总要摸一摸的。买车也要摸一摸，买家具更要摸一摸，买房子还要摸摸墙壁呢！现在讨论网上销售和实体店销售的差别，那么实体店的主要优势，就是触觉优势了。

这世上有没有触觉营销的大师？有！日本的原研哉。

有人评价原研哉为"治疗视觉过剩的针灸师，材质的老师，触觉体验领域的领导者，色彩逃逸者，基本物品的赋形者"。再也没有对一个设计师的评价比这更高的了。

原研哉设计梅田医院的导视系统，全部使用白色棉布为材料，创造出柔和、清洁、温馨亲和的触觉体验。梅田医院因此获得联合国和世界健康组织颁发的"婴儿之友医院"的称号。

综上所述，视觉、听觉、嗅觉、味觉、触觉五大感觉都可以构建品牌的符号系统，根据你的产品的特点，来选你最突出的地方。至少，视觉和听觉都不要落下。

视觉符号不单是品牌标志，更重要的是产品设计的符号性

既然视觉第一，我们再多谈谈视觉符号。

首先，视觉符号不单是品牌标志。很多人一说视觉符号就认为很简单，不就是标志吗？

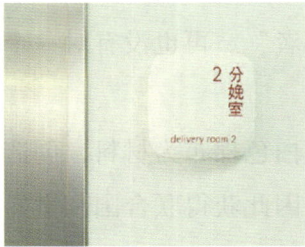

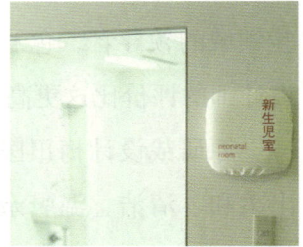

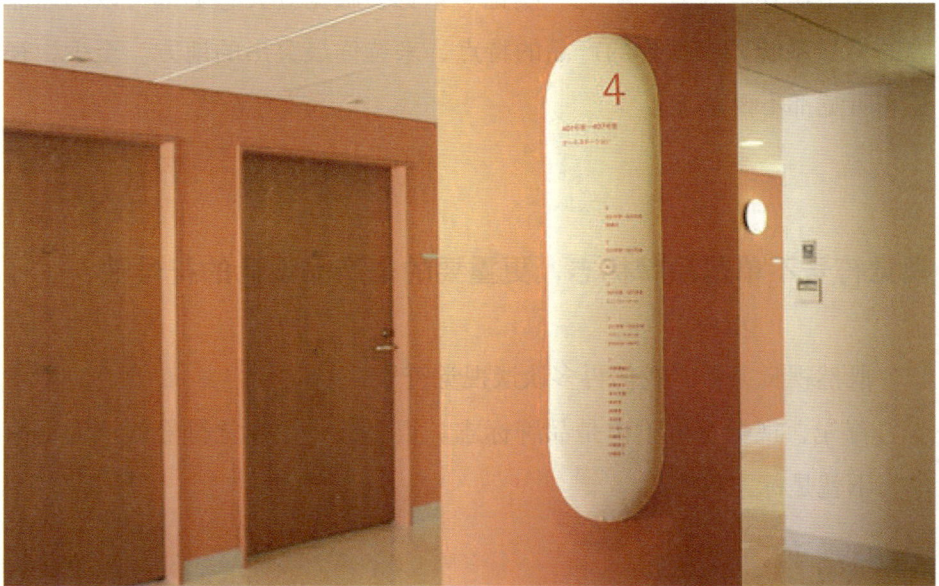

▲ 原研哉设计梅田医院的导视系统，全部使用白色棉布为材料，创造出柔和、清洁、温馨亲和的触觉体验。

其实不是。

符号首先在产品上。比如三精蓝瓶，那是个蓝色的瓶子，它并不是品牌标志。

汽车的产品符号比较典型，每一个品牌汽车都有一个符号性的前脸设计，它的识别力超过它的标志，因为标志很小，要开得很近才能看见，而外观的符号性远远地就能识别出来。

服装品牌在这方面也比较明显。

阿迪达斯的符号，不是三叶草，而是三条杠。因为这三条杠，在运动场上，你能一眼看到谁穿了阿迪达斯。

符号的意义在于降低品牌的成本——被发现的成本和被记住的成本。

被发现的成本就是常说的显眼，比如厨邦的绿格子就很显眼。

被记住的成本，一般来说，具象的东西记忆成本低。要记忆成本低，秘诀是视觉、听觉二合一，能描述的符号容易记，比如阿迪达斯的三条杠，耐克的一个钩。

那我们就来比较一下阿迪达斯的形象和耐克的形象哪个成本低呢。

我的结论是——阿迪达斯的成本要低很多倍！

比如你看足球赛，哪个队穿了阿迪达斯，你一眼就能看到，因为那三条杠从头到脚。哪个队穿了耐克，则必须要导播给你一个特写。

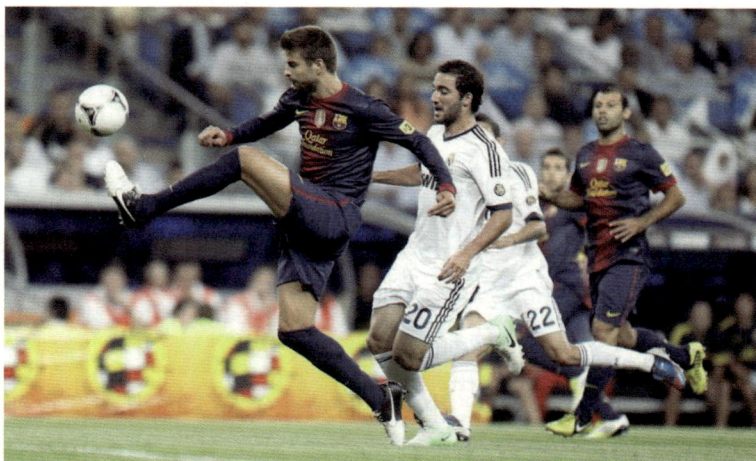

▲ 谁穿了阿迪达斯，远远就能看见。谁穿了耐克，则一定得导播给特写，这就是品牌的视觉成本。

如果你有兴趣，可以具体计算出阿迪达斯的视觉传达成本比耐克低多少的具体数值。

你可以让一排人，穿着各种品牌的运动服，站一排，从100米开外开始往前走，像测视力看视力表一样。走到多少米能找出阿迪达斯，假定是X，再走到多少米能找出耐克，假定是Y。X÷Y就是二者的成本差距倍数。

从这个分析我们可以看到很多中国的运动品牌，都去学耐克，左一划拉右一划拉，完全是盲目的。这样划拉有什么意义呢？既不像阿迪达斯能成为产品符号，又不像耐克是可以描述的一个钩。这些标志的设计，就像大多数的品牌标志设计一样，它们不是降低了品牌的成本，而是提高了品牌的成本，它们不是帮助消费者记住品牌，而是给消费者增加了一个记忆任务。

有人会问：那你怎么解释人家的成功呢？

答案是成功会掩盖很多错误。

这里也引出一个如何学习国际公司的问题，很多企业喜欢东施效颦，什么都跟着一线的国际公司学。其实国际公司的成功是个考古学问题，考它创业期的古，学习它当年是怎么成功的，而不是照着富二代、富三代现在的做法抄袭。

首先，耐克不是一开始就只有一个钩，它是在"NIKE"名字下面打了一个钩，不断地积累到一定程度才简化为一个视觉符号。

其次，它的钩本身是超级符号、文化符号，是全世界每个人都熟悉的符号，我们从小答对题老师不都打个钩吗？如果你学它，却反着画一道，那有什么意义呢？

继续说服装品牌——Burberry。

Burberry的符号，不是那个骑士标志，而是苏格兰情调的格子。很多人根本不知道Burberry的品牌标志，却能在大街上一眼就知道谁穿了Burberry，但是谁穿了Armani就不一定能发现。

这也解释了那么多奢侈品品牌，为什么LV获得了最大的成功，因为它的符号性最强。

厨邦食品的符号，不是厨邦的标志，而是餐桌布的绿格子，它的识别力远远超过厨邦标志。

人们在设计品牌形象的时候，往往是设计标志，然后再设计一个"辅助图形"。我不知道辅助图形这个词是谁发明的，但我觉得这个词非常盲目。为什么标志一定要有一个辅助图形，标志为什么需要辅助，那辅助图形怎么辅助，它的辅助是否提高了品牌价值？

绿格子是不是厨邦标志的辅助图形？

不是。绿格子是厨邦的品牌符号，是厨邦品牌形象的核心。

那厨邦品牌形象的辅助图形是什么呢？

不知道，在华与华方法里没有辅助图形这个词。

视觉符号的关键，是解决品牌"惊鸿一瞥"的问题。

什么叫惊鸿一瞥？就是鸟从草丛中惊飞起来，一闪而过，你眼角余光扫到一眼，也能被这惊心动魄的美所震撼！

当消费者用他眼光的余光瞟我们一眼，看到我们的一个局部、一个影子，我们也能吸引他！也能让他知道我们是谁，有什么价值，和他有什么关系。

2010年温哥华冬奥会，男子自由滑雪空中技巧比赛，当运动员从夜空中翻腾而过，哪个队的队服能一眼认出来？只有美国。

毫无疑问，队服设计美国队第一。如果让我给美国队的队服打分，我会打90分，第二名只能给60分，设计水准的差距非常大，可以说是质的区别。

队服设计就相当于品牌商品的包装设计，那队服设计有什么原则呢？

（1）**效果上：追求"惊鸿一瞥"的效果，让消费者在惊鸿一瞥间，也能立马认出你的品牌。**

（2）**方法上：使用符号，绝不是把品牌标志打得大大的，而是形成独特的风格和符号效果。**即使撕成碎片，任意拣起一片，也有品牌符号，能识别。

美国队队服的设计是上述方法的完美验证，真正符合"惊鸿一瞥"，一堆人在那里，乱糟糟的，你瞥一眼就知道哪个是美国队的。把队服都撕成碎片，随意捡起一片，加拿大队服识别不了，美国队队服就能识别出来。

▲ 冬奥会上美国队队服是"惊鸿一瞥"设计方法的完美验证，你瞥一眼就知道哪个是美国队的。

为什么呢？因为它使用了符号和花边。作为队服来说，最醒目的位置，已经留给了冬奥会的统一马甲，所以供发挥的只有其他"次要部位"。美国队队服的设计，将国旗的星星撒满全身，既像漫天雪花，契合冬奥主题，又让美国的符号撒满了每一个角落；既是衬托统一马甲的花边背景，又实现了喧宾夺主，让自己的品牌成为绝对主角的目的。

其他国家的队服设计，如瑞士和加拿大，都是把本国标志打得大大的，这些就属于典型的"标志搬家"型设计，把标志到处搬家，搬到不同的东西上面，出不了什么彩。

中国队队服的设计也有可圈可点之处，在高高的衣领上下了功夫，后腰也有，用中国传统纹样装饰。衣领这个地方选得特别好，但是纹样的"符号性"不够。

什么叫符号性不够呢？就是美国队那个满天星全世界任何人瞥一眼都知道是美国，而咱们这个花领子除了咱自个儿以外，地球人都不知道这代表中国，设计所采用的符号并不是代表中国品牌的"通用符号"，不是**"自明性符号"**，不能不言自明也！

在设计问题上，还要注意**"不要内涵导向，要外延导向"**，津津乐道设计有多深的"文化内涵"是没有意义的，设计没有"画外音"，消费者没有机会听到你的解释。讨论设计的出发点不是说这个设计是怎么来的，而是这个设计能带来什么效果。从符号学的意义上讲，你所设计的"能指"，它的"所指"必须是所有人都清晰了解的。所指不是内涵，是外延，我们需要它的文化外延，为我们创造更多价值。

和美国队队服设计一样，华与华做过一个非常类似的设计，就是云天化的"六颗星牌长效肥"包装设计。化肥的销售环境非常差，堆在环境脏乱、光线昏暗的农村小店里，也没人给你搞陈列管理。如何让消费者能一眼见到我们的品牌呢？我们也用了满天星的花边设计，随你怎么堆码，都能使来者惊鸿一瞥，我就是最强的品牌。

　　和中国队队服设计相似的呢？也有，而且设计要好得多！《李宗仁回忆录》里有一幅李宗仁的照片，身着副总统礼服，礼服的衣领和袖口是梅花图案，很漂亮！符号性也很强，因为梅花是民国时的国花。

　　李宗仁的衣领和中国队队服的衣领有什么区别？在符号使用上有很大区别，李宗仁礼服的梅花衣领是具象的梅花图案，任何人一眼就能识别出梅花来，用华与华方法来说，这是一个能说出来的视觉，能传播的视觉。而中国队队服的衣领花边抽象化了，描述的难度大了，传播的成本高了。

▲ 李宗仁身着副总统礼服，礼服的衣领和袖口是梅花图案，因为梅花是民国时的国花。

这里也给我们一个经验：具象的形象比抽象的形象有更大的传播力和商业价值，而我们实际工作中，往往不愿意用具象符号，一定要把它抽象化。为什么呢？因为创作者觉得，如果照着梅花画梅花，他就没有"创作"，只有把梅花改一改，抽象了，才"创作"了。

可是我们创作的目的是创造价值。我们用梅花就是为了得到梅花的价值，如果我们把它创作得看不出是梅花了，那我们为什么要创作呢？

回到六颗星牌长效肥的例子，我们还要讲讲它的超级符号故事。这个吉林云天化的化肥品牌，目前已经成为全中国化肥业的明星品牌。

吉林云天化之前的主打品牌是英德利。为什么要用这个名字呢？为了国际化，英德利——英国、德国、意大利，不是很国际化吗？

英德利并不像我们想象的那么"国际化"，因为中国人不懂，英国人、德国人、意大利人更不懂，这名字跟谁都不沾边，所以这个名字的传播成本实际上非常高。

于是吉林云天化从企业的注册商标清单中，重新选择了"六颗星"这个商标，决定重新投资这个品牌。

有人说，六颗星这个名字土啊！

不土，这个名字一点也不土！恰恰相反，这个名字很洋，这才是真正国际化的品牌，因为中国人懂，英国人、德国人、意大利人、泰国人、马达加斯加人、古巴人、冰岛人都懂，六颗星嘛！六颗星这个名字，已经画出来的星星，才是全世界人都认识的超级符号。

补充一下，我们也为它创作了超级听觉符号，这是中国本土的二人转："六颗星牌长效肥呀，轰它一炮管半年哪！"

今天你去到长春的刘老根大舞台，二人转演员们还不时唱这广告歌逗大家乐，这广告歌已经引爆流行了。

大哥 把心留住呗

老妹啊 六颗星 把锌硫住了

锌加硫 三段控释

加锌 叶子黝黑黝黑的 加硫 棒子死沉死沉的

六颗星牌长效肥

轰它一炮管半年

想挣钱使六颗星

越使越有钱哪

▲ 我们也为六颗星长效肥创作了超级听觉符号，就是中国本土的二人转："六颗星牌长效肥呀，轰它一炮管半年呐！"

再比如我们为莆田餐厅设计的超级花边——水波纹。波浪本身就是一个全球都认识的符号，是一种带有魔力的图案，它的规律性和指向性都有很强的视觉控制性，拥有让人看一眼就能记住的视觉效果。

对于国际品牌来说，一个个性鲜明、记忆深刻的符号至关重要，只有符号的统一，才有品牌印象的统一；只有品牌印象的统一，才有品牌管理的统一。因此，在莆田向全球品牌转型的关键时期，我们就提炼出了莆田"水波纹"这个超级花边来统一所有的传播管理。

锯齿状的水波纹早在陶器时代，就成为必不可少的文化符号被广泛应用，是积蓄了一万年的原力。

一万年前，从原始社会的陶器时代就开始运用水波纹作为符号

中国半坡时期文物　　　　　　中国战国时期文物　　　　　　中国西夏时期文物

美国大都会艺术博物馆
各个时代出土文物上的水波纹符号

11世纪瑞士西庸古堡
CHILLON宴会厅的水波纹墙壁

莆田餐厅水波纹花边是具有决定性的、超强势的视觉战略。

餐饮行业最大的自媒体就是店面本身，所以我们立足于全球门店，将其变成品牌的传播平台，展开阵地式的传播。

门店上我们大面积使用了醒目的水波纹，而锯齿状、阅兵阵列式的波纹符号在琳琅满目的商场中，能够获得无与伦比的视觉优势，可以把过路人的目光牢牢地抓过来，让莆田的店面达到一眼能看到，一眼能识别的视觉效果。

在店内，利用每一个可以利用的地方：报纸、餐台纸、台卡、菜单等，全部都是水波纹。

在莆田的对外宣传上，都会加入水波纹超级花边，不管主推的是什么新菜品，顾客看到水波纹就知道是莆田的菜品，创造熟悉感和亲切感。

这个超级花边符号持续积累下去，就会建立起品牌的储钱罐，最终形成莆田的品牌资产。

2015年，莆田餐厅在进入中国市场之初就同华与华展开了深度合作。华与华为莆田餐厅创造了莆田蓝的颜色符号和水波纹的超级花边，通过建立强势的品牌符号系统，实现了莆田全球品牌的全新升级。

　　从超级符号到持续不断的产品开发创意，华与华为莆田品牌注入了新活力、新武器，这也是华与华方法在亚洲战场首次亮相并有效推行实践。

▲ 莆田水波纹在门店的应用

莆田(新加坡)Kitchener Road店
连续3年荣获米其林一星餐厅

▲ 2018米其林晚宴颁奖现场，莆田KR店总厨李文武上台领奖

▲ 莆田（新加坡）Kitchener Road店（总店）

▲ 莆田超级花边——水波纹在店内自媒体的应用

品牌寄生，把品牌寄生在消费者的生活行为中

超级符号的方法，是嫁接文化，也可以是嫁接生活，我们称之为"品牌寄生"，把品牌植入消费者的生活，寄生在消费者的生活行为中，如拍照大喊"田——七——"，就是把田七品牌寄生在照相的行为中。

你的"品牌超级符号"是什么？

固安工业园区的品牌超级符号是天安门，《我爱北京天安门》的歌曲也成为它的超级符号；厨邦酱油的品牌超级符号是餐桌布绿格子；田七牙膏的品牌超级符号是拍照不喊"茄子"喊"田——七——"；三精口服液的品牌超级符号是蓝色的药瓶；英特尔的品牌超级符号是"灯！等灯等灯！"；阿迪达斯的品牌超级符号是三条杠。

超级符号是品牌传播的核动力，又是品牌资产的信息压缩包。品牌就是一个符号系统，它始于符号，又进化成为人类的文化符号。

你的品牌超级符号是什么？

HUA & HUA

華

2002

第二章

如何用一句话就
说动消费者购买？

一句说动消费者购买的话，就是品牌的超级话语

谈了超级符号，我们再谈谈超级话语。

请你先问自己一个问题，你能不能一句话说清自己的业务？

停顿一下，想想这句话，再往下读。

……

第二个问题，你能不能用一句话就说动消费者，让消费者购买我们的产品和服务？

停顿一下，想想这句话，再往下读。

……

很多企业，都梦寐以求这一句话。

怎么能把我们公司的业务说清了？别说一句话说清，很多企业给他十句话，他也说不清。

怎么能一句话就让消费者买我们的东西？

太难了！所以我们往往不停地往下说，希望在最短的时间里能够说得更多，或许，有一句话就打动了消费者呢？

但是，我们也看到一些企业，往往是被大家嘲笑，被羡慕嫉妒恨的企业，或者"它再好我也不会学它"的企业。它们做一些很"恶俗"

的广告，就把一句话来回说，说好多遍，很烦人，偏偏他还卖得很好，"简直是没天理，中国消费者素质太低了"。

这些企业，就是找到了那句话的企业。因为你没有找到，所以你体会不到。一旦你找到"一句就能说动消费者"的那句话，你就豁然开朗、食髓知味，给你多少时间，你也不愿意说第二句，就愿意拿那一句话重复。

要说动，既不需要经过说清，也不需要说服

再回到本章节开头的两个问题，我们用了两个词："说清"和"说动"。说清自己，说动消费者。这两个问题其实不在一个层面，说清是手段层面，说动是目的层面。说清的目的，是为了说动。

是不是一定要说清，才能说动？

不一定！

说清和说动，有非常大的本质区别。

说清是主观的，说动是客观的。

说清是相对的，说动是绝对的。

说清，是你认为你说清了，其实你可能没说清。你认为你说清了，但你的同事们认为没说清，所以大家在会议室里吵啊吵，怎么把我们公司说清。

最后大家妥协了，一致同意说清了，说出去之后发现听的人没听清。

他可能认为他听清了，但可能其实他没听清；可能他听清的，跟你说清的，不是一回事。"我说的根本不是那个意思！"人们总会有这样的委屈。

他永远不可能和你一样清楚你要说的事。

反过来，所谓旁观者清，有时候别人会比你更清。

所以说清、听清，都是主观的、不确定的。

说清是相对的，说到什么程度算说清了？这个问题也很重要，因为人们普遍的思维，就是觉得自己的价值没被充分表达，所以公司开会也不能达成一致，因为永远还有没说出来的价值，没说清。

而说动是客观的，是绝对的，他动了就是动了，没动就是没动。

动，是心动，最终需要落实到行动。顾客来了就是来了，没来就是没来，买了就是买了，没买就是没买。这个衡量很具体。

说清和说动的话题再展开一下。

传播学讲说清、说服、说动三个层次，但这并不是说的三个阶段。要说动，既不需要经过说清，也不需要经过说服。

说服是一个更纠结的追求，你不要老想说服消费者，你越想让人"服"，人家越不"服"，凭什么一定要服你呢？

既然我们的目的是说动，我们就研究让他"动"的方法，而不是让他"服"的方法。

所以本章节所说的超级话语的方法，是说动的方法，聚焦于"说动消费者"这个目的，探求一句话解决的方法。

超级话语，要能让人行动

品牌超级话语，就是一句话说动消费者的话语。

说动消费者，就是消费者听到这话后会行动。

"我爱北京天安门正南50公里，固安工业园区"，就是固安工业园区的品牌超级话语。

我们用这句话，来对照一下说清、说服和说动的关系。

这句话说清了什么？它说清了固安工业园区的地理位置。

这句话把固安工业园区说清了吗？我想没有人会认为说清了。特别是固安工业园区的员工，更不会同意这一句话就能代表固安工业园区，那太"浅"了，没有把我们的价值都传达出来，我们有……我们还有……还有……

这句话是固安工业园区的"定位"吗？也不是定位。

这句话能说服顾客吗？人家没那么容易服。

所以，以说清、说服为目标，我们就很难聚焦于说动这个目的。

目标和目的，是两个层次，达到目标，是为了实现目的。目的才是关键，目标只是手段，达到目的，不一定需要经过你设定的那个目标。

"我爱北京天安门正南50公里，固安工业园区"，这句话能把固安工业园区的顾客——投资选址的企业——说动。

对于投资者来说，这句话最精确、最有想象力地告诉了他固安工业园区的位置——天安门正南50公里。这意味着他可以享受到北京的超级都市配套服务，商务、生活、教育、医疗、科研、人才，中国最好的资源都在他50公里范围内。其实不用50公里，因为不需要到天安门。那为什么不说三环外30公里呢？因为三环不是超级符号、超级地标。

在天安门正南50公里，他也知道这里的交通和物流运输条件，首都机场、天津机场、天津港，密集的高速公路网。

这一句话，信息量非常大。

这句话的感情含量也很大！"我爱北京天安门"又给了他一种情绪、一种亲切、一种冲动、一种好奇，他想来看看这个地方到底是怎么样的。

超级话语，是嫁接了人类文化的符号

法国符号学家罗兰·巴尔特在他的学术名著《符号学历险》中这样说广告："商业动机不是被掩饰，而是被一种大得多的再现作用所倍增，因为它使读者与人类宏大主题进行沟通。"

"我爱北京天安门正南50公里，固安工业园区"的符号编码包含了双重信息：商业的信息——固安工业园区在天安门正南50公里；文化信息——我爱北京天安门。

"我爱北京天安门"包含了人们头脑里的一个整体性的、丰富的记忆包，包含了中国的宏大主题和文化遗产。

"我爱北京天安门正南50公里"使得固安工业园区的商业动机，不是被掩饰，而是被放大并与中国的宏大主题相结合，打开了一个文化资产的宝库。

固安工业园区和它的顾客之间，本来没有什么联系，只这一句话，就建立了最深厚的联系。

固安工业园区本来是一个新的品牌，并没有形成品牌资产。这句话使它获得了"我爱北京天安门"的文化资产，成为固安工业园区的品牌资产。

这就是品牌超级话语的价值。但这还不是全部。

我们再回到"说动"的"动"。

品牌超级话语的价值和创作标准，不仅仅是说动消费者，还在于它自己能动，能传动，所谓长腿的创意自己会跑，它自己就能一语风行，传遍世界。

超级话语要一目了然，一见如故，不胫而走

在讲视觉符号和听觉符号创作时，我们用了"过目不忘，耳熟能详"八个字。对于品牌超级话语的创作要求，华与华方法用十二字方针来描述："一目了然，一见如故，不胫而走。"

一目了然，固安工业园区在天安门正南50公里；一见如故，天安门，我爱北京天安门；不胫而走，就是不花钱就能传播，大家能够传诵，乐意传诵。从传播来说，"一目了然，一见如故"是播的效果，到达的效果，"不胫而走"是传的效果，传达的效果——不花钱还传得快，传得广，传得远。

所以和超级符号一样，超级话语也是通过直接使用人类的文化话语，激活消费者的记忆宝库，得到本能反射，获得"在一夜之间，让一个新品牌，成为消费者的老朋友，并即刻建立品牌偏好"的效果。

还要接着说"说动"的"动"：一动，是让消费者听到后冲动、行动；二动，是这句话本身能动，消费者随时能想起，能运用，愿意去说给别人听，替我们做传播者。

这两动之间，还有第三个动，我们自己的员工动不动？我们的品牌超级话语，我们自己的员工会不会自己随时把它挂在嘴边？比如"我爱北京天安门正南50公里"，固安工业园区的员工愿意随时挂在嘴边，"一个北京城，四个孔雀城"，孔雀城的销售员也随时挂在嘴边。"科技以人为本"，诺基亚的员工会不会随时挂在嘴边？

所以，品牌超级话语说动消费者，不光是消费者听到这句话后会做出购买行动，而且，他还愿意传播这句话给别人。不光是消费者愿意把它传达给别人，而且，我们的员工会自动自觉地随时把这句话挂在嘴边。

如果你不知道你自己的口号有没有用，先看你自己的员工用不用。如果这一句话不能成为我们自己员工的口头禅，那么它就不是品牌超级话语，它就基本没有用——我们的员工都没有用它，你还指望消费者用吗？不可能。

这就涉及了下一个话题——

超级话语必定是口语，因为传播是一种口语现象

传播是一种口语现象。这句话怎么强调都不为过，因为书面语已经把大家害惨了，而自己还不知道。

在传播上，我们可以说，书面语没用，因为人们不会传。

只有播，没有传，那就没用。

传播是一种口语现象，因为语言首先是一种口语现象，先有语言，后有文字；先有口语，后有书面语。

现代语言学之父索绪尔提醒人们注意"口语的首要地位"。口语是一切交流的基础。他要人们克服把文字当成语言基本形态的顽固倾向，因为"文字既有用，又有缺陷和危险"。

索绪尔还指出："文字是对口语的补充，而不是言语的转换器。"

语言的有声属性是压倒一切的，沃尔特·翁在他的《口语文化与书面文化：语词的技术化》一书中研究指出："历史上数以万计的语言中，大约只有106种语言曾经不同程度地使用过文字或产生了文学，绝大多数的语言根本就没有文字。在现存的大约3000种口语语言里，大约只有78种语言有书面文献。"在我们今天的语言里，还有大量没有文字的方言。

口语第一，则语言的首要属性是语音。

我们从小读书识字，就是学习书面语，做一个有文化的人。所以当我们要写下一段"文案"的时候，就往往进入了书面语的思维模式。但传播和书面语无关，因为人们不会用书面语来说话交流，所以你写一句书面语，他可以读，但他不会用来"说话"，他也不会把这句话说给别人听。

索绪尔的《普通语言学教程》中文版，把语言学分为："语言的语言学"和"言语的语言学"。英文版用的是Language和Speaking。英文的Speaking，中文如果翻译成"说话"，可能比翻译成"言语"更明确一些，也就是说语言学分为语言的语言学和说话的语言学。

营销传播，是"说话的语言学"。

超级话语，不是文案，是说话

很多人学了一辈子文案，却越来越不会说话。这是一个非常普遍的情况。我接触到的企业家，都能三句话就把自己说清楚，每个人都知道自己是干啥的。但是，当他拿出他的企业简介的时候，你就看不懂他是做什么的了。为什么呢？因为一要写文案，就进入了写文案的状态，就说不明白事了。

就像我们小时候学写作文，写散文。老师说，你有事要写，有感而发，把看到的、听到的、想到的、想告诉读者的，写出来就是。如果你摆上纸笔，端起架势："我要写散文了！"你就不会写了。

超级话语，是设计一句话让消费者传给他的亲朋好友

语言根植于口语之中，文字却永远把语言禁锢在一个视觉领域。

语言是用来做什么的呢？听、说、读、写。每一个功能，都对应一个人体器官。书面语言的传播方式只在于读和写，只有口语才能同时发动听、说、读、写四大传播方式，所以书面语言的传播力远远低于口语，这可以说是个生理学问题。

书面语言只能用眼睛读，如果不是读到，而是听到，人们会充耳不闻。因为它不符合人们的听觉习惯，左耳朵进，右耳朵出，不往脑子里进。所以当你在传播中使用书面语言，就相当于你已经放弃了消费者的耳朵。

视觉是线性的，甚至在二维层面都不完整，因为你有一个视角，还要聚焦于一个点去观看。

而听觉是三维的，放弃耳朵，就放弃了一大半。

人们要看见你的东西，必须两点一线并且中间没有遮挡。而听觉的成本要低得多。比如电视广告，一位主妇正在洗碗、拖地，电视机开着，她听见："晒足180天，厨邦酱油美味鲜！"这信息基本没什么损耗，如果使用书面语言，她就充耳不闻了。

传播的本质不是"传播"，是"播传"，要发动消费者替我们传播。

品牌超级话语不是我说一句话给消费者听，而是设计一句话让消费者去传给他的亲朋好友。广告语不是一句我说的话，而是替消费者设计一句他要说的话。

当你使用书面语言，你不仅放弃了耳朵，而且放弃了嘴。你不仅放弃了自己人的嘴，也放弃了消费者的嘴，放弃了所有人的嘴。

广告语一定要让我们自己人乐于使用，随时能想到，能乐此不疲

地用。

为什么人们常说口号要朗朗上口,因为朗朗上口,才能人人都能上口,人人都能上口,才能传起来,才叫传播。否则就只有你在播,没有人帮你传,甚至你自己的人也不传。

超级话语,不仅要是口语,还要是"套话"

品牌超级话语,不仅要口语,而且要"套话"。这就要从说话的语言学,进入到语言史学,看看语言学家、传播学家,对《荷马史诗》的研究,从语言的历史中,去寻找语言最深层的原力。

研究《荷马史诗》的人有一个困惑:没有文字记录,那行吟诗人如何能创作并背诵数十万行的诗歌?难道古人的记忆力比现代人要强那么多?难道他们都是超级天才?

哈佛大学米尔曼·帕利教授的研究揭示了一个惊人的发现,原来长篇的史诗不用死记硬背,行吟诗人其实不是在写诗,而是在"编织诗歌",希腊词"rhapsodize"的意思就是"编织诗歌"。数万行荷马史诗的编织,是靠全套的预制件,去拼装、组装而成。而这些预制件,包括套语、名号、程式、主题、场景等。

所以说《荷马史诗》是靠一些预制的片语编织和拼凑,荷马不是一个创新的诗人,而是一个装配线上的工人。

预制件的概念,是一个非常重要的传播创作概念。前面我们说的"我爱北京天安门正南50公里,固安工业园区",就是使用了"我爱北京天安门"这个预制件。

预制件不仅是传播创作概念,也几乎是一切创作的概念。其实对文学艺术作品的预制件拼装和编织，我们每一个人都非常熟悉，比如007的电影，完全就是在一条生产线上把固定的套语、名号、程式、主题、场景等快速拼装起来，但人们永远会买单。而三千年前，《荷马史诗》就这么干了。

原来，预制件是固定的，原力就在预制件上。

所以说品牌超级符号和品牌超级话语就是品牌神话。这里说的神话，不是它像一个神话，而是说它就是神话本身。它是能够运用神话原力的预制件。

在口语文化里，已经获得的知识必须经常重复，否则就会被人遗忘，因为没有文字把它记录下来。固化的、套语式的思维模式是智慧和有效管理之必需。

口语套话的思维模式，才是人的思维模式；口语套话的创作，才是以人为本的创作。口语的历史有数万年，而文字的历史只有数千年。

如果你给孩子讲过故事书，你会更有体会。孩子的故事书都是不断重复的口语套话，一遍一遍地重复。而孩子听故事呢？他会长达数月甚至一年，总要求听同一个故事。你觉得他早该倒背如流了，早该厌烦了，他却还是兴致勃勃。但他确实对那故事早就倒背如流了，否则你讲错一个字试试，他马上会指出来，表示抗议。

口语套话是记忆过程，是记忆方式，也是学习过程、学习方式。同时，我们要特别强调，口语套话是人类重要的知识储存方式。在无文字时代，知识的传承就是靠口语套话，否则就失传了。如果有农村生活经验的年纪稍大的朋友，会对谚语有概念，比如关于天气的和关于农业的。"日晕三更雨，月晕午时风"，有这样的谚语，这样的口语套话，知识就能被高度浓缩地储存起来，传承下去。每个小孩都能夜观天象，预测天气。

我们的品牌是不是需要一句口语套话，储存我们的知识、我们的价值，不要让它失传？这就是品牌超级话语。

口语套话更能被记住！

口语套话能储存知识！

传播学家沃尔特·翁给了口语套话准确的评价和热情的赞扬：套话有助于增强语言的节奏感，有助于记忆。套话是固定词组，容易口耳相传。套话在口语文化里不是偶尔发生的现象，套话纷至沓来，不断涌现，构成思想的实质。

我的一位朋友跟我说："我在电视机里听见，我并没有看见，只是听见你的'晒足180天，厨邦酱油美味鲜'。这句话好像一下子就印在我心里了，我一下子就记住了。"

我说："对的，这就是口语文化的理论，口语套话是人类最古老、最原始、最本能、最强大的知识记忆、储存、传播和传承方式。从我们的祖先到我们自己的婴幼儿时代，从人类语言的历史到我们每个人从婴儿时期开始学习语言的过程，我们从生理上就接受这样的方式。"

超级话语，要么始于俗语，要么进化成俗语

前面说了品牌超级话语的生理学，下面我们谈谈品牌超级话语的心理学。

品牌超级话语的心理学就是——突破心理防线。一旦没有了心理防线，就更能被人接受和信赖，华与华方法称之为"俗话不设防"。

专家说VS俗话说

我们有没有这样一个经验，有两种话是你不容辩驳的，说出来就差不多是公理，一个是"专家说"，一个是"俗话说"。现代社会，科学已经成了一种宗教，什么事都有专家。只要一祭出专家这个法宝，祭出"专家说"这个咒语，别人就先矮了一截，不敢乱说乱动了。

后来，乱七八糟的专家多了，人们开始反抗，专家成了"砖家"，成了被嘲笑的对象。

不过，人类还有一个更古老的宗教——"俗话说"。俗话比专家资格老多了，俗话才是最强大的话。

所以，我们要使用俗话，要用俗话说话，要说得像俗话，要说无可辩驳、毋庸置疑的俗话。

在品牌超级符号一章中，我们说，品牌要么始于符号，要么进化成为符号，或者两者都是。那么，品牌超级话语也是要么始于俗话，要么进化成为俗话。

所以你看到华与华的广告创作，多使用"顺口溜"的形式，正是因为这才是人类数万年的原始本能！

晒足180天，厨邦酱油美味鲜。

一个北京城，四个孔雀城。出了北京城，就买孔雀城。

六颗星牌长效肥，轰它一炮管半年。

西贝莜面村，闭着眼睛点，道道都好吃！

爱干净，住汉庭。

专业老人鞋，认准足力健！

安全第一，360！

知识就在得到！

新东方，老师好。

每天都吃三品王，每次都把汤喝光。

高端玩家，都来网鱼网咖。

一起嗨，海底捞！

有斯利安，怀孕好心安。

我们总是使用套话、顺口溜。因为口语套话离人类的心智模式最近，这是传播最深刻的本质。

超级话语，只用陈述句和行动句

前面说到超级话语要口语、要套话、要俗话、要顺口溜，不要书面语。我们接着谈超级话语要陈述句和行动句，要直接陈述事实和要求行动，不要空洞无物，或推敲矫情。

这里我们借用诗论家的思想来谈谈这个问题。

明末清初的大思想家、诗论家王夫之，用"现量"这个词来作为好诗的标准——"只咏得现量分明"。

王夫之说的现量是什么呢？他说就是心目相取，即景会心，目之所见，身之所历。看到啥，干了啥，你把它说出来就行，创作没有人工雕琢的痕迹，真实自然，诗人的主观感受和客观景物合二为一，不需要进行逻辑的推理过程而瞬间迸发。这样作出的诗才是好诗。

一句话，直截了当，脱口而出，不要绕弯子。

王夫之最推崇的诗句，是谢灵运的"池塘生春草"，这也是中国诗歌史上的千古名句。"池塘生春草"，我看见池塘生春草，把它说出来，这诗句就到顶了，说绝了。

没有任何修饰、修辞，你改不了一个字。

相反，另一句很有名的诗，著名的"推敲"典故和词语的由来——"僧敲月下门"，却是王夫之批评的对象。他说："'僧敲月下门'只是妄想揣摩，如说他人梦。纵令形容酷似，何尝毫发关心？知然者，以其沉吟'推敲'二字，就他作想也。若即景会心，则或'推'或'敲'，必居其一，因景因情，自然灵妙，何劳拟议哉？"

他说你叽叽歪歪推敲来推敲去的，都是自己在那儿妄想揣摩，哪里有一点点和自己的主观感受相关？如果置身于当时的景和当时触发的感触之中，则要么是推要么是敲，当时的景当时的情，自然有当时的玄妙，你关起门来妄想什么呢？

这些话是何等醍醐灌顶啊！**"何尝毫发关心？"真是一声断喝诛心**！**你真关心他是推还是敲吗？你关心自己写"推"字还是"敲"字而已。**

我们经常看到一个人，打磨一个文案，但他打磨的，不是要解决的那件事，而是自己的表现。对要解决的事"何尝毫发关心"，对"别人会怎么看我""别人会不会认为我没文化""别人会不会认为我没创意""别人会不会觉得我形象不够高"无限地关心。

要得到有用的创意，你必须做到"无我"！不关心自己的表现，不关心别人怎么看我，只关心怎么能解决问题。

对应"僧敲月下门"这样的妄想揣摩，王夫之接着说，像"长河落日圆"这样的诗句，是看来的，不是诗人设定的；"隔水问樵夫"，是自己经历的，不是想象的，这才是禅家所谓的"现量"境界。

另一位诗论大家，诗歌"意境"论的提出者，清末民初的王国维，也有同样的思想，他用的词是"不隔"。他说写景之病，都在一个"隔"字，弄得雾里看花，始终是隔了一层。什么样的诗不隔呢？他也同样推崇"池塘生春草""空梁落燕泥"这样的诗句。

王夫之所说的"现量"包含了三层意义：现在义、现成义和显现真实义。

"现在义"，是"现在，不缘过去作影"，强调诗人在创作时应当"即景会心""因情因景"而作，而不能脱离眼前实在的景物，强调不依赖过去的印象，写眼前的直接感知。对此，王夫之所津津乐道的"池塘生春草""蝴蝶飞南园"等名句无一不是诗人心目与当前实景相取相融的产物。

"现成义"，是"现成，一触即觉，不假思量计较"，更强调刹那间的获得，不需要因比较、推理、归纳、演绎等抽象思维活动的介入而进行的创作活动，如"长河落日圆""隔水问樵夫"。

"显现真实义"，是"显现真实，乃彼之体性本自如此，显现无疑，不参虚妄"，强调诗人创作不仅是对事物表面的观察，而且也是对事物内在性的把握。同时也强调诗人在创作时要忠于自己对审美对象的真切完整的审美体验，而不以自己的主观意志为转移。

孔子论诗："诗三百，一言以蔽之，曰：思无邪。"这个"思无邪"，按王夫之的解释，也是现量的思想，一触即觉，不假思量计较。

这也是《中庸》的思想，就讲一个"诚"字。"诚者，不勉而中，不思而得，从容中道，圣人也。"

我们平时常犯的毛病，就是想得太多！孔子说"三思而后行"，大家不知道这只是半句，后面还有半句："再思可也。"想三遍？你想太多了！想两遍就够了！我们追求的最高境界是不思而得，一触即发，一战而定。

品牌超级话语，要么用陈述句，陈述一个事实；要么用行动句，要求人行动。

要有具体内容，事实是什么你就说什么，说一件事也行，不要什么事都没说。想要人买啥你就说买啥，不要什么要求也没提。

"一个北京城，四个孔雀城"，这是一个事实，这是广告口号，也是品牌战略，也是营销模式，整个推广活动就说这么一件事。四年后孔雀城就从一个地域品牌发展成为全国房地产十强。

晨光文具，"每周一，晨光新品到"。这也是陈述句，陈述一个事实，指导消费者行动，每周一到店里来看。同时提醒店家，每周末你要来进新货！

"我爱北京天安门正南50公里，固安工业园区"，这也是陈述句。

"送长辈，黄金酒""玩游戏，上51"，这是行动句，要人买你东西你直说。

现成义里面所说，"现成，一触即觉，不假思量计较"，对广告创作来说特别重要。华与华方法说：

广告语不是你说一句话给人听，而是你设计一句话让他能说给别人听。

所以"现成，一触即觉，不假思量计较"，人人能脱口而出，之后能按口号的指示行动，这才是广告的最高境界。所以说做创意要追求《中庸》思想的"不思而得"，不思而得的东西，才是至诚至性：

> 唯天下至诚，为能尽其性；能尽其性，则能尽人之性；能尽人之性，则能尽物之性；能尽物之性，则可以赞天下之化育。

不思而得，脱口而出，是创作的最高境界。

你能不思而得，脱口而出，听到的人，也能入耳不忘、脱口而出地传给他人，这才形成最高效率的传播。

我们时常想"包装"自己的目的，其实你不如做个爽快人，有话你直说。奥巴马在第二次竞选连任的时候，关键州俄亥俄州选情不明朗，奥巴马对俄亥俄选民喊出了一句直截了当的口号："俄亥俄，我需要你的帮助！"

他得到了俄亥俄选民的帮助，赢得了俄亥俄州。

传播的关键在于传，所有的创意在于发动如何传

华与华方法讲广告传播三要素：到达率、传达率、仪式性。

一般媒体投放讲到达率，算千人成本。华与华认为到达率占的比重不大，我们姑且算它24%，传达率占51%，传播的关键在于传，所有的创意在于如何发动传。还有25%是仪式性，这个也是很容易被忽视的，还是因为人们受到到达率思维的桎梏，认为到达就行。在央视播的广告有仪式性，网上弹窗出来就没有仪式性，这两者的影响力大不相同。

华与华把自己的广告投在飞机杂志上，这是到达率；后来，我们又在中国户外广告最贵的地方——北京首都机场高速——买下一块广告牌，这是加强仪式性。

▲ 华与华首都机场高速公路广告。如果信号不够贵，则信号无效。

对华与华方法说的仪式性，实际上管理经济学也有理论解释。经济学将广告称为"发信号"，信号有效的前提条件，是信号必须足够昂贵，如果信号不够贵，则信号无效。

那华与华方法的重中之重——传达率的关键是什么呢？

口号、听觉，就是传达率的关键。

除了太阳、月亮和星星是全世界每个人都看得到的东西，人们听说的事情总是远远超过他们看到的事情，所谓"道听途说"，随时随地成本低呀。

在阳光晒制酱油这件事情上，厨邦酱油一句"晒足180天，厨邦酱油美味鲜"，就胜过在中央电视台以各种姿势表演晒黄豆十年。再想想"人头马一开，好事自然来"，这说明了伟大的口号真正能让品牌流传。

所有的创意都远远赶不上一句有力的话，它不仅传遍每一个角落，而且被载入史册。前文我们说过传播的到达率和传达率，视觉只能到达，听觉才能传达，口号才有传达率，传播的传才成立。

要不为什么大家都说口碑，不说眼碑呢？碑本来是视觉的，却成为一个符号活在口耳之间。人们常说品牌的口碑最重要，重要的不是你的口碑"好不好"，而是你的口碑"是什么"。你的口碑的碑文是什么，那就是大家提起你的时候，说的那一句话像刻在石头上一样，每个人说的都是同一句，50年重复的都是同一句，500年后，碑上刻的，还是那几个字，这才叫口碑。

口碑的关键，是500年不变的碑文，人死了，碑都还在。

你想过你的碑文是什么吗？

第三章

用词语创造流行看法

用词语征服世界

营销传播，纯粹是语言哲学，是话语学，是词语学

超级符号、超级话语之后，我们再谈谈超级词语。

不把超级词语放在超级话语一章里讲，要分出来，是因为词语和话语，还不在一个层次。我们这一章要讲词语的权能和"召唤"词语权能的方法。

人们常说话语权，话语就是权力，而词语权比话语权更高一个层次，词语的权能，大于话语的权能。

要求提高了，从一句话打动人，变成一个词打动人；从一句话征服世界，到一个词就征服世界。

一个词语就能征服世界吗？上一章我们说了奥巴马一句话征服俄亥俄州的故事，这一章我们还是从他开始吧，来看看奥巴马用词语征服美国的故事。

奥巴马用词语征服美国的故事

　　奥巴马和希拉里的民主党总统候选人争夺战，是一次典型的词语之战。奥巴马的词语是什么？是CHANGE（改变），人民需要改变。

　　希拉里的词语是什么呢？是EXPERIENCE（经验）。她说奥巴马没经验，她当了8年总统夫人，她比奥巴马有经验。

　　希拉里犯的第一个错误，是在竞争中，眼光没有盯住顾客，而是盯着对手。奥巴马盯住了顾客，顾客需要改变，我带来改变；希拉里盯住了奥巴马，奥巴马没经验，我比奥巴马有经验。所以希拉里的广告口号每喊一遍，都分了一半给奥巴马——"我比奥巴马有经验。"

　　第二个错误，是没有召唤词语去征战，浪费了资源。从下面这两张照片的比较我们可以看到，奥巴马走到哪儿，CHANGE的标签都贴在自己身上，他的前面一定有CHANGE的标语。

▲ 美国大选：奥巴马与希拉里的电视辩论。奥巴马占领了CHANGE这个词语，有行动，有命令。而希拉里的EXPERIENCE，没行动，没命令。

可以说，奥巴马占领了CHANGE这个词语，代表了改变。而希拉里的讲台前呢，是她的名字，希拉里相当于浪费了一个广告位，浪费了她自己最大的媒体。她没有自己的词语，有一个词语——EXPERIENCE——还是属于奥巴马的，因为EXPERIENCE是说她比奥巴马有经验，没有奥巴马，经验这个词语还表达不出东西来。

召唤词语去征战，奥巴马用CHANGE这个词，占领了CHANGE这个词，举起了CHANGE的大旗，创造了他能带来改变的公众看法，他成功了。

词语就是行动，语言就是命令。奥巴马的CHANGE，有行动，有命令。希拉里的EXPERIENCE，没行动，没命令，所以人们不行动，不听命令。

奥巴马是词语的大巫师，在用CHANGE夺得第一次大选后，在连任竞选时，他又使用了一个干净利落的词——FORWARD（前进）！

奥巴马用一个超级词语——前进，摆脱了竞争对手的死缠烂打，说什么也说不清，说什么也没用，选民们，咱们继续前进吧！

继续行动！奥巴马所有的宣传都是一个理念——行动反射。就是传播最基本的"刺激—反射"原理，直接要求选民行动。

希拉里似乎始终不能关注顾客，总是关注对手。在和奥巴马竞选的时候，她主打她比奥巴马有"经验"。之后再和特朗普竞选的时候，她也是强调特朗普没有从政经验，而她有丰富的经验。可以说，她把一个已经证明失败的策略又用了一次。

词语不仅能让别人做事情，还能控制人的思想

从奥巴马的例子我们看到什么，我们看到词语的权能。词语是能动的，词语不仅说事情，还做事情。词语能让别人做事情，词语能控制人的思想。

二十世纪的大思想家哈耶克这样描述词语对思想的控制：我们思考问题的时候，一定要用中立的词语。因为大多数的词语，都有它的立场和逻辑。你使用了这个词语，就站在了它的立场，进入了它的逻辑，你就无法独立地思考，而只能得到它的结论。

这段话是在他分析计划经济好，还是市场经济好的时候，他说不能用计划经济这个词。因为你使用了这个词，讨论就变成了要计划还是不要计划，不要计划的观点是永远站不住脚的。凭什么那模式叫"计划经济"呢？

所以他另外选了两个中立的词：集体主义和个人主义，把讨论变成允许个人创业、个人自由发展，还是不允许。结论是一个社会制度如果不允许个人自由发展，这个社会制度就会崩溃。

当我们思考问题的时候，我们要用中立的词汇，以免我们的思维受到干扰。反过来，当我们要营销一个观点的时候，我们就希望找到那些立场鲜明、逻辑强大的词。就像电影《盗梦空间》里，把一个特定思维植入人的潜意识。

思维是用词语思考的，植入词语，比植入思维更尖端。盗词，比盗梦更深入，更前端。奥巴马就是把"改变"和"前进"这样有强势立场、逻辑和倾向性的词，植入选民的大脑，让大家自然而然地就选择跟他站在一起。

哲学家对语言、话语、词语有很深入的研究。奥地利哲学家维特根

斯坦说："我们的思维总是被词语误导，我时常感到在说话的时候，经常需要把词语从我们的交流中拿出来，送去清洗，再重新送回交流中。"

维特根斯坦提出"语言游戏"这个词，他说语言游戏是在游戏中建立规则，又在游戏中不停地修改规则，很是麻烦！

我们看看过去几十年的报纸，就知道词语的规则一直在修改。

所以维特根斯坦说要用更简单的方式使用符号，是语言的原初形式和原初语言，是孩子开始使用语言时的语言形式。我们看语言简单形式时，遮蔽我们的日常语言用法的精神迷雾消散了，我们看到的是线条清晰、明明白白的行为和反应。

举例来说，人们常说的大白话，如"晒足180天，厨邦酱油美味鲜"，就没有精神迷雾，只有线条清晰、明明白白的行为和反应。

但是很多人总想给语言注入精神迷雾，却往往没迷住别人，反而迷失了自己。

德国哲学家海德格尔在他的著作《在通向语言的途中》里——如此论述"词语的权能与尊严"："唯有词语才能让一物作为它所是的物显现出来，并因此让它在场。"

词语是对事物的召唤，词语到达不了，事物就没法出场。

话语就是世界。话语是存在之家，是话语令事物存在，说出来的才存在，没说出来的就无法存在。

话语并非只是简单的表达工具。话语既不是表达，也不是人的一种活动。话语说事情，更做事情。话语有强大的能动性，话语创造并统治了世界。

人类很难驾驭话语，话语却能驾驭人类。词语对思维的控制，超过了思维对它的驾驭。话语不仅是思想的载体，也是思想的驱动器，更是思想的牢笼。

所以通过话语获得的权力，超过了通过暴力获得的权力。

命名并不是分贴标签，运用词语，而是召唤词语。

语言说话，语言之令，是原始的召唤令。

话语学的研究多以诗歌为研究案例，正如我们在品牌超级话语一章以王夫之的诗论为例。对词语的研究，我们也是从一首诗开始，这是一首充满哲理的诗，它的名字就叫《词语》，作者是十九世纪德国诗人格奥尔格——

> 词语
>
> 我把遥远的奇迹和梦想
>
> 带到我的疆域边缘
>
> 期待着远古女神降临
>
> 在她的渊源深处发现名称——
>
> 我于是把它掌握，严密而结实
>
> 穿越整个边界，万物欣荣生辉……
>
> 一度幸运的漫游，我达到她的领地
>
> 带着一颗宝石，它丰富而细腻
>
> 她久久地掂量，然后向我昭示：
>
> "如此，在渊源深处一无所有"
>
> 那宝石因此逸离我的双手
>
> 我的疆域再没有把宝藏赢获……
>
> 我于是哀伤地学会弃绝：
>
> 词语破碎处，无物可存在

要研究词语，这首诗很值得体味。

"我的疆域边缘"是什么？就是认识的边缘。世界的界，就是认识的界，认识到的就是世界，认识不到的，就是世界之外。

世界就是认识，认识就是分类，分类就是命名和标签，命名和标签就是词语和符号。

到了认识的疆域边缘，诗人寻找什么呢？

他找一个词语，找一个名称。

得到这名称之后——

> 我于是把它掌握，严密而结实
> 穿越整个边界，万物欣荣生辉……

有了这词语，这名称，万物就欣荣生辉，为什么？

让我们从德国哲学回到中国哲学，老子的《道德经》回答了这个问题：**无名天地之始，有名万物之母。**

天地之初，一片混沌，因为没有命名。有了命名，才有了万事万物，因为每一事、每一物，它必须被命名，所谓万物，就是一万个名称。

是先有鸡还是先有蛋？是先有名还是先有物？有人会说当然是先有物，那我问你，什么物？如果你说不出名称，那物就没法出现在你我之间。本章节后面要介绍的产品开发方法，就是先有名再有物的方法。

接着读诗——

> 一度幸运的漫游，我达到她的领地
> 带着一颗宝石，它丰富而细腻
> 她久久地掂量，然后向我昭示：
> "如此，在渊源深处一无所有"

那宝石因此逸离我的双手

我的疆域再没有把宝藏赢获……

我把这名称的宝石拿走，女神向我昭示："如此，在渊源深处一无所有。"名称没了，物就没了。

我于是哀伤地学会弃绝：

词语破碎处，无物可存在

海德格尔说，这一句是《词语》这首诗的结束，也是开始——"词语破碎处，无物可存在。"没有词，就没有物。

没有词，就没有物，其实我们中国人最有体会。比如我们每个人小时候，对民国都没有概念，民国就不存在。为什么？因为没有"民国"这个词，只知道"旧社会""解放前"，中国历史，唐、宋、元、明、清、解放前、新中国。没有词语的召唤，民国就不能出场，这就是词语的权能。

海德格尔说："诗人经验到词语的一种权能和尊严，再不能更高更远地思这种权能和尊严了。但同时，词语也是诗人之所以为诗人、以一种异乎寻常的方式信赖并照拂的财富。"

词语就是权力，词语就是财富。

我们接着谈如何通过超级词语，获得词语权力和词语财富。

命名就是成本，命名就是召唤，命名就是投资

企业随时面临命名的课题，企业命名、品牌命名、产品命名。

命名的第一原则是什么？是成本，我们要成本低的名字。

怎么才能成本低？传达成本低，传播成本低，使用成本低，营销成本低。

先看看人的名字，看看你自己的名字，你的名字是低成本的名字，还是高成本的名字。

很多家长喜欢翻康熙字典给孩子取名字，似乎存心给老师出难题，一看花名册，这名字三个字，两个不认识，老师都不敢点名。

如果很少被点名提问上黑板去做题，这孩子就比其他同学少了很多机会，他可能进步就慢。

名字给人带来的高成本，最典型的例子就是去机场。我们公司一个同事，她的名字电脑打不出来，和同事一起出差，别人已经过安检了，她还要去盖个章，一辈子的出行成本都被提高了。更恼火的是另一个同事的名字，银行的电脑也打不出来！所以给他转账很麻烦，发工资得给他现金。不仅他的成本高，财务工作的成本也提高了。

简单常用的名字，能给人带来更好的发展机会。专门有社会学家研究过这问题：名字越简单，越容易成功。比如Bill（比尔），要么当美国总统，比尔·克林顿；要么当世界首富，比尔·盖茨。

我们每个人自己有体会，如果认识一个新朋友，他叫李勇，或者叫张丽，你会马上记住他，因为你对他的名字有熟悉感，有亲切感。李勇、李志勇、张丽、王燕、陈波，都是超级词语，是中国人的超级名字。

超级符号，是被重复了几百几千年的文化符号、公共符号；超级词语，就是被重复了几百上千年的文化词语、公共词语。它们已经被投资

了很多的资产进去，你拿来用就是。

我们来看看企业的命名，这是超级词语与非超级词语、低成本与高成本的较量。

随便举几个例子。

苹果是低成本超级词语，戴尔不是。

娃哈哈是低成本超级词语，乐百氏不是。

注意阿里巴巴和娃哈哈，不仅是有文化资产的词语，而且是叠音韵律节奏，有更强的表现力和传播效率。阿里巴巴的命名，嫁接了人类文化的巨大财富，"一千零一夜""阿里巴巴""芝麻开门"传达了企业的价值——让天下没有难做的生意，打开财富之门。娃哈哈的命名，运用每个中国人熟悉的儿歌："我们的祖国是花园，花园的花朵真鲜艳，娃哈哈，娃哈哈，每个人脸上都笑开颜。"

命名的本质，一在低成本，二在召唤性、指令性。

你的命名，是不是有指向性很强的召唤？有没有下达明确的指令？

海德格尔说："命名并不是分贴标签，运用词语，而是召唤词语。命名在召唤，这种召唤把他所召唤的东西带到近旁，召唤当然有所唤来。"

我们讲一个负面案例：丰田汽车中国公司。

几年前，丰田对其在中国的品牌和产品进行了全线更名，凌志改为雷克萨斯，陆地巡洋舰改为兰德酷路泽，霸道改为普拉多，佳美改为凯美瑞。

这是全面的倒退，将召唤性超强而成本超低的好名字，全部改为无任何召唤性、成本超高的名字。

新闻对更名的解释是"全球化"，说凌志改为雷克萨斯之后，因为发音和英文、法文都一致。这样当一个中国绅士和一个法国绅士偶遇时，虽然他们语言不通，但聊到自己的车时，就都能知道对方开的是雷克萨斯。

对两个语言不通的人如何能聊到车，报道没给出解释。

不过丰田在中国的举动还是有底线的——他们没有把丰田更名为"托油塔"——这么说来其"全球化战略"并未全线启动。

对全球化的误读是中国企业的一大问题，丰田的案例也是全球企业中国公司的问题，所以看来是中国人的问题。

在中国讲中文，在英国讲英文，在日本讲日文，这才叫全球化，在中国讲英文不是全球化，是外国话。全球化就是在每个市场都能本土化，而不是在每个市场都机械地一致。

召唤，是词语的能动性。它能将品牌的价值召唤出来，如陆地巡洋舰能将其价值召唤出来，兰德酷路泽不能；它能把顾客召唤来，如陆地巡洋舰能把顾客召唤来，兰德酷路泽不能。

成本低，是它的记忆成本、传达成本、理解成本都很低。如陆地巡洋舰这个名字成本很低，兰德酷路泽成本很高。

最后，命名就是投资，是指一旦确定了名字，就是一个长期的投资。如陆地巡洋舰投资了很多年，可能是换了一个经理，就把它打水漂了，重新投资兰德酷路泽。

产品命名，不要死守注册商标思维

观察今日中国市场之汽车产品命名，都是记不住的名字，而且不同品牌的车的名字也分不清。大多数汽车广告即使随意调换他们的品牌、产品名，都不会影响创意，他们的广告都可以交换使用。为什么？没有个性。看那些拼凑两三个比较"雅"的汉字组装而成的名字，显然是为了满足商标注册的需要。今天经济之繁荣，商标已成为极稀缺的资源，所有你能想到的好名字都被注册了，或者是通用的名字不允许注册，怎么办？

品牌要商标，产品命名就不要考虑商标了，就用通用词汇，不是在商标局注册，而是在消费者心中注册，像大霸王、陆地巡洋舰、AK47这样的名字，直接拿来用就是了，何须注册？因为注册不了就不用，那是因噎废食。

命名必须是听觉词语

我们再次谈到听觉，还是因为那个道理，传播是口语现象，是听觉行为。

无论是召唤性，还是低成本，都要求企业必须使用"听觉词语"，不仅要一看就明白，关键还要一听就明白。

比如陆地巡洋舰，一听就明白；兰德酷路泽，就把人听糊涂了。

电话测试法

你的命名是不是听觉词语，成本是不是足够低，我们提供一个简单的检测方法：电话测试法。就是在电话里跟人说你的名字，看看要花多少时间。

比如上海西郊的两个别墅区，一个叫西郊庄园，电话里一说就明白了。另一个叫兰乔圣菲，你就得花几分钟在电话里跟快递员解释这是个什么东西：兰花的兰，乔布斯的乔，不知道乔布斯？就是三国演义里那个大乔小乔的乔，不知道大乔小乔？就是大桥的桥少一个木字旁。神圣的圣，非常的非加一个草字头，王菲的菲。这个花园就叫这个名字？这就是一个花园的名字？对，这就是花园的名字，不叫兰乔圣菲花园，就叫兰乔圣菲。

然后你还没解释完快递员已经把前面的忘了。

在品牌超级符号一章里，我们说过耐克的视觉传达成本比阿迪达斯高，并且可以通过可辨识的距离相除，算出差几倍的数据。同样，西郊庄园和兰乔圣菲这两个品牌的听觉传达成本，也可以计算出数据来。就是你打电话告诉一个从没听说过这地方的人，把花费的时间相除。西郊庄园是1秒钟，1秒钟说4个字，刚好1秒钟。兰乔圣菲假定120字说清，需要30秒。成本差30倍。事实上差距不止30倍，因为西郊庄园的信息量要大得多——在西郊的庄园。而兰乔圣菲的信息量基本是0，如果没有其他任何解释，只让人听到这四个字，他什么都不知道，可能是咖啡厅，可能是服装品牌，可能是任何东西。

名字为什么是听觉词语，还因为"名"本身就是为听觉而生的。

《说文解字》解释说："名，自命也，从口、夕。夕者，冥也，冥不相见，故以口自名。"

意思是说，在早期的社会交往中，人们白天相见，可能通过形体、面貌、声音相互识别。一旦到了晚上，相互看不清楚，就只能通过自报名字来区分你我了。

名字是用来叫的，不是用来看的。

还有一点，名字是给使用者用的。住进那些外国名字花园的业主，都能体会到名字使用的成本。当你跟来访的朋友、快递员、送奶工解释你住的地方的时候，总是比说丁香花园多费好多好多的口舌。如果一定想取外国名字，就叫加州阳光花园吧，又是外国的，又是中国话。

产品即命名：先有词语，后有产品

无名天地之始，有名万物之母。到底是先有物，还是先有名？

在产品开发上，我们说是先有名，后有物，先有词语，后有产品。

所谓产品开发，就是提出一个词语，然后用产品去把它物化实现。

在我写这一章的时候，接到一个电话，是我远在内蒙古呼伦贝尔草原额尔古纳市的一个老朋友打来的，他说他在额尔古纳开了一个宾馆，叫白桦宾馆，正在装修，计划7月开业，请我去玩。

我想了一下，职业病犯了，我说这名字要改。

他说这名字大家讨论觉得还挺好的，白桦是额尔古纳的市树，大兴安岭、呼伦贝尔也是白桦文明的发源地。

问题不是这个名字好不好，而是这个名字要干什么。

词语不是说事，词语是要做事。

白桦这个词，它要做什么事，我感觉它要种一片白桦林。

是不是做点别的事更好呢？

我建议他改名为额尔古纳篝火宾馆，做篝火的事。

宾馆大门前，不再是喷泉，而是一个篝火花园，每天晚上，点上篝火，有歌手拉着马头琴，唱着蒙古长调。几个篝火台，围坐着远方来的游客。

这篝火，是酒店的产品，是体验，也是最好的户外广告。

酒店的房间，应该有壁炉套房。大堂、餐厅都有温暖的壁炉，烤去人一天的疲劳，这是北京、上海没有的生活。

什么叫产品？就是你找到一个超级词语，然后用产品去把它实现。

先有词语，后有产品。因为我们是词语在召唤，是词语在征战。在篝火宾馆所有的营销传播中，都是这个词语在说话。

词语比话语更权威，因为词语是不变的，话语是常变的

接着说篝火宾馆的例子。如果它同样提供篝火的体验和服务，但不是名字叫篝火宾馆，而是白桦宾馆，用一句口号："白桦宾馆，每晚7点，篝火体验。"那它令人信服的程度和营销传播的效率，都要低很多。特别是，它无法成为篝火的权威。

假定别克出一款高配置的商务车，它用一句口号："全新别克商务车，贵宾级的享受。"或它直接将这款车命名为"别克贵宾级商务车"，后者就要权威得多，价值感强得多，定价空间也更大。

如果你能把价值做进名字里，就不要把它放在口号上。

如果能把价值做进名字里，不要怕名字长。

有价值的名字，再长也比没价值的名字更有价值。

"葵花牌小儿肺热咳喘口服液，清肺热，治疗反复咳嗽"，如果名字短些，叫小儿咳喘口服液，就变成"葵花牌小儿咳喘口服液，清肺热，治疗反复咳嗽"，那首先，消费者反而记不住你的名字；其次，消费者对该不该清肺热，你能不能清肺热，反而不那么肯定。

因为名字有权威性，口号就要差些。

为什么名字更有权威性？

因为名字是不变的，而口号，你可能今天这么说，明天那么说；你可能跟我这么说，跟别人那么说。就是这种心理，这种效果差异。

有时候你就想到一个口号，没有合适的名字，那你不要怕那句话长，直接用它做名字就是。

纽约一个小伙子想了一个创业的点子，他发现姑娘们都喜欢拎名牌手袋，可是手袋很贵很贵，有一柜子衣服容易，有一柜子手袋就很难。于是他想开一个名牌手袋租赁店。你每周都可以换不同的最新款的手袋

拎，不用买，不怕过时。他想到了一个很有传播力的口号——"偷包不如租包"，他就把他的公司命名为"偷包不如租包公司"，省得念了名字还念口号，就一个长名字，名字、口号、品牌价值、品牌体验、品牌乐趣，全齐了。

用一个长名字，降低了全部的品牌整合传播成本。

在我最后修改这一章的时候，正逢英国威廉王子的儿子诞生，英国各大报纸想尽办法要在头版头条标题上博出位，最后《太阳报》胜出，因为它把这一天的报纸名字——报头的"太阳"（THE SUN）改成了"儿子"（THE SON）！

▲ 太阳报"THE SON"版头

学会"定义思维"，每个公司都应该编写自己的《企业词典》

先定义，后定位。

我们思考市场策略，要为自己的企业、品牌、产品，做一个定位。但是，在定位之前，有一个更基本的东西——定义，对你的企业、品牌、产品，先做一个名词解释。

定义思维是一种思考的模式和表达的格式，就是假定你的公司名字、品牌名字、产品名字，被编进《现代汉语词典》，按字典的格式，那条目你怎么写？

现在做一个测试，列出公司的名词清单，默想一下你们公司自己的名词解释，再请你的同事做出他心目中的企业名词解释。你们给出的定义一样吗？

如果大家给出的定义都不一样，那么就相当于我们在开会讨论的时候，我们每个人心目中，对我们使用的词语的定义都是不一样的。那就造成我们虽然使用的是同一种语言，但我们仍然被困在词语的巴别塔里，**语言相通，词语不通**！我们的沟通成本就非常高昂，也不能指望会议能有成果。即便有了"成果"，也不能保证大家对那"成果"的理解一致，这就是90%无效会议的原因。

所以编写《企业词典》，先完成自己的名词解释，是一项最基础的工作，否则公司内部开会都开不明白，就别说往外营销传播了。

前面三章——品牌超级符号、品牌超级话语、品牌超级词语的方法，都围绕一个理念：降低营销传播成本。可以说，华与华方法就是用创意降低成本的方法。我们的所有思考，都围绕两个思维角度：成本和投资，而这正是企业经营的思维角度。

下一章，我们就进入华与华的品牌创意方法论——品牌成本论。

如果说管理会计给出了标准成本法和作业成本法的概念，我们来讲一章"创意成本法"，如何用创意降低成本。

第四章

一切创意都是为了
降低营销传播成本

品牌是消费者购买产品和服务的风险保障机制

任何事物的成立，都是因为社会需要。不是企业建立了品牌，而是社会需要品牌，消费者需要品牌。如果社会不需要，消费者不需要，企业自己想建立品牌，也建立不起来。

品牌是一种什么样的社会机制呢？我们先不要听品牌专家说，听听经济学家的说法。

管理经济学从博弈论的角度来解释品牌，认为品牌是一种博弈机制，是企业通过创造重复博弈，给消费者惩罚企业的机会，从而赢得消费者的放心选择。

单次博弈是无法保证诚信的。比如我们去旅游风景区餐馆吃饭，就经常被宰。因为那是一次性博弈，他知道你反正不会再来，也不指望你再来。但是在家门口社区的餐馆吃饭，我们就能得到很好的服务，因为他希望你"好吃再来"；不好，你就可以惩罚他——不来了。这社区没有其他人生意做，不靠街坊邻居，他就生存不下去。

美国麦当劳在高速公路休息区的店，都是不给加盟的，全部由总部直营。因为高速公路旁边的店是一次博弈，只有对于总部来说才是多次博弈。所以品牌是一种社会机制，是消费者购买产品和服务的风险保障机制。

那么这和成本有什么关系呢？

品牌的本质是降低企业的营销成本、
消费者的选择成本、社会的监督成本

我们要学会从成本的角度来看一切企业经营的问题，一切问题都可归结到成本的降低。生产成本的降低，营销成本的降低，管理成本的降低，沟通成本的降低，研发成本的降低，人力成本的降低，战略拓展成本的降低……

品牌也是一种成本机制。第一，降低企业的营销成本。企业建立品牌，让消费者指名购买我们的商品，我们的营销成本就低了。没有品牌，营销成本就高。

第二，降低消费者的选择成本。消费者购物，首先就面临选择成本，想买一个东西，不知道哪个好、哪个有保障。怎么办呢？认品牌就好了。消费者不需要去学习每一种商品的知识和辨别能力，买品牌货就没问题。

第三，降低社会的监督成本。如果品牌企业出了问题，全社会都知道，都能监督，看着它改正。如果没有品牌，消费安全抓起来成本就太高了。

为什么我们看到政府经常想把一个行业集中度提高，最好集中到几十个大企业，因为这样"方便管理"。几十个老板好管，几万家企业它就管不过来。但这是行政管理思维，不是市场管理思维。事实上，社会对企业的监督管理，不是靠政府、政策来集中、来管理，是靠市场竞争来优胜劣汰，品牌是市场秩序和消费安全的第一道防线。

品牌选择成本越低，选择的消费者就会越多

降低营销成本，出发点在于降低消费者选择成本，并主动降低社会监督成本。

品牌成本论的认识论，目的是掌握"创意成本法"的方法论，懂得在每一个创意环节，围绕降低成本这个理念去创作。一切品牌设计和创意工作，都以降低成本为出发点，无论是品牌战略、品牌命名、品牌标志还是产品包装、广告，都围绕降低成本这个核心。

创意成本法的出发点，是降低消费者的选择成本。因为消费者选择你的成本越低，就有越多消费者选择你。

在降低消费者的选择成本之外，还要主动降低社会监督成本。这才是品牌长青的根本。这一点很重要！因为企业往往本能地想提高社会对它的监督成本，逃避监督。在本章的最后，我们会谈到总是试图提高社会监督成本的企业和主动加倍降低社会监督成本的企业的比较。

下面，我们就来层层剥茧，来看看品牌的成本和降低成本的创意成本法。

品牌命名的营销传播成本

曾经有人问我这样一个问题："单品牌好，还是多品牌好？"
我问："你为什么要问这个问题？"

他说："不要把所有的鸡蛋装在一个篮子里，假如我只有一个品牌，它一旦出了事，我就完了。如果我有两个品牌，一个损失了，我还有第二个。"

这个想法是荒唐的，但也是普遍的。他思考这个问题，恰恰是本能地想到了品牌的本质——成本问题，他想提高社会对他的监督成本。

我再反问一个问题："你认为有一套房子好，还是有多套房子好？"

当然是有多套房子好。但是我们忽略了一个前提——多套房子要花多套房子的钱去买。而我们家可能只有一套房子的首期款，我去讨论有几套房子好，有什么意义呢？最好我能拥有两个可乐的品牌，最好可口可乐和百事可乐都是我的。

但是，我一个可口可乐还做不出来，我如何能还有一个百事可乐？

建立品牌需要巨大的投资，统一品牌则能极大地降低成本。

孔雀城就是用统一品牌来降低营销传播成本，集中广告投资，用短短四年时间一举进入中国房地产前20强的典型案例。

孔雀城的诞生，开发思路是在北京周边1小时生活圈内，建设一系列针对北京市场的低密度居住小镇，开创有天有地有庭院，"4+3"或者"7+3"的生活方式。有天有地有庭院，是让居住在市区水泥森林公寓的精英阶层，在市郊拥有一个亲近自然、看得见广阔的天空、脚踩着自然的大地、拥有自家庭院的大房子。"4+3"是周一到周四住在市区公寓方便上班，周五到周日3天住在孔雀城。"7+3"是指还可以将老人接来北京，住在孔雀城，既避免了三代同堂的不便，又可周末团聚3天。

这是一个都市精英家庭的典型需求，很多人都希望拥有这样一幢房子，拥有这样一种生活。所以他们会到市场上去进行购买选择。

但是他们的选择成本很高。北京周边这样的项目也不少，哪一个适合他们家呢？哪一个让他们放心呢？买房一定要实地考察，他需要把哪些项目列入考察范围，比较多少家才决定购买呢？货比三家是好的，货比三十家就受不了了，货比三百家那会疯掉。

所以卖任何东西，你首先要考虑如何进入消费者的选择序列。谁能降低消费者的选择成本，谁就能降低自己的营销成本。

孔雀城开始时规划了四个项目，就确定了统一品牌的战略，统一命名为孔雀城，然后打出了那句著名的口号——一个北京城，四个孔雀城！

这是一个"货比四家"的暗示。消费者如何选择市郊庭院大宅呢？一个北京城，有四个孔雀城给您选择。"一个北京城，四个孔雀城"也是一句超级话语，因为它让一个新品牌一出世就成了权威品牌、领导品牌、连锁品牌。

房地产命名，是一个地名，在一个北京城，怎能有四个地点都叫孔雀城，那不是给消费者造成混乱吗？

孔雀城采用了用地点"前缀"来区隔四个项目的命名体系。对四个项目产品的命名，选用项目的自然资源、地标符号来命名，于是有了永定河孔雀城、大运河孔雀城、潮白河孔雀城、八达岭孔雀城。前缀也是具象的，有画面感的。

假定不是这样命名，而是用抽象的奢逸孔雀城、云舒孔雀城、天高孔雀城、雅士孔雀城，就必然造成混乱。这就是抽象的名字和具象的名字的成本差距。

命名就是成本，命名就是召唤，命名就是投资。

在孔雀城的命名体系里，品牌使用了具象的名词——孔雀，有画面感，一目了然，一见如故。项目命名，则将项目拥有的自然资源召唤到消费者面前——永定河、大运河、潮白河、八达岭。名字就是价值，名字就是想象力，名字就是购买理由。

在八达岭孔雀城命名时还有一个插曲，八达岭孔雀城是在八达岭下的官厅湖畔。我开始是命名官厅湖孔雀城，后来孔雀城安总打电话跟我说："按照你的品牌成本理论，八达岭成本更低呀！"八达岭全世界都知道，官厅湖只有北京人知道，所以选八达岭，命名八达岭孔雀城。

命名就是投资，这样一个命名体系，让我们所有的广告投资，从一开始就积累在孔雀城这个品牌上，五十年后，推广这一品牌所花的每一分钱，都能给我们产出利息。

命名就是投资，不仅是为企业投资，也是为消费者投资。因为消费者有一天会变成销售者。如果每一个楼盘单独命名，这项目销售结束，其营销传播也就结束了，它在市场上的声音消失了。当有一天一个业主希望售出他的房子，这名字在市场上已经没有了影响力。统一品牌之后，所有对孔雀城品牌的广告投资，每一个业主都能分享回报。

命名体系降低广告投资成本，提高投资效率。

"一个北京城，四个孔雀城"是品牌战略，也是营销模式、广告投资模式。其一，是在一个广告中同时推四个孔雀城，1块钱当4块钱花，还大大超过花4块钱的效果。如果四个楼盘分别推，要花四份钱，还远远没有这个气势。

其二，是低成本的广告语，在"一个北京城，四个孔雀城"的口号下，孔雀城一出手，就不是一个普通的住宅项目，而是在环北京形成东南西北包围圈的强势品牌。

在这句话里，我们也看到前面我们在超级话语一章里面说到的话语的能动性，看到商业动机不是被掩饰，而是被放大从而与人类的宏大叙事相结合的超级话语力量，孔雀城一下子被放大，与北京城紧紧地联系在一起，获得了北京的品牌资产。

其三，是在营销模式上使用了快消品营销的"占柜策略"。

"柜"是指柜台。在快速消费品的营销中，终端柜台陈列的产品越多，所占面积越大，被消费者看到并最终选择的概率越大。所以各消费品品牌通常开发各系列的多类产品，或者直接购买柜台资源，从而尽量多地占领柜台陈列面。

购买行为是一个选择行为。营销策略就是如何去设计这个选择题，设计选择的标准，甚至选择的范围。"一个北京城，四个孔雀城"，不仅提出了品牌标准，也划出了"四个孔雀城"的选择范围。

在销售北京郊区低密度小镇的柜台上，我们一下子陈列了4个产品，形成了最大的陈列面。相当于我们开了一个批发市场，市场有4个档口，4个档口全是我们的，选择哪个项目的选择题，变成了选择哪个孔雀城的选择题。

我们说，广告口号，要么是陈述句，陈述事实，要么是行动句，催人行动。孔雀城诞生十年后，进入中国地产十强，在环北京地区也不是只有四个孔雀城了，我们把口号改为：出了北京城，就买孔雀城！

品牌标志的营销传播成本

每个企业，每个品牌，都要设计一个标志。市场上，70%以上的标志设计都是错的，都是给消费者添麻烦的。我们需要一个标志来解决品牌识别、记忆、传播的问题，而大多数的标志设计都不是解决问题，而是变成问题，制造新问题。

为什么？因为没有人认识到标志的本质——降低成本——降低品牌识别、记忆和传播的成本。

标志和命名一样，是为了降低成本而生的。

是放牛娃发明了Brand这个词，Brand就是指牛身上的那个烙印。你家的牛，我家的牛，分不清谁是谁的牛，就在牛身上烙一个符号，这就是标志的起源，也是品牌的起源。

那标志和名字又有什么成本上的区别呢？

标志成本更低，标志是为了降低名字的成本。

本来那牛身上烙上"乔布斯家的牛""比尔·盖茨家的牛"，就有了品牌，不会搞混了。但是成本高，一串字也看不清。再说，牛也不干，因为你拿一个烧红的铁棍在它身上写那么多字，多疼啊！于是，为了降低人的成本和牛的成本，就做一个方框的烙铁，一个圆圈的烙铁，烙一下就好了，也容易识别。

再说呢，以前识字的人少，你烙上乔布斯、比尔·盖茨，好多人不认识，对于不识字的人来说，成本更高了。但是方框圆圈大家都认识，所以图形比文字成本低。

不过，那是以前。

现在，时代不同了。

现在的情况，需要辨识的东西太多了，圆圈、方框、三角、井字，简单的符号根本不够用了，图形越来越复杂。另一方面，识字的人又从1%变成99%了。那现在是图形成本低，还是文字成本低呢？

我们为什么要给品牌设计一个标志呢？一是为了降低识别记忆的成本，二是传达品牌的精神气质。但是我们看到，90%以上的标志设计，都是提高了品牌识别记忆的成本。首先，是增加了品牌识别记忆的任务。

因为我们设计一个标志，是为了突出我们的名字，而不是设计一个图形，把名字退居二线变成了图形的注解。现在的标志的问题是图形挤占了名字的空间，以至于名字无法得到展示。

那图形带着一大堆或抽象或复杂只有设计者自己才知道的所谓"深刻内涵"，内涵太深了，除了他自己，他的助理都不知道，更别说顾客了。

然后他拼命地去推广想让大家都知道，徒劳地花费金钱、精力和时间。

消费者有一个任务，一个记忆任务：要记住我们的标志对应的是这个名字。标志的设计应该帮助他完成这个任务，而不是把他的一个记忆任务变成三个记忆任务：记住这个名字，记住这个标志，记住这个标志就是这个名字。那就把消费者的记忆成本提高了。

现在拿出你的名片，看看你公司的标志，是不是这样？

如果标志的"内涵"还需要在公司内部进行培训，甚至还要考试，我们能指望多少顾客了解？

在华与华的设计工作中，我历来拒绝给客户写"标志释义"。

"标志释义"是一个很荒谬的词，标志就是来释义的。为一个两个字的品牌来设计了一个标志，结果这个标志还需要300字来释义，世间还有比这更荒唐的事吗？

华与华方法就是，不要解释。

如果你提出一句口号，需要另一句话去解释它的"内涵"，把那口号扔掉，直接用后面那句；如果你设计一个标志，需要写一个标志释义来解释，赶紧把那标志扔掉。因为它连自己都解释不了，还能解释什么？

哲学家维特根斯坦说："若一个解释不是最终解释，如一个解释没有另一个解释就悬在半空，它怎么解释？"

如何做到低成本、高效率的标志，让标志回归本质，发挥价值，有一个标准，就是"一目了然"。

在前面超级符号、超级话语、超级词语的章节里，我们提出了一个十二字方针：一目了然，一见如故，不胫而走。

这就是传播的最低成本。标志设计，本身是创造一个超级符号，所以它同样是以一目了然为基础，再追求一见如故，不胫而走。

了然，了然，你的标志能不能让人一目了然？

了然什么呢？第一，是要了然你是谁。张三的标志就要让人一目了然是张三，李四的标志就要让人一目了然是李四。

记住，这一目了然的"一目"，是"看一眼"就了然，也是"第一眼"就了然。

强调这个很重要，因为对于经营思想问题的绝大多数误区都是在一个地方产生的——就是以大家熟知的世界级企业为案例来思考，是在世界500强的语境来思考。大家离世界500强都还有一定差距，但整个商学院教学体系、思考语境全是世界500强的。所以我要强调"第一眼"，不是以那些已经存在并演变了五十年、一百年的品牌作研究对象，而是以新品牌的诞生为研究对象，就像后面的电视广告一章里，我们要研究的是如何用15秒钟，让一个消费者，愿意买一个他"第一次听说"的商品。

要他第一眼看见就了然是张三还是李四的最好办法，就是写上"张三""李四"。这就是我们要谈的标志设计方法：尽量做"标字"，不要做标志。一目了然见名字，以字体为中心进行设计。

这里给大家看三个华与华设计的标志案例，就是益佰制药的标志、东北制药的标志和三精蓝瓶的标志。这三个标志，都是"标字"。益佰，是用阿拉伯数字"100"，组合一个胶囊形状。东北制药，是在一个胶囊里设计"东北"两个大字。三精蓝瓶，就是一个蓝色的瓶子。

为什么制药企业都用胶囊？这又涉及第二个一目了然：一目了然见行业。

要让人一目了然知道你是做什么的，食品就要像食品，药品就要像药品，银行就要像银行，航空公司就要像航空公司。

很多人会认为，制药企业都搞个胶囊，你不觉得太没创意了吗？

我不觉得没创意。因为创意的目的是为了解决问题，不是为了得到一个"创意"。

默克的标志是胶囊，你也可以用苯环，罗氏用的就是苯环。你也可以用药瓶、烧瓶、试管等有制药业属性的符号。

品牌标志是为了跟其他行业区隔。比如，我设计一个益佰制药的标志，是为了跟谁区隔？是为了跟东北制药区隔吗？是，但首先是为了跟中国银行区隔。是要让消费者第一眼看到的时候，就知道是药厂，不是银行。百事可乐的标志设计，是为了跟可口可乐竞争吗？是，但首先是为了跟多乐士乳胶漆竞争，是要让消费者第一眼看到的时候，就知道是饮料，不是乳胶漆。

很多人在做设计的时候，总是想跳出行业属性来设计，因为他觉得跟同行太像没创意。那为什么不把公司名字里的制药公司、航空公司、银行这样的字删掉呢？那不是跟同行更不一样更过瘾吗？他知道这样是不可以的，那他为什么又认为标志随意发挥是可以的呢？那只不过是因为标志的设计对经营的伤害不易察觉罢了。

一个银行的标志设计，目的首先不是和其他银行区隔，而是为了和餐厅区隔，当一个消费者走在大街上的时候，远远地看见就知道这里有一家银行。有人嘲笑中国的绝大多数银行标志设计里都有一枚铜钱，太俗气太没创意，他不知道真正应该被嘲笑的是他自己。

一些品牌营销上落后的行业，往往有正确的设计观念，因为他们不懂"专业"，他们做的事都是凭"常识"在做。而有一点点"专业"，又学艺不精的大多数，就往往掉入伪创意的陷阱。

第一个一目了然，是一目了然见名字；第二个一目了然，是一目了然见行业。还有第三个一目了然，是在使用图形设计时，要尽量使用具象的图形。

孔雀城，你就让他一眼见到孔雀的具象图形，或是孔雀或是孔雀头或是孔雀羽毛的花纹，总之要让人一目了然地明白这是孔雀。你不要把那图形抽象化、艺术化到要仔细研究才知道是孔雀的地步，因为消费者没时间仔细研究。

我们设计的所有商业形象，都是用在大街上、商场里的，让人在眼花缭乱的环境中一目了然。它们不是挂在博物馆里的，占了一整面墙，还有聚光灯照着，全世界的人专程飞来顶礼膜拜。但很多时候，人们都假想自己的标志是在博物馆展览的，那样来做设计就南辕北辙了。

再来举一个"一目了然"的例子——海底捞的标志设计。

标志的一目了然，要尽量使用具象的图形。

海底捞现在已经在多个国家开有分店，并且发展迅速。由于海底捞的国际化发展需要，我们的标志也要能够帮助海底捞在拓展海外市场的过程中，迅速降低它的营销传播成本。

所以我们在改造标志的时候，发掘出了海底捞品牌名字的戏剧性，最终选择用"Hi"这个一目了然的符号作为标志。

海底捞的第一个字是"海"，并且"Hi"，既是互相问候的"Hi"，也是吃得很嗨的"Hi"，又是一个全球人都熟悉的符号，一目了然。

并且海底捞作为四川火锅起家，我们也把"Hi"的字母"i"设计成了一颗辣椒，也表明了它的行业属性。

一起嗨 Hi 海底捞

▲ 配合海底捞全球化战略，华与华为海底捞创作了字母i变形为 *i* 的 "Hi" 这一全球通用的超级符号，并寄生于火锅欢聚文化中。为海底捞创作了 "一起嗨，海底捞" 的超级话语，传递出海底捞热情服务和一起嗨的品牌文化。

▲ 新品牌形象也全面用于海底捞火锅底料快销品业务，为海底捞统合了新的品牌资产。

▲ 2017年华与华为海底捞策划推出年度产品——"海底捞啤酒"，始终贯彻华与华"所有的事都是一件事"，协助完成从产品研发、产品命名、包装设计，再到传播推广、门店落地执行的全过程。

一目了然，不仅要迅速被发现，更要迅速被理解。

牛小灶是以"牛杂煲"为拳头产品的广州新兴餐饮品牌，正处于高速发展阶段。降低牛小灶牛杂煲在街道上被发现的成本和被理解的成本，是我们的首要任务。

我们发挥"牛小灶"品牌名与生俱来的戏剧性，将牛最显著的特征"牛角"抽象出来，与品牌名组合成了极具视觉冲击力的标志——红色大牛角。

▲ 标准版

▲ 加长版

作为餐饮品牌，标志最重要的应用媒介就是门头。

红色大牛角的优势在于，既能够让消费者一目了然看到"牛小灶"三个字，又能在招牌上放得足够大，降低门店被发现的成本，帮助牛小灶从整条街上脱颖而出，让消费者从很远的地方就能看到，迅速理解这是一家跟牛有关的餐厅。

▲ 牛小灶logo在门头的应用情况

改标志的营销传播成本

财经新闻里，经常有企业改标志的报道。而华与华的原则是，不是非改不可、不改就要命的东西，尽量都不要改。

为什么？在命名一节里，我们说命名就是成本，命名就是召唤，命名就是投资。

标志也一样，一个标志，承载了过去十几年、几十年甚至上百年的投资。

为什么人们认为要传达点新态度、新信息的时候，一定要改标志？如果你要"重新做人"，你干吗不改名字？

因为大家都知道名字改不得。名字改不得，为何标志又改得？

英国石油公司——BP，为了传达公司从石油公司转向更加健康、安全、环保的全能源公司的决心，也因为和阿莫科等公司合并，将原来一个盾牌里BP两个字母的标志，改成一朵类似向日葵的抽象图形，右上角加上小写bp的标志。

有必要吗？我倒觉得，盾牌比那花更能代表健康、安全、环保的概念。盾牌里BP的标志，识别成本比一朵大花小小bp的标志低得多。

这标志的修改，丢掉了过去近百年积累的形象资产。而且，全球更换标志的花费就要数亿美元。

但是大家都觉得改得不错啊，没有损失什么品牌资产啊。通过这次改标志，大家都了解了BP的新战略啊。

大家了解BP的新战略，不是通过改标志知道的，是通过以改标志为由头的声势浩大的公关和广告宣传知道的。如果不改标志，可能没那么多免费报道。

有道理，但是不是每一次战略变革，我们都改一次标志？

可口可乐一百年没改过标志，百事可乐改过无数次。所以可口可乐是超级符号，是人类的超级文化符号，百事可乐不是。

还有一个本质问题。前面我们说过，产品是品牌最大的媒体，产品是品牌的自媒体。企业最大的媒体是什么，就是企业自己，企业自己就是自己的自媒体。

我们说自媒体，最大的媒体就是你自己，企业最大的媒体就是企业本身。每一个超级国际企业，都是一个超级媒体，像BP这样的公司，一举一动都全球瞩目，所以，它可以通过改标志这样一个事件，达到传播价值的目的。如果你的公司修改标志，不能成为一个世界性的事件，让CNN来报道，你就不要向BP学习。

旧　　　　　　　新

▲ BP的新旧标识

　　李宁也改标志，而且也赢得了很多的免费报道。李宁通过改标志，要告别过去的李宁，建立一个新李宁。但旧的去了，新的没来。

　　企业改标志，通常有六种情况。

　　一是江山易主，新老板要烙上自己的印记。如李泽楷收购香港电讯。

　　二是江山并未易主，只是换了一位CEO，也想表现出新气象，再也没有比易帜更能展示气象的了。

　　三是并购进了新的企业，或有大的战略变革，如BP。

　　四是希望有大的战略变革，希望有大动作，但又没做出什么来，或做不出什么来，就折腾一下标志，给自己找干大事的感觉。这种情况也很普遍，雅虎最近就又改了一回。

　　五是缓解焦虑。这种情况很普遍，不知道该干啥，就想找点事儿干，闲得没事，改改标志。

　　六是想做"创意"，没啥，就是"创意"冲动。

　　你的企业该不该改标志，可以用我们"改标志的营销传播成本"一节的标准来评估一下。如果标志没有意义，没有价值，没有积累起品牌资产，那不叫改，叫重做。如果标志已经在市场上多年，并为消费者所熟悉，一定要珍惜！因为标志就是成本，标志就是召唤，标志就是投资。

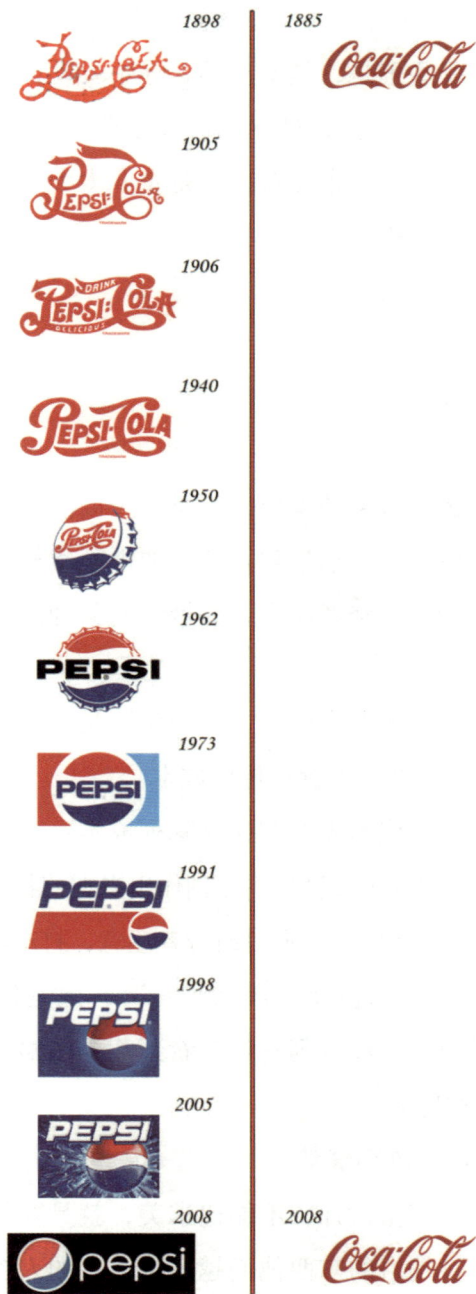

1898 1885

1905

1906

1940

1950

1962

1973

1991

1998

2005

2008 2008

▲ 百事可乐与可口可乐logo演变

在华与华方法里，我们强调**"品牌资产观"**，认真审核你的品牌资产，哪些是资产，哪些不是，是资产的，你不要动；不能形成资产的事，不要做，减少品牌废动作，杜绝品牌反动作。就算像BP那样改标志，也是废动作、反动作，有害无益，只是企业太大了，肉太厚，往自己身上插两刀也不觉得痛罢了。

包装的营销传播成本

包装的本质是什么？包装的本质，不是一个商品包，而是一个信息包，是一个信息炸药包！这个信息包在商场或电子货架上，和其他信息包竞争，脱颖而出，引起消费者注意，并携带购买理由，炸开消费者的心智，达成购买。

我们说产品是企业最大的自媒体，也即包装是最大的自媒体。有效的包装设计，能极大地降低品牌营销传播成本。

包装设计能降低什么成本呢？首先是陈列成本：在货架上被发现的成本。还是那句话，我们的包装设计不是创作出来在博物馆聚光灯下作展览的，而是在琳琅满目的货架上，吸引消费者注意，打动消费者购买的。

为什么人们说脑白金的包装"那么难看"，但是你走到超市试试看，你第一眼肯定看到它，没看到它你就看到黄金搭档。这就是产品包装的本质——获得陈列优势。

包装设计是为了获得陈列优势。

有人会说，对！我们做设计，不能追求美，就是要俗、要粗暴，因为中国消费者素质低，越俗的东西他们越喜欢，买的人越多。没办法，中国就是这样！

这种说法大谬不然。说中国消费者素质低，就跟说中国人素质低不配享受民主权利一样荒谬。脑白金畅销的本质是什么？它赢得的是消费者"购买它的商品"，不是"喜欢它的包装"，而人们往往会混淆这两个概念。在我写作本章的时候，尼尔森公司正在发布研究——"精确跟踪消费者对广告的态度"，这用词就错了，永远不要研究消费者对广告的态度，要研究消费者对商品的态度。原点错了，就满盘全错。如果我们盲人摸象般地去研究"消费者为什么会喜欢脑白金的包装"，得到的结论全是错的，甚至错到要指责一个民族的品位、素质的地步。

脑白金的包装设计成功，不是成功在"难看"，是成功在醒目。为什么要把它定义为难看，不定义为醒目呢？为什么要去嘲笑一个人的缺点，不去学习他的优点呢？

到卖场去，到货架上去，是包装设计流程的第一步。因为包装设计的性质，不是设计这个包装，是设计整个货架。这货架上其他地方人家已经设计好了，就剩咱们的包装占的这一小块设计权归我们。我们要通过这一小块的设计，让我们的商品脱颖而出。你可以不看任何参考资料，但你必须去看货架。因为你不知道100%里的99%是什么，怎么能开始设计这1%呢？

国外设计书上的伟大设计不是标准，家乐福货架上的设计才是标准。因为那些"伟大的设计"，往往没能在货架上生存下来，只能在书里睡觉。而货架上的东西，才是大浪淘沙的赢家。

问设计师朋友一个问题：你是希望你设计的作品在超市货架上呢？还是在《设计年鉴》上呢？我想，可能从来没人问过这个问题，但是许多设计师心里都有答案，都希望自己的设计能出现在《设计年鉴》上。

进入《设计年鉴》，是得到行业承认，也就是得到竞争对手的承认。进入货架并能生存下来，是得到市场承认、顾客承认。

总是希望得到竞争对手的尊重和承认，而不在意顾客的尊重和承认，是普遍的思维误区。这一点，我们在后面的企业战略章节里还要讲。

包装设计是为了获得陈列优势，在电子商务时代，货架和陈列优势的含义又有所改变，那就是屏幕成了货架，PC屏、手机屏、平板屏和正在兴起的大屏互联网的互联网电视屏都是货架。在电子商务时代，恐怕脑白金式的包装设计会获得更大优势，因为电商商品包装设计原则就是——**不用点击大图就能看清，就能打动人购买。**

"不用点击大图"的思维，就是电子商务时代的货架思维。你设计得再"好"，如果小图看不清，人家不点击大图，一切都是白费。

包装就是产品，包装设计就是产品设计。

要用产品开发思维设计包装。包装设计，就是产品再开发。

为什么说包装就是产品，因为这才是消费者的视角和语境，而包装是企业的视角和语境。消费者在商场逛的时候，他看到的不是一个个的包装，而是一个个的商品。

关于包装设计和产品开发的关系，后面有专门关于产品开发的章节来讲。这里主要讲包装设计要重视产品整体的符号性。

产品是货架上的一个符号。首先不是在包装上如何突出信息，而是在货架上如何突出产品，所以要重视产品包装整体的符号性。比如厨邦酱油的包装设计，不是突出标志，而是一个绿格子的整体包装，在货架上创造了鹤立鸡群的优势。

第一个层次是在货架上突出产品，第二个层次就是在包装上如何组织符号和信息，提高包装的销售沟通效率。这也是通过包装设计降低营销成本的重要方法，我们称之为：**让产品自己会说话！**

前面我们说到，广告版面要当货架用。在包装设计上，我们反过来强调把货架当广告位用，把包装当海报用。因为产品是最大的媒体，是企业可以百分百把握的自媒体。

在厨邦酱油的包装上，我们看到颈标上的广告，"厨邦亚热带大晒场，有图有真相，晒足180天"。这一个颈标的设计，胜过一亿元的中央电视台广告。

▲ 厨邦酱油包装设计

用包装设计降低品牌营销成本，华与华还致力于用包装设计创造和消费者互动的品牌体验，赋予包装更大的价值。

在为珍视明滴眼液设计包装的时候，针对珍视明防治视力下降的功能，华与华将整个包装盒设计成一个视力表。这样，不仅让产品自己会说话，传达了产品的功能价值，而且消费者可以使用这张视力表，他把盒子放在桌子上，就可以自己对着这盒子测视力。

在包装设计上，我们要有一个信念，一个坚定的信念：我没有广告，也没有任何人听说过我，但只要我的包装摆上货架，它就能自己说话，和消费者快速沟通，把自己卖出去。如果我的包装图片放到网页上，不用点击大图就能让人心动！

这就把包装的功能发挥出来了，这就能用包装设计降低营销成本。

所以包装设计是最大的营销策划。

广告口号的营销传播成本

口号怎么来的，还是因成本而生的。要发动中国革命，怎么跟人民解释动员呢？四万万同胞，听你讲苏维埃，他们还以为是一位姓苏的先生呢。但只要一个"打土豪，分田地"的口号，就发动了。

那么我们的口号有没有发动力？有没有降低我们的营销传播成本？

现在就用这个标准去检测一下你公司的口号，你会发现，大多数的口号都是毫无意义、没有实际内容的空话。

口号要传达品牌价值，要让人行动。

在前面超级话语一章已经说了很多，我们说到口号比其他任何传播形式更能流传。比如"人头马一开，好事自然来！"这句口号成本之低、流传之广、感觉之好，可以说在整个华文广告史上，无出其右者。我们来看看另一句流传同样广的广告金句："不在乎天长地久，只在乎曾经拥有。"

而这却是一个反面教材。我曾经在很多场合测试这句口号，只有1%的人记得这是谁的广告。绝大多数人认为是钻石的，以为和"钻石恒久远，一颗永流传"是一个东西，绝少有人知道这是一个手表广告。它的口号是"天长地久"，品牌却成了"曾经拥有"。而人头马做到了天长地久地拥有。

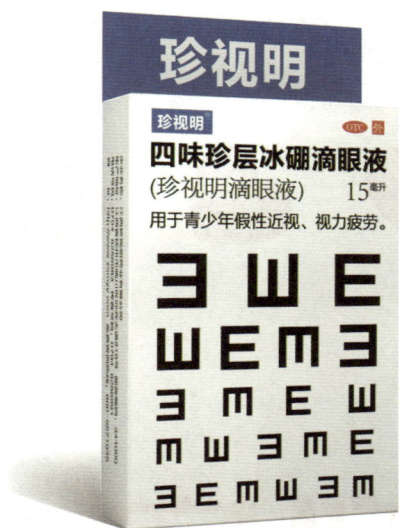

哇，郭敬明！

视力下降，快用珍视明！

视力下降，快用珍视明！

左，

右，

视力下降，快用珍视明！

▲ 在为珍视明滴眼液设计包装的时候，华与华将整个包装盒设计成一个视力表。

斯利安®

有斯利安 怀孕好心安

原包装

新包装

▲ 华与华为斯利安药业制定了"保护孕婴健康"的企业战略，并围绕"怀孕""孕妇"等关键信息，结合象征生命的符号"心形"，为斯利安创作了类公共符号"孕妇小红人"的超级符号，以及"有斯利安，怀孕好心安"的超级口号。推动斯利安药业从叶酸品类到孕婴健康战略的全面转型。

124

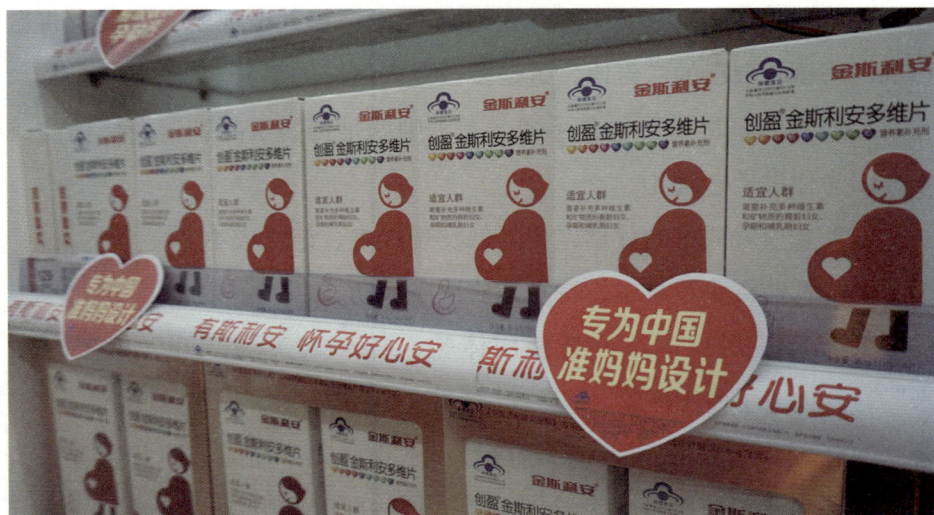

▲ 包装是斯利安超级符号的战略应用道具，华与华对斯利安的包装做了两大关键性调整：
1. 把包装的版式由原来的横版变成竖版，放大了"孕妇小红人"在包装上的陈列面积；
2. 根据"红白配色最显红色"的原则，把包装的颜色由原来的渐变粉变成了白色，既增强了包装的专业感和提升了美感度，又使"孕妇小红人"符号得到最充分的展示。

我们常常想做"植入广告"，植入电影，植入电视剧，却没有将自己的品牌植入自己的广告语，这是多么令人遗憾的事。

　　广告口号里尽量要包含品牌名，否则就是提高了品牌营销传播的成本，因为你没带它玩儿。

　　对广告口号成本的评估，要降低发现成本、记忆成本。

　　要降低购买决策成本，特别是要形成冲动。

　　要降低使用成本，创造使用体验，如"人头马一开，好事自然来"，就创造了使用体验。

　　要降低传达成本。因为广告口号不是我要说一句话给消费者听，而是设计一句话让消费者去说给别人听。这些原则和方法，在前面的章节里已经反复讲过，这里就不重复了。

电视和视频广告的营销传播成本

　　我们不仅说电视广告，而且说视频广告，因为电视在以前是唯一的视频，现在有电视机、影院屏幕、PC、平板、手机等无数视频广告媒体。不过，我们创作的方法，还是以电视广告为基础发展起来的。所以还是主讲电视广告。

　　电视广告的成本，先从媒体投放成本讲起，就是广告的长度。15秒的成本是5秒的3倍，30秒是15秒的两倍。

　　记住现在是15秒电视广告时代。

　　为什么是15秒，因为15秒的播放成本是30秒的一半，1个亿的投放费用，就能变成5000万。如果你说建立品牌必须要30秒，就等于说你要多花5000万——太贵了！

电视广告是从1分钟发展起来的，现在大家每年看的美国超级碗广告，还是1分钟版本为主。后来30秒成为主流，大家拍广告的时候，都是以30秒长度来做创意，然后剪辑15秒、5秒的版本，于是30秒是完整故事，15秒就说不全。这就是问题。必须一切以15秒为标准来思考，在15秒内解决全部问题。

停止使用"故事板"这个词

前面我们说到，词语是能动的，词语能影响控制人的思维。广告公司在做电视广告创意时，它需要绘制一个"故事板"，"故事板"这个词，它就指挥你要创意一个故事，会让人认为"创意＝故事"，想创意就是想一个精彩的故事。你是否有过这样的经验，有人很兴奋地说："我想到了一个好创意！"然后就开始讲一个故事情节。

我经常听到有广告人说："我们不是做广告的，我们是做内容的。"言外之意是我们不比做电影的差，我们的广告也是娱乐大众的。

娱乐大众当然是好的，但那只能是顺带的结果，而不是广告的出发点和追求。当你把娱乐大众当成自己的价值和追求，其结果往往就是你忘掉了销售，受众忘掉了购买。大家都一笑而过了。

电视广告不是"讲故事"，是"耍把戏"，是"产品演出"。

如果要找一个词来代替"故事板"，我倒愿意推荐"耍把戏"，或者"产品演出"。而且这个词不仅可以用在指导电视广告创意上。包装设计和促销活动，也是贩卖把戏，是产品的演出。

把戏是什么？把戏是能让你目不转睛地看，一字不落地听，全盘接收你传达的意见，并倾向于接受你提供的结论！

把戏还不仅在于整体，也在于细节。得其真味者才知道，到底是什么地方，哪句话、哪个画面、哪个表情、哪个眼神，替你卖了钱。有时候你会发现演员比情节要重要得多，有的人一上镜就浑身是戏，他说啥大家都爱听，都相信。

把戏还得真、善、美，经得起考验，你是在面对13亿人贩卖，每年谋求10亿的收入。事业越大，责任越大，道德风险越大。消费者花钱购物，特别是买食品、药品，是一件非常严肃的事情，要"严肃、活泼"。

电视广告是品牌的一场秀，要让产品成为英雄。我们不要"创意总监"，要"能用15秒钟让人掏钱，买他第一次听到的产品的人"。

做电视广告比搞春晚还难！现在说春晚太难办了，必须10秒就有一个笑点，必须"打鸡血"才能兴奋，全中国只有赵本山应付得下来。而电视广告不光是要人不转台，还要15秒就让人掏钱买东西，要求是不是比办春晚还高呢？

15秒电视广告的技术要求：用15秒的表演——让一个观众注意到——并有意愿掏钱购买——一个他第一次听说的产品。

我们特别特别要强调，你要假设这是一个他第一次听说的产品！

因为华与华成长于中国这个新兴市场，服务于一批创业期企业，我们做了一些"人们第一次听说的新产品"，树立了几个原创品牌。

当我们的品牌拥有了相当的知名度，我们在任何一次创作的时候，仍然假设人们是第一次听说我们，这是我们的创作秘诀。

我们也注意到某个成功成熟的国际品牌，它永远让人们"以为"这是一个新产品，这就是大家耳熟能详的"全新巴黎欧莱雅"，它永远是"全新巴黎欧莱雅"，这就是得真道者。

因为人们永远对新东西感兴趣。

华与华方法15秒电视广告的创作标准：

一、让人记住品牌叫什么名字；

二、让人记住商品长什么样子；

三、给人购买理由和冲动；

四、建立品牌符号和企业战略优势。

注意这四条。前两条是最低要求，其中第一条是前提，后两条是最高要求。15秒钟，这四条要全部做到，这就是标准。

先讲第一条，这是最重要的一条，是最基本的一条，也是最被忽视的一条，所以是我要最强调的一条。

因为让人记住你的名字，是一切的前提。不管你做得多么精彩，但是没能让人记住你的名字，所有的都是白费工夫。

强调第一条，这一条不仅是成功的必要条件，如果你做到极致，还足以成为充分条件。也就是说，**只要你能让足够多的人记住你的名字，你就能够成功。**

我们以"恒源祥，羊羊羊"的广告为例。有人会说又举"恶俗"例子，我还是那句话，不要看别人身上你不喜欢的地方，要看值得你学习的地方。对成功者做得不好的地方表示鄙夷，无非是一种阿Q精神，学习他人的长处，才能让自己进步得益。所以不要站在批评家角度去看，要站到消费语境中去看。

"恒源祥，羊羊羊"，有人说，消费者也烦它呀！这说得没错，又是大错！因为在这个问题上，消费者有两个语境。一个是看广告时的语境，恒源祥，羊羊羊；恒源祥，猴猴猴；恒源祥，鸡鸡鸡……哎呀！视觉暴力、听觉暴力，烦死了！

第二个语境，就是到了商场的时候，买羊毛衫的时候，他就会想起恒源祥，"烦死人"的恒源祥，中央台打广告那个，就买恒源祥了。因为其他品牌不熟悉，恒源祥应该没错！

前面我们说品牌降低了企业的营销成本，降低了消费者的选择成本，降低了社会对企业的监督成本，就是这个道理。

经济学家也解释了这个问题，管理经济学认为，企业和消费者之间存在信息不对称，企业做什么，可不可靠，消费者不知道。为了解决这种信息不对称，企业就要向消费者"发信号"。

企业发信号有多种方式，打广告是一种。在昂贵的地段开店也是为了发出信号，比如一个新品牌，在上海恒隆广场LV店隔壁开一间店，它就可以卖差不多的价钱，顾客会自然认为它是那个档次的品牌。

发信号有什么要求呢？经济学家说，信号必须足够贵。如果信号太便宜，则没有效果。

这个我们可以从常识来理解，能上中央台打广告，人们知道那要花很多钱，说明你很有实力；你很有实力，说明很多人买你的商品；很多人买你的商品，说明你的商品不错；你的商品不错，说明我应该选择你。

恒源祥是把名字做到极致的案例，把信号发到最强的案例。前面我们讲到广告的仪式性，恒源祥的生肖广告是惨不忍睹、耳不忍闻的暴力不美学，却也是大闹天宫的盛大品牌仪式。

也有人说，恒源祥这不是做品牌，是做销售。

这个结论又值得商榷了。

你可以说耐克不是做品牌，也不能说恒源祥不是做品牌，因为恒源祥是一个彻头彻尾的"做品牌生意"的公司。

耐克的模式，是做品牌、做产品设计、做销售，只是把生产和物流外包。恒源祥呢，它不做产品设计，也不做销售，更不做物流，它的主要盈利模式就是做品牌，然后进行品牌授权。设计、生产、物流、销售，都是别人做的，它就提供品牌授权、品牌服务、品牌管理。

你只能说你不喜欢它做品牌的方式，不能说它不是做品牌。

它的方式就是把知名度做到极致，而且用它的粗鲁方式，把广告成本也用极端的方式大幅降下来。

知名度是品牌的第一要义，很多广告都不能让人记住品牌的名字，很多广告甚至不愿意喊出自己的名字，它们只在讲完自己的创意故事之后，把标志闪一下，这样的广告就废了90%。

品牌名不仅要重复，而且出现得越早越好！特别是对现在的网络广告来说，品牌名最好是第一个词。因为你弹窗广告出来，声音刚一响，消费者就把你的窗口关掉了。所以你最好先报上名来。

还有很多广告不愿意突出包装，这一点在平面广告中更严重，一个意味深长的画面，右下角放一个以你看不清为标准的包装。设计者为什么不愿意突出包装呢？主要是他嫌包装干扰了他的"创意"。

这个问题在诗歌创作中专门有原则，叫作"不要因韵害意"。你不要为了押韵，把要表达的意思都破坏掉了。

突出商品，让人记住商品的样子，目的是什么？目的是让顾客去商场找得到我们的商品。他不知道包装长什么样子，怎么去货架上找呢？

电视广告中，产品是一号主角。

一切广告，一定以产品为主角，因为所有人都是为它服务的，没有它，其他都不存在。主角的标准是什么呢？就是戏份最多，谁戏多谁是主角。

所以，创意不能抢产品的戏。我们投资广告是为了卖产品，不是为了娱乐大众。

明星代言人也不能抢产品的戏。我们请明星是请他来衬托我们的产品，不是为了膜拜他。

上面我们说了第一条和第二条，让人记住品牌的名字和商品的样子。这两条是最基本的，是营销成功的前提。但这两条也是被最多广告忽视的。被忽视的原因，主要是学习学错了对象，就是在本书中多处提到的，把创业期企业、创业期品牌，放到成熟期世界领先品牌的语境中去思考了。比如总是学耐克、学可口可乐，却不知道自己的市场条件，并不具备可口可乐和耐克所拥有的前提。

第三条，要给消费者购买商品的理由。这个理由必须是前面章节中提到的理由，能刺激消费者的本能反射，他能马上起反应。让消费者能马上起反应，比独特的销售主张更加重要。这就是"某某问题，就用某某解决！"这样的句式永远有效的本质。

在第四条我们提出了一个最高要求，实际上是两个最高要求：一是建立品牌符号，二是建立企业战略，或者说建立企业的战略优势。

能在15秒钟的广告里一举达成上述四大目标吗？我们来看一个案例。用华与华的电视广告作品，葵花牌小儿肺热咳喘口服液15秒电视广告，来作一些对照分析。广告的台词是这样的：

> 小葵花妈妈课堂开课啦！
> 孩子咳嗽老不好，
> 多半是肺热。
> 怎么办呢？
> 用葵花牌小儿肺热咳喘口服液，
> 清肺热，
> 治疗反复咳嗽，
> 妈妈一定要记住哦！

画面是一群妈妈坐在"小葵花妈妈课堂"上，听小葵花讲课。小葵花说："小葵花妈妈课堂开课啦！孩子咳嗽老不好，多半是肺热。"画面上一个动画的肺，火苗腾起来。一个妈妈问："怎么办呢？"小葵花举着产品说："用葵花牌小儿肺热咳喘口服液。"接着说，"清肺热，治疗反复咳嗽。"画面表现肺火降下来。最后小葵花站在包装前强调："妈妈一定要记住哦！"再回到包装上定格。

这15秒的广告共56个字，我们来看看是如何设计并做到电视广告"华四条"的。

让人记住名字，葵花品牌的名字和小儿肺热咳喘口服液的名字。通过小葵花形象"小葵花妈妈课堂"和"葵花牌"的旁白，葵花品牌名字印象深刻，没有问题。

难点是小儿肺热咳喘口服液这么专业又冗长的药品名字，通过"多半是肺热""清肺热"反复强调关键词"肺热"，观众基本上能记住"葵花小儿肺热"，这算是制造出一个简称，完成记忆。

让人记住商品形象，这篇广告是不遗余力，首先从整体策划设计上看，品牌形象设计、包装设计、广告创意就是系统规划的，浑然一体。从头到尾所有镜头，除了中间一个妈妈问怎么办之外，全部是小葵花形象和商品包装，以及两个表现肺热及清肺热的镜头。也就是将所有的资源都投入了商品形象和信息的打造，这样才能做到让一个观众一下子记住一个他第一次听说的新产品。

购买理由很清晰，很强势，不容置疑。孩子咳嗽老不好——多半是肺热——用葵花牌小儿肺热咳喘口服液——清肺热——治疗反复咳嗽，一气呵成。

重点说说最后一条——建立品牌符号和企业战略优势。

建立品牌符号，第一个镜头就是代言形象小葵花的戏。建立企业战略优势，小葵花的第一句话——"小葵花妈妈课堂开课啦"，就建立了企业战略优势。

在华与华方法中，我们讲企图心和起手式。有什么样的企图心，就有什么样的起手式。葵花药业的企图心，是以小葵花形象，成为中国儿童用药和健康护理的第一品牌，所以它的起手式，就是投资建立一个广告品牌和创意模型——小葵花妈妈课堂。未来葵花旗下所有儿童产品，都在小葵花妈妈课堂推广；小葵花妈妈课堂，也成为葵花儿童药的知识载体和公关载体，成为整合传播的一个核心。对小葵花妈妈课堂的持续投资，就是话语权的建立，就是企业的战略优势。

"小葵花妈妈课堂开课啦！"这个口号可以用50年。而且，从她喊出第一声开始，每一声都是投资，都是积累，50年后，我们还能继续回收第一声投资的利息回报。这就是战略。

卡通形象的成本本质——要有"文化原型"

顺着葵花药业儿童药案例，我们谈谈卡通形象的成本本质。

还是品牌成本论，所谓卡通形象，是一个品牌角色形象，是为了降低品牌传播的成本。和超级符号的道理一样，我们最好的办法是直接找到一个文化原型——人们文化里本来就有的东西，本来就有好感、喜欢的东西。

小葵花形象，就是一个原型形象，把孩子的笑脸放进一朵葵花里，这是全世界人民都熟悉、喜爱的形象。所以能够做到华与华创意十二字方针——一目了然，一见如故，不胫而走。

为什么？因为原型成本低。如果没有文化原型，我们根本支付不起投资建立一个新卡通形象的成本。

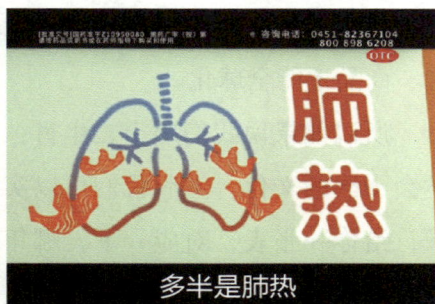

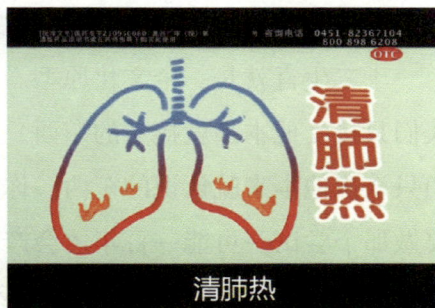

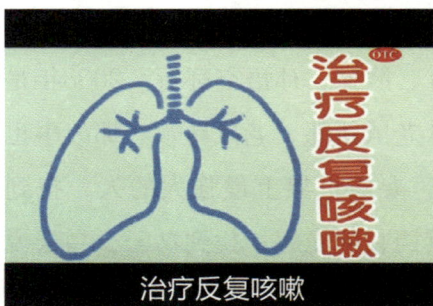

▲ 葵花牌小儿肺热咳喘口服液广告。15秒广告56个字，让人记住了品牌名字，记住商品样子，给人购买理由，建立了品牌符号和企业战略优势。

人们常常想设计一个"吉祥物"形象，却不知道为什么，设计来做什么。我参加了北京奥组委关于奥运吉祥物设计的讨论，深有感触。当时我们大概有三个专家都提了同一个建议——用十二生肖。

我说做一个史上最多的吉祥物——十二生肖。十二生肖它的意义在什么地方？我为什么想到做十二生肖呢？因为奥林匹克的本质，我们为什么要做奥运会？它是给我们一个机会让我们的文化全球化。只有我们的文化全球化，我们的生活方式全球化，我们的知识全球化，我们的品牌、商品才能全球化。

所以如果说我们用十二生肖，首先每个人都可以对号入座，他能够学会中国的文化。然后我们可以实现史上卖得最多的奥运吉祥物这个纪录，给你一张表，对应一下，哪年出生的是什么属相，你能够对应出家人和亲友的属相，然后给他们每人买一件礼物带回去。这就能发动每一个来客最大限度地替我们传播中国文化。

十二生肖就是一个文化原型。文化原型就是成功的捷径，大家记住人们只接受他本来就接受的东西，人们只记住他本来就记得的东西，人们只认识他本来就认识的东西。你要想创造一个新的东西给他，最好不要做那个尝试，可能一百年才会产生一个新的文化角色，像十二生肖这样级别的文化角色，一千年也产生不了一个，为什么不用呢？

用超级符号、文化原型角色的判断标准和方法，北京奥运的吉祥物选择，其实范围非常小：十二生肖、熊猫、孙悟空都行。2008年是鼠年，用老鼠娶亲的故事也可以，设计老鼠新郎、老鼠新娘。那故事也是符合奥林匹克精神的：老鼠要嫁女，要嫁世界上最强大的人，找到太阳，太阳说它怕乌云，因为乌云能遮挡它的光辉；找到乌云，乌云说它怕风，因为风能把乌云吹跑吹散；找到风，风说它怕墙，因为墙能挡住风；找到墙，墙说它怕老鼠，因为老鼠能在墙上打洞；最后还是嫁给老鼠，认识到你自己最强！

总之我们的目的要清晰，就是要传播我们的文化和价值。

接着是伦敦奥运，伦敦奥运的吉祥物一出来我就认为它一定会失败的，而且还不如北京奥运的吉祥物。为什么呢？还是因为没有原型。全世界谁也不认识那两个怪家伙，谁跟它俩都没感情。

我们中国这些年的历史上有没有成功的运动会吉祥物呢？有，就是盼盼。1990年的亚运会并不是一届很重要的运动会，但是它留下了文化遗产——熊猫盼盼，盼盼现在有盼盼食品、盼盼防盗门，到今天还有商业价值。

因为它有一个熊猫的形象，有一个盼盼这样的好名字。所以2008年奥运的时候，我们可以选择十二生肖，我们也可以选择熊猫，我们也可以选择孙悟空，但是没有选，因为大家认为这"太没有创意了"，这大家都知道的东西，做它有什么意思呢？

人们不懂得，就是大家都知道的东西才最有意思。你做一个东西不就是为了大家都知道吗？有大家本来就知道的东西你为什么不用呢？还是那句话，创意的目的不是为了得到一个创意，是为了解决问题。

华与华喜欢创作品牌卡通形象，因为如果我自己创造一个品牌角色，我的每一分钱的广告投资都积累在它身上，我可以投资一百年！

美国总结了二十世纪十大广告形象，我也希望一百年后商界总结二十一世纪中国十大广告形象时，华与华的作品也能在其中占有几席。小葵花儿童药的形象，是华与华创作的最成功的广告形象之一。

▲ 读客文化"两大门神"形象

成长：积累与迭代

▲ 读客文化"成长阶梯"

品牌文化的成本本质——人类文化

人们常说品牌文化，这和吉祥物一样，没有想清楚它到底是什么，能够做什么。

要谈什么叫品牌文化，先谈什么叫文化，再看品牌文化和文化是什么关系。文化是人类历史上形成的物质财富和精神财富的总和，有时特指精神财富。品牌文化要怎么做才能够降低成本？品牌文化就是占人类文化的便宜，把人类文化的财富拿过来，为我所用。

前面我们说超级符号、超级话语、超级词语、品牌角色，讲的都是这个道理，这就是品牌文化。就是把人类数千年文明的古老文化符号化，附着到他们的商品上去传播、去销售，让我们的商业目的嫁接人类的宏大叙事。

由于品牌文化能降低品牌的成本，所以有一类品牌，拥有最大的投资价值，华与华把它们称为"文化遗产品牌"。

文化遗产品牌就是指这个品牌，是我们整个民族的物质文化遗产。或者说，一些地方的文化遗产品牌，是地方人民的物质文化遗产。

哪些品牌算是文化遗产品牌呢？比如说茅台是文化遗产品牌，云南白药是文化遗产品牌，东阿阿胶是文化遗产品牌。云南白药牙膏为什么成功，为什么能卖那么高的价钱？因为它是把一笔巨大的物质文化遗产，附着在牙膏这个恰如其分的载体上去销售。

田七牙膏，因为田七是中国传统的药用植物，中国人对它的功能和文化有很深的认识，所以它不仅是广西人民的物质文化遗产，也是中国人民的文化遗产品牌。

文化遗产品牌有一个什么样的特点呢？就是你做错了，做差了，消费者也不会马上否定你，更不会抛弃你，他会认为这是暂时的，是你没干好，不是这品牌不好。

文化遗产品牌是有根的，做差了，做"死"了，埋在地里，只要有人浇灌，给点阳光，它还能灿烂。

文化遗产品牌的价值还在于哪里呢？在于随着民族经济的发展、民族自信的增强，这个民族会越来越追捧自己的文化，追捧自己的品牌。就像以前我们说我们的瓷器不行，我们景德镇的瓷器一套卖几百元，他们英国的瓷器要卖几千元，现在看到我们经济发展之后是什么样的状态呢？我们一个紫砂壶你要花十几万去买，原来我们说喝红酒、咖啡是高档的，现在用最贵的蓝山咖啡的价钱，还远远喝不到最好的中国茶，这就是我们中国文化的价值。

最有价值的品牌是文化遗产品牌，树立一个品牌，也要以成为人类共同的文化财富为目标。比如可口可乐，它已经是这个星球文化财富的重要组成部分。

报刊广告的成本本质——直接决策成本

平面广告和电视广告的差别是，平面广告有更大的信息容量。或者说，你可以选择提供比较多的信息，也可以选择提供比较少的信息。

我的建议是，信息多多益善，文案越长越好，你提供的信息越多，提供的购买理由越多，消费者就买得越多。平面广告要提供让消费者足以直接作出购买决策的信息，提供导购指南，而不是止步于仅仅引起注意，那是户外广告牌的事。

房地产广告不标出价格，消费者就无法作出决策——也就是提高了他的决策成本。因为人们买房子是先定价格，我有多少预算来买一所房子，然后按这个金额对号入座去挑。你不标出价格，他就需要打电话问你，再作出决定是否考虑，多数人不会打这个电话就放弃了。

本章节前面讲到孔雀城的案例，价格标示就是畅销启动的标志性的一步。

在孔雀城的报纸广告中，我们放上我们漂亮的房子，然后醒目地标上价格。当消费者看到漂亮的房子和超有吸引力的价格后，我们售楼处的收银机就嗒嗒嗒地响了起来。

之后我们将价格标示再接再厉，在广告中列上价格表，列出所有房型的价格。

这张价格表，可是大有玄机！

为什么要上价格表？是为了降低消费者的选择成本，消费者以什么为标尺来选择？以价格为标尺来选择。所以，这张价格表是以价格由低往高来排列的，是以价格排序，四个孔雀城的产品是打乱的，标出每一个价格区间内所有孔雀城的对应房型。

这个排序，我是从买鞋得到的启发。我的脚尺码比较小，买鞋就比较困难。经常去看中一款鞋，然后售货员去仓库找有没有我的码，漫长的15分钟后，她回来告诉我："对不起，没有您的尺码。"这我都习惯了，我自己脚小嘛，没有理由怨别人，我买鞋就应该难，就是应该选择成本高。

直到有一次去美国，走进一间鞋店，我才知道，我本来有权5分钟就挑到5双合脚的鞋！因为这间鞋店的鞋，不是按品牌来陈列的，是按尺码。因为尺码是买鞋的前提。价格也好，品牌也好，都是选择因素，不是前提。这家鞋店天花板下，大大地挂着尺码。如果挂着6，这一列全是6号鞋，6、7、8、9、10、11、12一溜过去。购鞋者直接走到你的尺码那一列，这一列一百多双鞋全部都合你的脚，5分钟你能挑几双鞋走。这就是最低选择成本。

当时孔雀城的产品，从50万元到400万元不等，我们统统把它排列在价格表上，让顾客自己对价入座。

第二天，永定河孔雀城售楼部前，车一直长长地排到了107国道上，当地出动了交警维持秩序。这一天，就是孔雀城的起飞日。

广告是一种服务，是给消费者的信息服务，任何广告，无论是包装文案、平面广告，还是电视广告，都要给消费者把信息组织得能快速容易地接收、接受。阅读你的广告，就像**坐着滑滑梯，滑到收银机，一气呵成，一气呵"成交"**。

降低社会的监督成本，是品牌成立的根本

华与华方法，就是用创意降低成本的方法，你要想着降低自己的营销成本，也要想着降低顾客的选择成本。至于降低社会的监督成本，更是品牌得以成立的根本。最后，我们就谈谈降低社会监督成本的问题。

有的人可能不理解。社会对我们的监督成本，恨不得越高越好，咱们去降低它干吗呢？

企业在讨论统一品牌的时候，经常会担心：一出事儿就都完了，不能把所有的鸡蛋都装在一个篮子里吧？

这种观点是完全错误的，但是这种观点也是非常普遍的。

认识品牌的社会监督成本本质，对今天的中国企业非常重要。认清这一点，能减少好多困惑，少犯好多错。

品牌出事怎么办？答案是：品牌的使命就是为了应对出事，不出事就不需要品牌了。

▲ 在孔雀城的报纸广告中，我们放上漂亮的房子，然后醒目地标上价格。

这世上没有不出事的人，也没有不出事的企业。太阳那么伟大，还有日食的时候。对于一个企业来说，出事是必然的，只是时间问题，大事、小事的问题，出大事也是必然的，也是个时间问题。

什么企业出事也没有航空公司出空难可怕，但这世上没有不出空难的航空公司，都只是时间问题，也没有航空公司会仅仅因为出了空难就倒闭。

关键是，如何防止出事？出事之后怎么办？

为了防止企业出事，以及出事之后怎么办，人类社会就发明了品牌。品牌对人类社会有两个功能。

一、出事概率较小；

二、出了事比较容易惩罚它。

企业总以为是自己建立了品牌，错！有品牌，不是因为有你，是因为社会需要。如果社会不需要，你想建也建不起来。

品牌是一种成本机制，是一种风险机制，也是一种社会机制。

从成本机制来说，品牌降低消费者的选择成本，选品牌，放心。

从风险机制来说，品牌是一个博弈结果。管理经济学认为，企业通过建立品牌，创造重复博弈，给消费者惩罚自己的机会，这就是品牌的使命。

旅游景区里的饭店不是难吃就是宰客，因为那是一次博弈，你就去一次，没有机会通过第二次不选择它来惩罚。品牌则是一种重复博弈，还有下次，很多次，这就有机会惩罚。

注意下面的逻辑：品牌的本质是降低消费者监督成本，方便消费者惩罚犯错企业的一种社会机制。

品牌越大，则人们监督、惩罚它的成本越低。

如果品牌逃避监督和惩罚，则失去了品牌的本质，所以品牌会大幅度贬值。

如果品牌在出事之后，积极接受监督和惩罚，甚至主动加大惩罚自己的力度，超过消费者期望的力度，则品牌将升值。

品牌不会因为被惩罚一次就被"搞死"，而是因为方便被惩罚而长生。品牌的生命力就在于接受惩罚。

所以当品牌"出事"的时候，就是我们向顾客证明"只要我出问题，你就可以惩罚我"的大好机会。我们只要痛痛快快地接受惩罚，老老实实地付出代价，品牌就升值了，这才是品牌的游戏规则。如果经理人想推卸责任、逃避惩罚，品牌才会真受损失。

这样我们就可以理解，在2012年的"反日风波"中，丰田、日产等日本车被砸的事了。日本车被砸，丰田公司、日产公司并没有责任，但它们不约而同地选择了赔偿顾客——你买了我的车，被人砸了，我来赔。

它要保障它的品牌有效。

所以我们看到第一品牌总是处在风口浪尖，当白酒出现塑化剂事件的时候，本来不是茅台的事，但很快就变成它的事。肯德基不停地被各种可怕的食品安全"黑幕"包围。它们垮了吗？事实上肯德基是你最放心的餐厅之一，因为它永远在聚光灯下、放大镜下、显微镜下，被社会所监督。

在制药业内，强生公司出过多少事？不断有它的产品被召回的新闻，但强生是全球声誉最佳的企业之一，在制药业排名第一。为什么？因为它召回呀。

我们很多企业在自己的产品出现问题的时候，不是大大方方地承认并承担责任，付出代价，而是拼命地删帖、平事儿、抵赖、推诿，希望"减少损失"，白白送了钱给黑公关。我们的企业总是认为品牌出事是丑闻，其实出事不是丑闻，掩盖才是丑闻。召回不是丑闻，是光荣。不要被媒体的批判吓破了胆，误以为媒体能骂垮一个企业。消费者都不是傻子，他们知道天天挨骂的企业最靠得住。能把你整垮的，只有你自己。

当你的产品出现问题的时候，坦然地承担责任、接受惩罚，就是品牌之道。

还有一个"有理"和"有利"的原则。出了事还抵赖的企业，往往都自欺欺人、自以为有理，却不懂得怎样对自己有利。你说你有理，消费者不接受。要想对自己有利，老实认错赔罪赔钱，早结束纷争，对自己最有利。

《论语》说："仁者安仁，智者利仁。"仁德的人安于仁德，无论何时何地何种情况都是仁德以对。有智慧的人呢，知道仁德是对自己最有利的，所以他也行仁德。

所谓可怜之人必有可恨之处，蠢人才干坏事。

品牌出事怎么办？

我希望命名一个理论，为中国企业的品牌认识"正三观"，就是——品牌失灵论。

企业通过建立品牌，创造重复博弈，给消费者惩罚企业的机会。品牌是保护消费者利益的风险机制，当品牌犯错的时候，如果消费者能惩罚它，则品牌生效；如果品牌逃避惩罚，则风险机制失效，品牌失灵。

所以，当品牌犯错的时候，正是检验品牌机制的时候。品牌犯错，你只是搬起了石头，你有机会把这石头搬开。逃避惩罚，才是将这石头砸向自己的脚。

不要让你的品牌失灵。

半部《论语》治天下，还是读《论语》。

　　子贡曰："君子之过也，如日月之食焉：过也，人皆见之；更也，人皆仰之。"

君子犯错就像日食月食：犯错的时候，天下人都看得见；改正的时候，天下人都仰望着。

让品牌出事，成为"君子之过"。

第五章

企业社会责任、经营使命、企业战略三位一体

重新定义企业战略：不是企业的战略，
而是企业为解决某一社会问题，为社会制定的战略

什么是企业？

企业的本质是什么？是一种社会分工机制。

在品牌方法论一章里，我们说品牌是一种社会机制，是一种社会监督机制和消费者的选择效率和风险防范机制。如果不是社会需要品牌，企业自己想建立品牌也建立不起来。

同样，企业也是一种社会机制，是实现社会分工的机制。

假定社会是一个公司，企业就是一个员工，在社会这个大企业找了一份工作。它要把这份工作干好，始终保持进步，始终保持领先，始终保持成为无可替代的"骨干人才"，这就是对社会有价值。对社会有价值，它就不会丢掉这工作，企业就能够永续经营。反之，企业就会被社会淘汰。

所以，企业生存的本质在于企业的社会价值，就是企业的社会分工角色，也就是企业的经营使命。

管理大师德鲁克在这方面有很多论述。

他说："企业是社会的器官。"

"商业企业及公共服务机构都是社会的重要器官。他们不仅仅是为

了自身的目的而存在，而是为了实现某种特殊的社会目的……他们本身并不是目的，而是手段。

"任何一个组织机构都是为了某种特殊目的、使命和某种特殊的社会职能而存在的。

"无论是从心理、地理、文化角度，还是从社会等角度来看，组织机构都必须是社会的一个组织部分、一个重要器官。"

德鲁克说到了企业最深的本质：任何企业得以生存，都是因为它满足了社会某一方面的需要，实现了某种特殊的社会目的。

可以说社会是企业的主人，企业是社会的奴隶。招之即来，挥之即去。

很多企业都有写出了自己的"经营使命"，但是，都把使命做成了"企业文化"建设，而没有成为商业战略的具体方针，所以往往虚无缥缈，束之高阁。

经营的使命、企业的社会责任是制定企业战略的起点，而不是终点。

企业得以生存，不管你是什么商业模式，根本的原因在于企业对社会有用，成为社会运行机制中有效率的组成部分，所以社会允许它生存。否则，社会就会淘汰它。

在我写本书增修版的时候，时逢Facebook的扎克伯格来中国，他在和马云的对话时说，创业的初衷是要解决问题，而不是想着去开一间公司，"很多人在没有想到解决什么样的问题之前，就开了公司，在我看来这是很疯狂的"。

扎克伯格讲的，就是德鲁克的哲学。扎克伯格是生而知之，安而行之。

因此，我们要重新定义企业战略：

企业战略不是企业的战略，而是企业为承担某一社会责任，解决某

一社会问题，而为社会制定的战略。

于是我们得出一个华与华方法企业战略"三位一体"模型：企业社会责任、经营使命、企业战略三位一体。

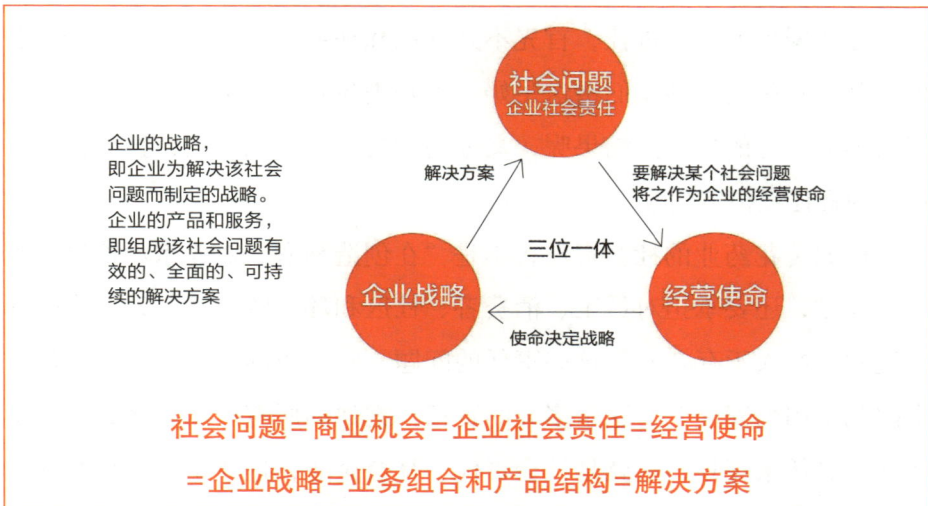

重新定义企业社会责任：不是企业的义务，而是企业的业务

我们也要重新定义企业社会责任。

什么是企业社会责任？国际通行的企业社会责任定义是这样的：

企业社会责任——Corporate social responsibility，简称CSR——是指企业在创造利润、对股东承担法律责任的同时，还要承担对员工、消费者、社区和环境的责任。企业的社会责任要求企业必须超越把利润作为唯一目标的传统理念，强调要在生产过程中对人的价值的关注，强调对消费者、对环境、对社会的贡献。

这个定义是我所不能接受的。我经常说，企业社会责任这个词，是不负责任的人发明的。就像你对一个姑娘说，我会对你负责任的！那是因为你基本上不负责任。比如你就没有资格对老婆说这句话，因为不存在你不负责任的问题。

企业社会责任，不是企业的义务，它本来就是企业的业务！

比如蒙牛的社会责任，首先不是社区和环境，是牛奶！是牛奶不要出问题，不是去给孩子们赠送牛奶，不是去建希望小学搞慈善，是让中国人喝上放心的牛奶。结果呢，义务的"责任"，伪责任，担了很多，业务的责任没担负起来。

比如葵花药业的社会责任，不是"在创造利润、对股东承担法律责任的同时，还要承担对员工、消费者、社区和环境的责任"，那是跟坏人说的，好人不存在不负这些责任的问题。它真正的社会责任是"保护中国儿童用药安全"，这是多大的责任！把你的所有产品和服务，都围绕这个责任来规划，这就是社会责任、社会企业，这才是企业战略的王道，这样的企业才能成为国之大器。

所谓市场是看不见的手，其实市场这只看不见的手，背后的本质是社会这只看不见的更大的手。在一个成熟的市场中，一个行业的企业会形成不同的细分定位，其背后是社会分工的不同，是社会责任的分担。

制定企业战略，最有远见的思维方式，就是从思考我为社会解决什么问题开始。有的人觉得那是大企业的事，小企业到不了这个阶段。错了，哪怕你是一个大学生勤工俭学在校园开录像厅，"我为学校、为老师同学们解决什么问题"，也是你的战略思维起点。

2013年，华与华开始和中国知名的互联网企业360合作，这是继葵花药业后，又一个用"企业社会责任=经营使命=企业战略"等式的案例。

360的企业社会责任，是保护中国互联网安全。

360的经营使命，是保护中国互联网安全。就像警察的使命是保护社会安全，医生的使命是治病救人，360的使命就是保护中国互联网安全。

什么叫使命，永远也完不成的就是使命。警察不能说他的使命已经完成了，社会没有安全问题了；医生也不能说他的使命已经完成了，再也没有人生病了。找到永远完不成的使命，永远完不成，又永远需要人去干的事，就找到了永续经营的逻辑。

记住！这一条很重要！为什么有使命的企业才能基业长青，首先你得认识什么叫使命。很多企业制定的所谓"经营使命"，都是空洞的口号，和业务没关系，所以没价值，过几年又不知道自己该干啥了，又得研究"转型"。

企业社会责任=经营使命，是锁定为社会解决什么问题。

那战略呢？

战略就是这一社会问题的解决方案。

360的战略，也就是360的业务组合和产品结构，就是中国互联网安全的解决方案。它包括国家网络安全，企业网络安全和个人网络安全。360的所有产品，都包含在这一战略逻辑之下，360的品牌，就是代表中国互联网安全的品牌。

再重复一遍，企业战略，不是企业的战略，是企业为解决某一方面的社会问题，而为社会制定的战略。360公司的战略，是360为中国解决互联网安全问题而制定的战略。葵花药业的儿童药战略，是葵花药业为解决中国儿童用药安全而制定的战略。

重新定义公关：是企业的社会服务产品

除了重新定义"企业战略"和"企业社会责任"之外，我们又重新定义了"公关"。因为这个词的本来含义，也太虚弱了。

什么是公关？一般的定义是这样的：

公关即公共关系，是社会组织同构成其生存环境、影响其生存与发展的那部分公众的一种社会关系，是一个组织为了达到一种特定目标，在组织内外部员工之间、组织之间建立起一种良好关系的科学。根据爱德华·伯尼斯（Edward Bernays）的定义，公共关系是一项管理功能，通过制定政策及程序来获得公众的谅解和接纳。它是一种有意识的管理活动。如果要在组织中建立一种良好的公共关系，需要良好的公共关系活动的策划来实施和实现。

这个定义糟透了，庄子说："行贤而去其自贤之行。"什么意思呢？做好事，不要做那些为了让别人认为我好而做的事，那是伪君子的思维方式。

我非常讨厌企业形象广告、公关活动之类的词。你做什么事，你就是什么形象，哪有为了树立形象而去做的事呢？你到底要为社会做什么事？你去做呀！

所以我们重新定义公关：

公关是企业的社会服务产品。

就像做义工，你有什么能力，你把它发挥出来，为社会服务。公关是一个社会服务产品，要用产品开发的思维做公关，开发"公关产品"，这个公关产品，也在我们的业务组合和产品结构里面，在我们的企业战略里面，构成我们的经营使命，我们的社会责任所要解决的那个社会问题的解决方案。对于360的公关产品来说，就是中国互联网安全的解决方案。

于是我们开发了360的超级公关产品——中国互联网安全大会。

这实际上就像当年的免费杀毒一样，是360给社会的免费服务产品，打造亚太区规格最高、规模最大、最具影响力及专业性的安全峰会。中国互联网安全大会是针对国家网络空间安全、移动安全、云与数据安全、企业安全、Web及应用安全、软件安全、APT攻击与新兴威胁、工控安全、网络犯罪等前瞻议题展开思想与技术的碰撞。由于是免费的社会服务产品，我们就诚心诚意为社会服务，不是360的独角戏，而是每一个方面的专业技术，都开放给相关领域的顶尖公司。

2013年，第一届中国互联网安全大会开幕，竟然吸引了超过一万人参加，而且每一个分论坛，都吸引了上千人。大会开幕当天，中国所有互联网安全相关股票全部上涨。中央电视台在随后的一次报道中，说到了"360在互联网安全领域的市场支配地位"。如果要说"品牌形象"，这次大会，就是360品牌形象的一个转折点，不是"做形象"做来的，是诚心诚意做事做来的。

接着讲"企业社会责任＝经营使命＝企业战略"。

既然360的企业战略，我们的业务组合和产品结构，就是中国互联网安全的解决方案，要保卫中国国家互联网安全，中国企业互联网安全，中国消费者个人互联网安全，那我们要重新审视一下我们的产品，能不能解决这些问题。

在当时，360还没有B2B的业务，我们所有的业务都是B2C的。在锁定自己的社会责任、经营使命之后，360开始按新的战略版图进行收购，并在2015年正式成立了企业安全集团。

世事总有机缘，360在个人电脑安全和360手机卫士移动互联网安全等领域积累的海量用户和大数据，正让他在这之后的三年里，建立了新的互联网安全思想和模式，一跃成为全球最大、最先进的互联网安全公司。

▲ 中国互联网安全大会，已经成为亚太地区规格最高、规模最大、最具影响力及专业性的安全峰会，奠定了360成为中国互联网安全中心的权威地位，同时也收获了巨大的营销价值。这充分体现了我们的经营哲学：企业战略不是"企业"的战略，而是企业为解决某一社会问题而制定的战略。公共关系不是协调企业与社会的关系，而是企业给社会的免费服务产品。
而这一公关产品，也是该社会问题解决方案的重要组成部分。中国互联网安全大会就是中国互联网安全问题解决方案的重要组成部分。

企业社会责任的三个层次：拳头产品、权威专家、梦想化身

企业社会责任是企业的核心业务，是为社会解决问题的方案，华与华方法把它分解成三个层面：

一、拳头产品；

二、权威专家；

三、梦想化身。

从这三个层面制定战略，同时，又将这三个层面分解为系统的战略营销传播工具。

一、拳头产品

拳头产品，就是你最能给大家解决问题的几个产品。

现在就问你自己——你们公司的拳头产品是什么？你能脱口而出吗？消费者都能说出来吗？

比如一说苹果，iPhone、iPad，大家马上能够脱口而出。

企业和顾客的关系，具体联系在哪儿？就在于顾客使用企业的产品上。所以任何一个企业，想到它马上要想到它的产品和服务。如果没有这个清晰的联想，企业少有能健康发展的。这个马上能浮现在眼前、脱口而出的产品，就是企业的拳头产品。

这个拳头产品，既是企业的拳头，也是社会的拳头，因为它代表了企业能生产的最好的东西，也代表这个社会能拥有的最好的产品。

从企业使命来讲，你为社会承担了什么使命呢？用"三个代表"的思想——代表先进生产力，代表先进文化，代表最广大人民的根本利益——来说，你就为社会承担了先进生产力的使命。

在这一方面你代表了这个社会在这个领域最先进的生产力。每个消

费者想要这方面的东西，买你的一定没有问题，能够得到最好的服务。出了事找你，你能负责，这就是你的责任。你把这个责任担得好，大家都买你的东西。

现在你再问自己一个问题，拳头产品问题的升级版：你们公司在哪方面代表了社会先进的生产力？

你的生产力是先进的，你就不会被淘汰；你的生产力落后了，就必然被淘汰。所以制定战略，就要确立在哪个领域，我们如何能够持续地保持先进的生产力。

把产品放在企业社会责任、企业战略的第一条，因为产品是企业的根本。可以说，企业即产品。读者可以在这里自测一下自己所在的企业：

1. 我们公司的拳头产品是什么？

2. 我们公司的拳头产品，是否得到顾客和社会的广泛认知和认可？

3. 我们公司在这些产品上，是否代表了社会最先进的生产力？能不能为顾客、为社会解决问题？

4. 未来十年，我们能否持续保证领先？如何保证？

5. 总体说来，我们在哪个领域，用什么办法，能确保持续领先？

在前面我们说到苹果，显然苹果在前三个问题上是毫无疑问的，能否回答后两个问题，就是苹果未来战略的关键。

从企业战略上讲是如此，从营销传播上讲这也是第一要义，如何让全社会的人都能对我们的产品脱口而出，并认同我们的产品是最好的？

二、权威专家

这个大家很耳熟。我们经常提起一个品牌都说什么什么专家，属于一个专家品牌。为什么要做专家呢？因为希望消费者有什么事能听我的，认我是专家，我们营销不就是要达到这样的目的吗？

在权威专家方面，我们再换一个词——首席知识官。

企业要成为社会某一方面的首席知识官。

首席知识官承担什么样的责任和使命呢？

为社会承担知识储存和知识探索的责任和使命。

知识储存的责任和使命，就是关于这方面的知识都在你这里，想知道这方面的知识只能来找你。华与华方法说的：**"养成社会对我们的习惯性知识依赖。"**这是巨大的战略和营销优势。

如果人们在知识上依赖你，就必然在产品上信赖你。

承担了知识储存的任务，还要承担知识探索的使命，未来人类在这方面往哪儿进步？你来探索。

这个社会知识的前沿往往不在政府、学校或研究院，而在企业，因为只有企业才有这么多的资源和那么大的动力去投入知识的探索。如果你没有机会承担这个责任和使命，也承担不起这个责任和使命，你就成不了一流的企业。这个我们又对照"三个代表"的思想——代表了先进的文化。

一切行业都是咨询业，一切公司都是咨询公司，都是顾客的咨询顾问。前面说到的360，她就是中国互联网安全咨询公司，无论你是政府、企业、还是个人，互联网安全的问题你都可以问她，她可以回答问题为你释疑解惑，也能制订方案、提供产品为你解决问题。

如果你是生产牙膏的企业，你也是咨询公司，是口腔健康咨询公司；如果你是生产化肥的企业，你是农作物高产咨询公司。B2B的企业更是咨询业，甚至要为顾客承担产品研发的责任，比如新口味的牙膏，大多是香精公司研发来提议给牙膏公司的，而不是牙膏公司研发的。香精公司做市场研究，开发出新的牙膏，把这个牙膏方案推销给牙膏企业，达到牙膏企业向香精公司采购香精的目的。所以做客户咨询的公司，为客户提供市场咨询，为客户做新产品研发，是B2B业务的秘诀。在这里，咨询是免费的，但却是产品成交的关键。

要用咨询公司的思维方式来思考，你会重新认识自己的"产品"。你提供产品给顾客，也就是提供资讯给顾客。那么，你提供的产品和资讯是什么关系？

一般认为是资讯从属于产品。资讯，是关于我们的产品的资讯，比如使用说明。但是从咨询公司的角度来思考，就不是从属关系，是并列关系，资讯不是以我们的产品为中心的，而是以顾客为中心的。产品是顾客需要的产品，资讯是顾客需要的资讯，并不只是介绍我们产品的资讯。比如化肥公司提供的资讯、咨询，并不只是关于化肥的，而是关于农作物的。

所以，我们提供资讯、咨询的同时，也看着和我们销售的产品同等重要的产品。当你从产品的角度去看它的时候，你的态度和做法会完全不同。培训我们的销售人员，就不是只培训他们怎么去说我们的产品好，而是培养他们有能力成为客户的顾问。

每个企业都要学会提供咨询产品给顾客，虽然这些咨询产品不能直接实现回款，但却是企业至关重要的战略产品，是留住顾客、扩大生意的法宝。

人们常说顾客的黏性，产品体验是一个黏性，知识依赖是更广泛、更深刻的黏性。

在知识依赖方面，还有一个重要的思维角度，就是"成为可信赖的发言者"。即有没有把"让企业成为可信赖的专业发言者"，作为一个长期的战略来规划实施。

特别是在今天的中国社会，经常出现一些消费恐慌，本来没什么事，媒体捕风捉影，企业百口莫辩，消费者无所适从，宁信其有，不信其无。造成这种情况是因为没有一个人是可信的。企业面对这样的委屈，其实是咎由自取，因为你在自己所经营的领域，没有承担知识供应者的责任，也就不能在被质疑的时候有公平的解释机会。

平时多积德，难时才会有人帮。

三、梦想化身

每一个品牌、每一个企业都是一个梦工厂，一流的企业都代表了人类在某一方面追求的梦想，承载了人类梦想的企业就是全球首席企业。

比尔·盖茨在写《未来之路》那本书的时候，微软就代表了人类信息时代的梦想，微软就是信息时代的全球首席知识官，是人类梦想的化身，比尔·盖茨就是全球首席企业家。后来这梦想化身变成Google、Apple、Facebook，微软现在成为二流企业了，为什么？因为它失去代表人类梦想的地位。或许，比尔·盖茨就是因此转投慈善，从全球首席企业家，转行做全球首席慈善家了。

今天人类的梦想企业是谁呢？谷歌可以算一个。我们再举一个例子，讲一下汽车业，代表汽车的先进生产力、先进文化的应该是奔驰、宝马、奥迪、大众这些公司。但是我对我未来的汽车的梦想寄托在谁身上呢？我发现我没有寄托在奔驰、宝马、劳斯莱斯、宾利身上，而是寄托在谷歌身上。因为谷歌在研发智能汽车、智能公路，以期实现汽车的无人驾驶。

开创未来汽车文化的会是谁？会是谷歌。到那个时候谷歌会突然就代表了汽车的先进的生产力、先进的文化和未来汽车的梦想，奔驰、宝马等公司会倒掉一半。

拳头产品、权威专家、梦想化身，会带来什么？带来营销成本的极大降低，当社会养成对你的习惯性咨询依赖，当你成为人类未来梦想的化身，你的一举一动都万众瞩目，你自己就是最大的媒体。

比如，我们下一代的智能手机会是什么样的？我们从哪儿获取资讯？不是任何一个研究院或媒体，而是苹果、三星，它们下一个要发布的产品会是什么样子？因为它们是智能手机的权威专家和梦想化身，所以它们发布产品，不是它们企业的事，是全人类的大事，所有的报道都聚焦给它们。而如果明天诺基亚推出一款新机型，它花1亿广告费也吸引不了那么多关注。

在你所处的行业和市场，你也可以从拳头产品、权威专家、梦想化身这三个价值层次，去构建你的企业社会价值。比如奇虎360要做什么专家，要代表什么梦想；360要做互联网安全的专家，要成为互联网安全的梦想化身，它的拳头产品，就是互联网安全服务。互联网四大潮流——云、大数据、移动互联、社交网络，关键都在于安全，安全服务已成为所有互联网业务的基础服务，360的业务组合就是互联网安全的全面解决方案。360要承担互联网安全的知识储存和知识探索的责任，所以360要召开中国互联网安全大会，这个大会不带来收入，但这是企业社会责任和社会价值所在。这个社会责任不仅是360的义务，也是它的业务。

企业经营的最高境界是永续经营，100年后还在

企业家们经常说打造百年企业。百年的关键词是什么？是百年增长、百年发展，还是百年生存？

百年的本质是生存，是传承，100年后企业还活着，永不出局，代代相传，才是企业的最高境界。因为百年增长似乎还没有企业能做到。

我们来谈谈增长、发展、生存三个层次。

增长大家好理解，今年比去年赚得多。今年一盘点比去年挣得还少

就不开心了。

中国讲科学发展观，开始讲的时候说是"转变经济增长方式"，把发展又讲成了增长的一种方式，那就不是讲发展，还是在讲增长，心里想的还是增长。所以一句话，"转变经济增长方式"就把科学发展观讲没了。后来大概意识到这个问题，标语变了，变成"转变经济发展方式"，现在不是说"转变经济增长方式"，它说"转变经济发展方式"，这才算是开始讲发展了。但我们能看到增长的冲动还是没有改变。

战略，总是被增长绑架。

发展，总是被增长绑架。

最后，生存都要被增长绑架了。

企业何尝不是如此？大多数上市公司的企业战略，都被增长绑架了，资产负债表、损益表、现金流量表，那每年年报的"三个报表"，让多少上市公司的"战略眼光"最远只能到达一年。

接着讲发展。

发展什么？增长是增长出金钱；发展是发展出能力，不断发展出未来的生存能力。

往往一个企业，在营业收入达到巅峰的时候，反而可能是倒闭的前夜。为什么呢？今年你的成功是过去惯性带来的，如果你没有发展出在明年生存的能力，明年你就可能倒下来了。手里有大把的现金，但是企业面临灭亡的风险，这个就是没有科学发展观，光要增长。诺基亚面临的，就是这个困局。

很多企业家，最成功的企业家，总是宣称本公司离倒闭还有18个月，还有6个月等，大家都说他有"危机意识"，甚至有人说他矫情，吓唬下面的员工。其实，这不是危机意识，更不是矫情，也不是提防着什么时候会突然发生危机，而是对企业生存发展最本质的认识——今天的一切都是过去做对了事带来的，如果今天没有对未来做对事，明天就会失去生存能力。这也是因果导向的思考。

比发展更高层次的是什么呢？是生存。我们说打造百年企业，不是说持续增长100年，而是100年后还在。所以企业经营的最高境界叫作永续经营，就是永远生存下去，永不出局。怎么能够永不出局？中国俗话讲手里有牌好入局，你就要不断地发展出新的牌来，要永不出局就是要做到永远对这个社会有价值，这个社会才不会抛弃你，你永远要思考下一年、下五年、下十年我的拳头产品、权威专家和梦想化身。所以这是我们制定这个战略的基点。

孟子说："国家闲暇，及是时明其政刑。"**变革，不能靠危机倒逼，要在日子最好过的时候搞。利润丰厚的时候，正要大力投入时间和金钱建立未来生存的能力。如果忙着享受胜利果实，危机就悄然而至。**

企业经营，要因果导向，不要结果导向

企业社会责任导向的方法是一种因果导向的方法。可以说，华与华方法就是因果导向的方法，本书对所有问题的研究，都是因果的研究，有果必有因，有因才有果。

企业管理的思想中，充斥着结果导向的思维。因为人人都想要结果，所以很容易接受结果导向。但结果导向的思维是不完整的，因为结果在到来之前，只是一个假设。果的决定因素是因，种什么因，得什么果。因果就包含了结果。结果导向倾向于要求别人，因果导向更关注于检讨自己。

经营如人生，人生就是不断地埋下伏笔。"只问耕耘，不问收获"

的人生道理，同样适用于企业。结果导向的考核把企业绷得太紧，这和把人绷得太紧一样，未必是好事。要先胜而后战，赢了再打，在战略上追求一战而定，走对一步就胜出几条街，积累几年就活在他人想象之外，才是真正的战略家。

《吴起兵法》云："天下战国五胜者祸，四胜者弊，三胜者霸，二胜者王，一胜者帝。是以数胜而得天下者稀，而亡者众。"

要凝神守志，专注坚持，不疾而速，先胜后战，一战而定。而不是争先恐后，妄图百战百胜。

孟子说："必有事焉，勿忘勿助。"专注于你的志向，坚持做你该做的事，一刻不停息，不放松，但也不要老想加速，"弯道超车"，弯道超车，容易翻车。孟子强调：不可拔苗助长。

结果导向，就会拔苗助长。

因果导向，就是"必有事焉，勿忘勿助"。

企业如何基业长青？

我们孜孜以求答案，往往是因为我们没找到问题。当我们找到问题，我们会发现——问题就是答案。

一个好问题的价值是巨大的，企业如何基业长青？《基业长青》这本书提出了一个好问题：假若我们不幸消亡，社会是否会因此若有所失？

提到一个好问题，就能一下子明白很多事情。我们可以把任何一家公司带到这个填空题里面去提问——

如果谷歌消亡，我会不会若有所失？

如果诺基亚消亡，我会不会若有所失？

比较一下苹果和诺基亚，诺基亚没了就没了，苹果没了大家会很有所失。

所以你从这个角度去探讨这个问题，你更能够看到企业的本质。

再测试一个，比较苹果和谷歌，哪个消亡会若有所失？

苹果没了，三星还能凑合。谷歌没了，没有的不仅仅是搜索，人类改变世界的步伐要变慢了。

现在立刻对照一下你自己的企业，假若你的公司不幸消亡，社会会不会因此若有所失？也可以对照一下自己，假若我离开了，除了爸爸、妈妈、老婆、老公、儿子、女儿，有多少人会伤心呢？"亲戚或余悲，他人亦已歌。"这面镜子，就能照出自己的社会价值。

企业战略路线图——华与华围棋模型

什么叫战略？

一战前的普鲁士军事理论家克劳塞维茨，在他的不朽名著《战争论》中是这样定义战略的：战略是为达到战争目的而对战斗的运用。因此，战略必须为整个军事行动规定一个适应战争目的的目标，也就是拟定战争计划；并且必须把达到这一目标的一系列行动和这个目标联系起来，也就是拟制各个战局的方案和部署其中的战斗。所有这一切，大多只是根据那些与实际并不完全相符的预想来确定的，而许多涉及细节的规定根本不能在事先做好。因此很明显，战略也必须到战场上去，以便在现场处理各种问题，并且不断对总计划做必要的修改。所以，战略是在任何时刻都不能停止的工作。

克劳塞维茨的战略思想，还体现在他的决战论——所有的会战，都是为了最后的决战上。所以你一定要心中有决战，就是上文说的"战略必须为整个军事行动规定一个适应战争目的的目标"。

然后安排一系列的会战——把达到这一目标的一系列行动和这个目标联系起来。

我们把决战目标称为战略，把达到这一目标的一系列会战称为路线图，这就是整个战略计划。在华与华的方法中，我们用中国人的战略游戏——围棋来思考，把这路线图称为棋局上的金角银边草肚皮。下围棋的过程，就是先点金角，最容易做活的是角，然后是边，最后看占的肚皮大小定胜负。

金角是根据地，是核心业务，是竞争壁垒。银边是围绕一个核心业务、核心产品，建立起来的一条产品线、一个业务组合。

整个盘棋是我们定义的一个品类市场，而草肚皮是我们的品牌势能最终能覆盖的业务范围。当我们建立起几个金角银边，我们能够在整个市场获得压倒性优势和实现全品类覆盖。

那么我们的战略路线图就是：

1.定义我们的棋盘——企业社会责任和使命，要解决什么问题。

2.设计我们的业务组合和产品结构，这是该社会问题的解决方案。

3.决定进入和开展哪一块业务的先后次序。

4.依次开展业务。

5.完成全品类覆盖。

就像建国大业，先是江西的金角；然后是长征，到陕北——第二只角，其间还有若干敌后根据地等若干只角；最后的决战，先从东北这个超级金角开始，逐鹿中原，最终依靠三次大决战夺得全中国。

接下来，我们用葵花药业儿童药战略的案例，来演示一下企业社会责任和围棋模型的战略路线图。

葵花药业儿童药战略案例

企业是社会的器官，为社会解决问题。一个社会问题，就是一个商业机会。我们要做一盘生意，先观察我们能为社会解决什么问题，需要承担什么责任。

葵花药业发现了一个社会问题，就是关于中国儿童用药安全的社会问题。

我们小时候是怎么吃药的呢？往往是拿大人的药掰一半来吃。很多药的说明书里都写着成人一日几次，一次几粒，然后加四个字"儿童酌减"。酌减是什么意思呢？就是让家长看着办。成人有准确用量指导，儿童却只能看着办，这不是很荒唐吗？

今天我们知道，儿童用药，应该根据体重来决定用量，所以专业的儿童药，应该有一张体重用量对照表，让家长根据孩子的体重来选择用量。

不仅如此，一般一个药品由不同成分的药组成，儿童剂型并不一定是成人药等比例减量，还可能涉及不同成分配比的不同。所以儿童用药安全缺乏指导和保障是中国的一个社会问题，专业的儿童药成为中国社会的急需之物。

中国有没有专业的儿童药呢？有，但远远不够。中国甚至有几家专业的儿童药厂，但是规模比较小，品种也不多，研发和营销投入都不足，所以并不为市场所熟知。

这个社会问题带来什么商业机会呢？带来成为儿童用药领导品牌的机会。这个品牌对社会有什么价值呢？用品牌成本论来说，能降低家长对儿童用药的选择成本，降低社会对儿童用药的监督成本，能集中儿童用药的知识资源。

葵花药业的儿童药战略就这样诞生了，它通过洞察一个社会问题——中国儿童用药安全问题，确立了一个企业使命——保护中国儿童用药安全，呵护中国儿童健康成长。

使命决定战略。业务组合和产品结构，就是承担使命，为社会提供解决问题的整体方案。

葵花药业儿童药事业板块的业务组合和产品结构，就是保护中国儿童用药安全的解决方案，呵护中国儿童健康成长的解决方案。葵花设计了儿童药非处方药、儿童药处方药、儿童保健及健康食品、婴幼儿个人护理品、儿童医院五大事业领域。在这一战略下，葵花已不仅仅是一个制药企业，更将进入食品、日化和医疗领域，实现全面发展。

这是不是"多元化战略"呢？不是，这是专业化战略，专注于儿童健康产业。所以我们经常要回到哲学问题——认识就是分类——你分类为制药业、食品业、日化业，就贴上了"多元化"的标签；分类为儿童健康产业，就是专业化发展。理清这些本质，能砍掉90%的无意义的会议争吵。

产品结构，就是企业战略路线图。

产品结构，涉及三个层次的问题：

第一个层次——产品结构，要开展哪些业务，哪些产品；

第二个层次——每一个产品扮演的战略角色和承担的战略任务；

第三个层次——推出的战略次序。先做哪块业务、哪个产品，后做哪块业务、哪个产品。

这个结构和次序，就是华与华围棋模型的金角、银边、草肚皮。在企业战略中确定你要做几只金角，每只金角带出什么样的银边，把哪些业务留在草肚皮最后收拾。在每一块业务中，同样是要确定你的金角产品、银边产品、草肚皮产品。

如果你是一个将军，业务和产品就是你的部队。在会战中，统帅的全部智慧就是要决定这些不同番号的部队投入战场的次序，以最低的风险和最低的代价获得会战的成功。

次序的意义是第一个产品的成功，要为下一个产品创造平台和条件。《粟裕兵法》中，专门强调第一次战斗和第二次战斗、第三次战斗的关系，就是讲第一次战斗要为第二次战斗创造条件。

而最后赢是为什么？由于我建立了这个价值，我在儿童安全用药和健康护理产品这个方面的品牌价值已经建立起来，所有与儿童医疗和健康有关的产品和服务全都可以销售，这个时候就是草肚皮，就是全品类覆盖。有了金角银边之后，进入草肚皮的风险和成本都降低了。

在做三精制药蓝瓶战略时我们有一句话叫作"把红海装进蓝瓶"，就是我不只是在做一个红海产品，而是在做一个蓝瓶。这个蓝瓶品牌成功后，我要把大量的红海产品装进蓝瓶去，让它变蓝。

我们做一件事情首先要先想失败，然后再想成功。最好是我能建立起一个品牌来，能够有品牌溢价地销售所有人都在大量使用的东西，这是最佳的战略模型。

就像巴菲特，他说他不会投资苹果，不会投资每一天都必须在技术创新上胜过对手的公司。但他愿意投资吉列剃须刀，因为只要睡觉前想到全世界的男人睡梦中胡须都在悄悄长长，他就睡得很安稳。

葵花药业设计了什么样的结构和次序、战略路线图呢？

第一个金角业务：非处方药业务；第一个金角产品：小儿肺热咳喘口服液。

非处方药业务及小儿肺热咳喘口服液产品的战略角色和战略任务，以及推出的战略次序：

因为非处方药可以投入广告，这是葵花儿童药战略的先发阵容，其战略任务是建立品牌。小儿肺热咳喘口服液确定为第一个进行广告投资的产品，其任务是能够销售成功，并建立整个葵花儿童用药和健康护理的品牌。

这就是为什么葵花牌小儿肺热咳喘口服液的第一个广告片的第一句台词是："小葵花妈妈课堂开课啦！"因为它除了自己要打胜仗，还要给小葵花儿童用药和健康护理品牌开课，创造平台。

实施的结果是小儿肺热咳喘口服液完美地完成了这一任务。

小儿肺热咳喘口服液成功建立了小葵花妈妈课堂的儿童药品牌，在它做活的这只金角里，我们有小儿化痰止咳颗粒、小儿复方氨酚那敏颗粒、小儿氨酚黄那敏颗粒、健儿消食口服液等数十个非处方药的品种在此品牌下销售。

第二个金角业务：处方药业务。

当我们在非处方药市场上建立品牌，建立儿童用药专家的话语权，就能促进我们在医院的处方药业务的发展。

但是，葵花药业几乎没有这块业务，所以要通过企业并购来补充。经过几年的针对性收购，葵花药业从战略初期的12个儿童药产品，扩张到69种专业儿童药的产品阵容，并还在继续增加中。葵花药业也由此成为中国品种最齐全、销量最大、品牌影响力最大的儿童药品牌。

这时候，葵花药业就有了进军两大新的金角业务——儿童保健及健康食品和婴幼儿个人护理品——的位势。

当在这四个领域都建立了领导地位，我们就能够带动周边产品的发展，并覆盖所有儿童健康相关产业，从而达到金角银边草肚皮，把"红海"统统装入我们的"蓝瓶"的效果。这就是路线图，这就是围棋模型——华与华方法的业务组合战略模型。

所有的企业都是社会企业

有两个新名词——社会企业、社会企业家。

"社会企业不是纯粹的企业，亦不是一般的社会服务，社会企业透过商业手法运作，赚取利润用以贡献社会。它们所得盈余用于扶助弱势社群、促进小区发展及社会企业本身的投资。它们重视社会价值，多于追求最大的企业盈利。"

"社会企业家是用商业的眼光来看待社会问题，用商业的规则去解决问题，他的目的不仅仅是为了盈利。社会企业家多为社会公益组织的发起者和经营者，例如为印度流浪儿童创设24小时救援热线的杰鲁，为南非艾滋病人建立看护网络的霍萨，为巴西贫苦牧民架设太阳能发电系统的罗萨。"

这两个词本身倒是正能量的。但是，它们却将企业分成了以社会为目的和以盈利为目的的企业，把企业家分成了以社会为目的和以盈利为目的的企业家。

我想说的是。企业的生存是社会的选择，选择的标准，就是能帮助社会达到目的。所以所有的企业，都必须是、必然是社会企业。所有的企业家，都必须是、必然是社会企业家。能认识到这一点，就能打开好大的思维空间、发展空间。

又如：

企业战略不是上层建筑，而是植入企业的每一个行动中，让每一个行动，都具备战略价值、战略意义，都能够积累战略资产、竞争壁垒。 比如葵花儿童药的广告，每一个广告都以"小葵花妈妈课堂开课啦"开头，这就有巨大的战略意义。

企业战略，也不是一个制定和执行的两个阶段，如克劳塞维茨所言，战略是一件永不停歇的事，经营者在每一个动作里植入战略，也每一天都在思考、修正战略。因为一切战略都源于假设，而假设不是百分百等于未来。

说计划没有变化快是不对的，因为没有变化，就没有计划。正如按预算花钱是官僚的做派，是管理不善的表现，但没有预算又是万万不可的。

还有！

不要以为企业是追求利润最大化的。德鲁克说，说企业追求利润最大化，是对企业最大的误解，企业是追求利润最小化的！什么意思呢？利润是可以投入竞争的资源，如何用最小的利润，把竞争对手饿死，这才是企业常用的手段，所谓"恶性竞争"嘛！只有垄断才能带来利润最大化。亚当·斯密在《国富论》里就已经说清楚了：

"在任何情况下，垄断价格都是所能得到的最高价格，在任何情况下，垄断价格都是从买主那里勒索的，或者可以说是买主同意支付的最高价格。相反，自然价格或自由竞争价格，即使不是在任何情况下，也是在较长时间里所能拿到的最低价格，是卖主可以接受而又不妨碍其继续经营其业务的最低价格。"

那企业追求的是什么呢？就是亚当·斯密说的，"不妨碍其继续经营其业务"而已，就是生存而已。**生存，才是终极追求，就是永续经营，就是基业长青**，像执政党一样，永远执政，还有比这更高的追求吗？

制定企业政策，高于企业战略

我们再换一个视角来补充一下企业社会责任的观点。

这次，用另一位战略大师——若米尼的话来说："战争艺术，一般说来，分为五个纯属军事问题的组成部分——战略、大战术、战争勤务、工程艺术和基础战术。但是，这门科学领域里还有一个主要组成部分至今仍被不适当地排斥于战争艺术之外，这就是战争政策。"他是一位在军事理论史上与克劳塞维茨齐名的大师。

若米尼把政策引入军事理论，他说虽然看起来政策主要是政府的事，不是军人的事。但是，政策和下级军官可能没什么关系，但对于总司令来说，是完全有必要的，因为政策和可能采取的战争计谋、行动有极深的关系。

正是因为这样，若米尼把战略分成六个层次：

1. 战争政策；

2. 战略，在战场上巧妙指挥大军的艺术；

3. 用于战役和战斗的大战术；

4. 战争勤务，即军队调动艺术的实际运用；

5. 工程艺术，即对筑垒要点的攻守艺术；

6. 基础战术。

这六个层次的划分，对企业有非常重大的启发意义，我们可以对照着去思考企业战略制定的框架：

1. 企业政策，即我们对社会、对消费者的政策，承担的社会责任和义务；

2. 战略路线图，就是大家常说的我们在哪里，我们要去哪里，我们怎么去；

3. 大战术，企业独特的经营活动方式，包括核心技术、生产方式、营销模式等。比如丰田生产方式，就是一套独特的生产的大战术，还有研发的大战术、营销的大战术，等等。对于华与华来说，超级符号就是我们的大战术；

4. 企业资源，对资本、人力等资源调动艺术的运用；

5. 流程、预案和工具箱，针对某些情况，制定方法、流程和标准去解决问题。

政策对企业意义重大，很多问题，特别是涉及消费安全和社会影响的事情，企业应对失措都是因为没有政策，也就没有处理事情的原则。而决定某个产品上不上，某块业务要不要保留，不是简单地看业绩指标，首先要看政策，是否影响我们承担的社会责任。

好的战略让经营成本持续降低，竞争对手进入成本持续垒高

讲政策，讲政治，讲社会责任，会不会提高企业经营成本呢？

成本论是本书贯穿始终的方法论，我们从成本视角去认识品牌，认识创意，也从成本视角来认识企业战略——**好的战略带来成本的此消彼长，我们的成本越做越低，竞争对手的进入成本越来越高。**

由于我们持续地在小葵花妈妈课堂上进行营销投资，我们对儿童药品、食品和护理品的进入成本会越来越低。持续的投资能使我们进入某些领域的成本，甚至可能会低过在位者的防守成本。而当别人想进入我们的业务领域的时候，它面对的是一个每一天都变得更加强大坚固的竞争壁垒。

在这个推进的过程当中，我们做的是一个价值结构、产品结构。结构就是竞争的壁垒，它带来成本的此消彼长，就是你的成本越做越低，竞争对手的进入成本越来越高，你可以蚕食它，它想吃你却找不到地方下手。为什么呢？如果它是一个一个的单兵攻击你，而你形成了价值的结构，最后你做成了金角、银边、草肚皮，你想吃棋盘肚子里的东西，

你推一推就好了，这属于你品牌边际效应的释放。但是它想咬你的时候，却咬不进来，这就是有结构和没结构的区别。前面亚当·斯密说垄断能带来高价格，结构就能带来一定程度的垄断。企业如何追求垄断，这一版不讲了，或许我们在本书下一次修订时再补充这部分内容。

能将企业战略从社会责任的高度进行规划，把握金角银边草肚皮的结构和路线图，就能活在他人想象之外。

竞争的本质在于盯住顾客，不在于盯住对手

谈企业战略，离不开竞争战略。华与华的竞争观是，**竞争是一种幻觉，同行是一种假设，我们称之为——非竞争论。**

什么叫非竞争论？是针对企业界普遍存在的竞争对手崇拜症。我们听到诺基亚的CEO说要打败苹果，联想说要打败苹果，这都是竞争对手崇拜症——苹果崇拜症。

永远不要说你要打败谁，因为你说你要打败谁，就等于向全世界宣告你崇拜谁。竞争对手崇拜症有什么症状呢？第一个症状，嘴里老挂着对手的名字，三句话都不离对手，完全活在与对手的战斗幻想里；第二，老是根据别人做什么，来决定自己做什么。你的对手不止一个，这个领域里面可能有十个企业，每一个都有针对性地出一招，还能有自己的东西吗？第三，老喜欢推出一些骚扰竞争对手的产品。看人家什么东西卖得好，赶紧仿一个，价格就一半，这些都是对竞争很肤浅的理解。这样的企业最后都找不到自己，渐渐消失。

什么叫非竞争论？竞争的本质在于盯住顾客，而不在于盯住对手。

泡妞的关键在于妞。

就像你要追求一个姑娘，你眼睛要盯着姑娘，不要盯着情敌。没有跟情敌打架就能赢得姑娘的道理。再说，如果有十个、一百个情敌同时在追那姑娘，你能分析这一百人的战略战术，并有针对性地去打吗？你根本不需要跟他们打，针对那姑娘想办法才是正途。

在360和QQ的"3Q大战"中，QQ作出了一个艰难的决定：强迫用户卸载360——这就是为了和情敌打架，却伤害了姑娘的利益，那姑娘当然不干了。

所以我们说的竞争，不是我要跟你争，而是我要让你没法跟我争。

这就是老子《道德经》说的："夫唯不争，故天下莫能与之争。"

对于葵花药业来说，它能十年如一日，几十年如一日，集中资源解决中国儿童用药安全和健康护理的问题，承担起责任，形成一套结构严密的业务组合和产品结构，建立品牌和知识体系，就没人能与它争。等别人看明白要和它争，得回到它的十年前，把它做的事重新做一遍。那回得去吗？

竞争是一种幻觉，同行是一种假设。所以盯住顾客，而不是盯住对手，当你全神贯注地关注顾客，你根本没兴趣知道别人在做什么。

同行是一种假设，葵花药业是制药业企业，但进入食品和日化，它的同行就变了。小葵花的同行，不是制药业同行，是儿童健康产业同行。

所以华与华战略方法里还有一句话：**市场份额是伪命题，市场份额思维是坐井观天。**因为市场份额，是你假定一个分类，然后自己跳进自己这个分类饼图的井里去，抬头看天，望望自己占了多大一块。如果重新定义一下这饼，那份额马上就变了。另外，市场份额也是结果导向，不是因果导向的思维方式。

为什么人们会有狭隘的竞争思维，有两个思想根源，一是人性基因，二是理论基因。

人性的弱点，就是总盯着谁抢了他的饭碗，不盯着谁给了他饭碗。人们总是忽视爱他的人，而跟恨自己的人斗得火热。

因为企业战略的思想，是从军事战略发展出来的，所以基因理论深受军事战略的影响，正如华与华的企业战略思想，也深受孙子、克劳塞维茨、若米尼等军事战略巨匠的影响。

但是，**军事战略和企业战略有一个本质的区别，军事战略有敌人，企业战略没有敌人。军事战略是在一个有限的地理空间里争夺土地，企业战略是在一个无限的市场空间里创造价值。**

市场空间不仅是无限的，而且是多空间的，每个企业都可以创造自己的空间。为什么我们说市场份额是个伪命题，同行是一个假设？因为——**每个企业，本质上都可以自己定义一个行业。竞争竞争，是竞而不是争，只有你自己和顾客，没有对手，没有敌人。**就像孟子说射箭："仁者如射，射者正己而后发；发而不中，不怨胜己者，反求诸己而已矣。"消费者的心就是靶心，我们的产品就是丘比特之箭，自己把握好射出去。射不中，不能怪别人射中了。下一箭，要调整自己，而不是把聪明才智投入到如何干扰别人。

"行有不得，反求诸己"，是儒家思想。《孙子兵法》也异曲同工，孙子强调先胜而后战："昔之善战者，先为不可胜，以待敌之可胜。不可胜在己，可胜在敌。故善战者，能为不可胜，不能使敌之必可胜。"先让自己变成不可战胜的，然后等待敌人可以被战胜的时候，即等对方出错。我之不可胜完全在于我自己的修为；敌之可胜，则在于他，在于他犯不犯错误。所以，他败了，也是他自己败了，而不是我把他打败了，我只是胜了而已。有哪个企业是被别人打败的？你又能打败谁呢？所以不要沉浸在斗争思维里。你打你的，我打我的，都是自己的事。

我们可以用两句话总结华与华的非竞争论：

一是盯住顾客，比盯住对手重要；

二是企业社会责任导向，盯住社会比盯住市场更本质。

市场机会的背后是社会问题。永远不要忘记是社会机制让你生存的，要用社会价值观，而不是市场利益观来看待自己的业务，这样我们才能基业长青。用顾客利益导向、社会责任导向的思维去思考问题才是企业安身立命的根本。狭隘的竞争导向思维，仁者不为，智者不屑，远离王道，霸道亦不可得。

企业社会责任导向，也是企业精神的源泉。企业是精神的产物。经营不仅是一种理性的行为，更是一种感性的行为。感性比理性更有创造力，当全体员工对社会怀有高尚的情操，对顾客怀有真挚的感情，才能设身处地无微不至地替顾客着想，才能挖空心思创意无限，才能拒绝诱惑坚守本职工作，才能奉献社会诚信无欺，最终企业能够成为国之大器。

所以，一个企业，一项事业，必有一使命与感情之寄托与归属。这也成为全体员工的工作意义、行为准则和精神力量。

有感情，则企业有正气。此感情为企业联系社会之纽带，为企业之气运所系。

一命二运三风水四积德五读书。企业的社会价值需要社会所命，就是企业在其天命、气运、风水的基础上通过不断积德、学习来实现。

天命，是听天所命，就是企业的社会责任和经营使命。如果你没有听见自己的天命，你就不能成就一番伟业。

我们永远是顾客导向、社会导向，不是竞争导向。有人说，顾客导向的时代过去了，现在是竞争导向的时代。我想说，这种思想，是心术不正。

什么是企业家？

在这一章的开头，我们提出了一个"我是谁"的哲学问题——什么是企业？在结束这一章之前，我还想提出第二个"我是谁"的哲学问题——什么是企业家？这个问题，是企业家安身立命的本质问题，也是一个大是大非的社会问题。

在回答什么是企业的时候，我们引用了二十世纪最伟大的企业哲学家德鲁克的思想——企业是社会的器官，为社会的目的而存在，为社会解决问题。要回答"什么是企业家"，我们还要请出另一位大师——熊彼特，因为"企业家"这个词，是他定义的。

▲ 德鲁克　　　　　　　　▲ 熊彼特

1912年，也就是一百多年前，熊彼特出版了他的经济学巨著《经济发展理论》，在这本书里，他提出了"创新"和"企业家"两个词。所以我们要谈创新，或者要谈企业家，首先要回到熊彼特。

简单地说：

企业家＝创新。

既然讲"经济发展理论"，熊彼特首先提出了一个理论：**经济本身并不会发展**！

他说："我们应当说，并没有经济发展。我们这样说的意思应当是：经济发展不是可以从经济方面来解释的现象；而经济——在其本身并没有发展——是被周围世界中的变化在拖着走；为此，发展的原因，从而它的解释，必须在经济理论所描述的一类事实之外去寻找。"

这个经济之外的东西是什么呢？就是创新。没有创新，就没有经济发展。

比如农业社会，一千年经济也不发展，经济就是"循环流转"，刚好能循环生存就是了，形成一种不断重复的"经济均衡"。到了工业革命，创新了，就带来了经济飞速发展。一轮创新红利结束了，经济就停滞了，达到均衡，循环流转，等待下一轮创新。

这和我们企业经营的感受是一致的，所谓"年年难过年年过"，也没饿死，就是刚好能吃饱，继续过。很多企业主，活得很艰辛，不是大家想象的那样，老板多么有钱，如果说企业还有一点可以投入再生产的资金，老板还能得到一点"利润"赚钱养家，熊彼特说，那钱不是"利润"，是"管理工资"而已。

想想看还真是，一个年年难过年年过的企业，老板的收入，比大公司高管的年薪少多了，就是个管理小企业的管理工资。

熊彼特说的循环流转的经济均衡，有点像我们中学物理学的"能量最低原理"，能量越低越稳定。这也符合我们前面说的德鲁克的思想：企业追求的，不是利润最大化，而是利润最小化。利润是投入竞争，打击对手的资源，企业追求的，就是继续经营而已，大家都没钱赚了，就稳定下来了。如果还有人赚大钱，就继续打架。熊彼特说："竞争可能冲走一个工业部门的特殊剩余利润，但它不能毁灭所有一切工业部门共有的利润。"

可见利润也是一种不稳定的暂时现象，而不是一种稳定的常态现象。企业有利润是暂时的、不稳定的。没利润才是常态的、稳定的。

只有创新，才有利润。没有创新，竞争的结果就让你没有利润。

在一次成功创新之后，我们会获得一个利润丰厚期。这一利润丰厚期，有一个持续的惯性，以至于我们已经停止创新了，他还在持续给我们利润回报，直到有一天，别人的创新颠覆了我们的成功，我们就突然死亡了。诺基亚就是这种情况。

那么，什么是创新呢？熊彼特定义了五种创新。

（1）采用一种新的产品——也就是消费者还不熟悉的产品——或一种产品的一种新的特性。

（2）采用一种新的生产方法。

（3）开辟一个新的市场，也就是有关国家的某一制造部门以前不曾进入的市场，这个市场以前可能存在也可能不存在。

（4）获得原材料或半制成品的一种新的供应来源，同样不论这种供应来源是已经存在的，还是第一次创造出来的。

（5）实现一种工业的新的组织，比如造成一种垄断地位，或打破一种垄断地位。

今年还流行的一本畅销书《从0到1》，就是讲企业追求的是垄断，垄断才能获得利润，没有垄断，就是年年难过年年过。《从0到1》说的垄断，就是熊彼特说的创新带来垄断。

所以我们不必哀叹"实体经济"多么艰难，实体经济企业也有过得很好的，因为他有创新，有创新垄断。没有创新的实体经济企业，永远都艰难。至于虚拟经济的畸形泡沫繁荣，那是制度垄断和制度套利。

说创新，那么谁在创新呢？

熊彼特说，只有企业家能创新。事实上，他正是用创新来定义了企业家。他说：

"创新是建立一种新组合，新组合意味着对旧组合通过竞争而加以消灭。我们把新组合的实现称为'企业'，把职能是实现新组合的人们称为'企业家'。

"只有实现新组合才构成一个企业家，我们的概念比传统要狭窄一些，并不包括各个厂商的所有头目或经理们，或工业家们，他们只是经营已经建立起来的企业。

"企业家的职能是把生产要素组合起来，把它们带到一起，因为只有在要素第一次组合时，这才是一次特殊的行动——而如果在经营一个企业的过程中去做时，就只是例行的工作。

"马歇尔的企业家定义，只是把企业家职能看作最广义说的'管理'，我们不接受这个定义，就是因为他没有把我们认为的主要点表达出来，而这是使企业家活动与其他活动具体分开的唯一要点。每一个人，只有当他实际上'实现新组合'时才是一个企业家，一旦当他安定下来，像其他人经营他们的企业一样的时候，他就失去了这种资格。因此，任何一个人在他几十年的经营活动生涯中，很少能总是一个企业家。

"由于充当一个企业家并不是一种职业，一般说也不是一种持久的状况，所以企业家并不形成一个专门意义上讲的社会阶层。"

企业家不是一个身份，而是一种创新的状态。总经理不一定是企业家，董事长也不一定是企业家，只有当他在创新的时候，他才是企业家。李总在2013年创新了，那么2013年的李总是企业家。2014年，李总的企业还在赚钱，但是2014年的李总没有做什么创新的事，那么2014年的李总就不是企业家了。

所以说，企业家=创新。

有一本杂志叫《中国企业家》，封面有一句口号——一个阶层的生意与生活。按熊彼特的定义，这就不是企业家了，因为熊彼特专门强调——

企业家不是一个阶层！

▲ 《中国企业家》的封面文案："一个阶层的生意与生活。"

只有他在创新的时候才是企业家，企业家不是一个阶层定义，因为他只是一个企业主在人生的少数阶段才能获得的称号，在他创新的时候。

没有创新，就不是企业家，只是一个管理者，管理者只能获得"管理工资"，只有企业家才能获得利润，这个利润叫"企业家利润"。一旦停止创新，利润很快就没了。

熊彼特为什么要较这个真呢？他是针对另一个词——资本家。不是说资本家摄取了利润吗？熊彼特说，资本家根本得不到利润，提供资本的人，如果不承担风险，那他只能得到利息，承担风险呢，能得到投资回报。

企业家既雇用了劳动力，雇用了生产资料，也雇用了资本，资本家是被企业家雇佣的。

熊彼特的理论，正印证了今天的创业现象。创业者，也就是企业家，以一个创新的计划，符合熊彼特五种创新之一的，提出一个新产品，或新的商业模式，以一个商业计划书，就能吸引投资人，也就是资本家的投资。风险由资本家承担，企业家在成功后获得利润，而投资人获得资本回报。

熊彼特的企业家定义，对今天的中国企业家有重大的意义，**企业家不是一个阶层，而是一种创新力，是经济发展的根本源动力。**

同样，当我们思考自己的企业，也懂得时刻用五个创新来衡量自己。我们所有的利润，都来源于创新，如果我们今年没有创新，但还有利润，那不过是去年创新建立优势的惯性，这惯性随时会离我们而去。所以，我们在经营业绩最好的时候，就要着手布局下一轮创新，否则，我们随时会被淘汰。这就是为什么那些优秀的企业家，总是在说自己公司离破产只有十八个月，或者说只有六个月。这不是说来吓唬员工，这是现实，企业只要失去创新动力，肯定玩不下去。企业必须有企业家，不能只是职业经理人"打理"，而是要有具备企业家精神，能持续创新的"职业经营人"。

熊彼特也以他的创新理论解释了经济周期，他说，企业家是经济发展的唯一原因，而企业家不是在时间轴上均匀地出现，而是以周期性云集的方式出现。**企业家云集性地出现，连同它引起的现象，构成经济繁荣阶段的唯一原因。**

企业家为什么会云集性出现呢？因为一个或者少数几个企业家的出现，可以促使其他更多企业家的出现，于是又可促使更多的企业家以不断增加的数目出现。如果一个人或少数人成功地前进，那么许多困难就会消失，于是其他人就会步这些先驱者的后尘，直到最后创新为人们所熟悉，成为一种人人都可以选择的事情，这轮创新红利也就结束了。

比如苹果乔布斯的出现，促使了小米雷军的出现，雷军的出现，又促使了华为手机余承东的出现，现在带来苹果营收和利润的下滑，最终整个智能手机行业的利润都会消失。

企业家成批出现是繁荣产生的唯一原因。那么，经济衰退的原因是什么呢？

衰退的原因就是繁荣，衰退是繁荣的结果。这一轮创新红利都吸收完了，就衰退了，进入均衡状态。

衰退的结果是什么呢？衰退的结果，是下一轮创新，下一轮繁荣。

熊彼特说，对于现代工商业者所持有的关于经济周期运动及其机制的认识，足以使工商业者，只要当最坏的结果过去后，就能预测将要来临的繁荣。如果他们多少能坚持的话，就能在下一个繁荣中获得有利的条件。

这也是为什么我们说企业追求的关键，在于"永不出局"，只要你还在牌桌上，总会等来好牌。苹果现在如日中天，它也起起落落几回了，苹果发动了个人电脑和智能手机两次创新。他再衰下去，又再雄起来，都是正常的，不值得莫名惊诧。

认识这些现象，可以缓解我们的"战略焦虑"，或者说"转型焦虑"。在经济进入衰退周期的时候，我们要坚定于自己的使命和战略，而不是转型去找别的机会，甚至把转型搞成了转行。

不要说"应对市场变化"，当你说"应对市场变化"的时候，你已经输了。**因为市场自己是不会变化的，消费者的需求是不会自己变化的。市场变化，是企业家创造的。消费需求的变化，也是企业家创造的。**消费者自己不会产生一个智能手机的需求，然后乔布斯去满足了这个需求。相反，是乔布斯创造了智能手机，消费者才会需求它。然后，诺基亚的市场就变化了，怎么应对呢？应对不了。只有雷军能应对，他跟进。

所以，**当你发现市场变化的时候，那是别人已经创新了。**

HUA & HUA

華

2002

第六章

产品的本质是
购买理由

研发的认识论，先有营销，后有产品

所有人都同意企业要重视研发。那么，到底什么是研发？我觉得，研和发要分开来看。

研是科学研究，是个技术问题；发是产品开发，是营销问题。

是先有研后有发，还是先有发后有研呢？是技术进步带来新产品，还是产品创意启发技术创新呢？

营销思维是先发后研的。就像乔布斯开发iPod时，他对技术人员说，把1000首歌给我装到这样大小的东西里面，技术人员就去研了。

事实上，如果你多读科幻小说，你会发现，新产品都在它出世50年前就被想象出来了。

开发产品就是创意购买理由

产品的本质是什么？一般说是消费功能或价值。营销教材上讲，消费者想要一个孔，于是买一个钻孔机，所以他要买的本质是孔，而不是钻孔机。如果有别的更方便、更便宜的方法得到那个洞，他就不一定买钻孔机了。这在营销上叫替代品，以区别于竞争品。竞争品是其他钻孔机，替代品不是钻孔机，是别的能得到洞的东西。

这个解释的确有所启发，但是，它不是一个指导性很强的方法。

我们说，产品的本质就是购买理由，开发产品就是创意购买理由。把购买理由写下来，交给技术人员去实现产品。

所以，我们得到了先做广告创意、包装设计，再做产品开发的华与华方法，就如下面这个例子：华与华为益佰制药创意开发了一款克刻牌喉糖。

益佰制药的克刻品牌，是一个止咳药家族的品牌，开发喉糖，可以丰富我们的快消品产品线，丰富我们的品牌价值，而喉糖又是消费量巨大的常用消费品。

问题是喉糖的品牌太多了，这是一个绝对的红海市场，喉糖市场也不乏知名品牌，消费者又有什么理由购买克刻牌的喉糖呢？我们必须提出理由来，开发这个产品才有意义。

华与华投入消费者研究，研究消费者对喉糖的使用体验，发现了什么呢？食用喉糖的人是因为嗓子不舒服，而喉糖冰凉透嗓的感觉，能缓解喉痛喉痒的症状。但是，十分钟之后，当这颗糖吃完，冰凉感消退，喉咙又会重新痒起来。人们需要一款持续时间更长的喉糖，我们把它设定在30分钟，这样我们得到了购买理由——能持续冰爽30分钟的喉糖。

为什么定30分钟呢？是否经过调研，发现消费者需要30分钟？没有，就是我们自己觉得30分钟合适。关于调研那些事，后面专门有一章讲。

我们得到了一个广告创意："克刻喉糖，持续冰爽30分钟。"

再复习一下我们在超级词语一章里说到的华与华方法：词语的权能大于话语的权能。

得到一句话是不够的，要得到一个词，要得到一个命名。命名的权威不容置疑，远远超过一句话。于是我们命名了这款喉糖——克刻牌冰喉30分钟喉糖。

下一步工作需要请技术部门来实现。

如何能做到30分钟呢？有两个路径，一是把糖做得更硬，在嘴里溶解得更慢；二是把糖粒做得更大。于是，购买理由成立了，产品实现了，市场接受了。

所以，产品的本质是购买理由，购买理由就是一句话，甚至一个词。产品开发，就是你提出一个购买理由，然后用一个产品去实现它。或者说你提出一个词语，然后用一个产品实现它。

先有词语，后有产品。先有营销，后有产品。

晨光文具产品开发案例

继续谈产品开发的认识论和方法论，这里我想讲讲晨光文具的案例故事。首先我要谈的是作为一家制笔企业，应该如何认识笔。

笔是什么？理所当然的回答是"书写工具"。

很多制笔企业都把这句话作为自己品牌的注解使用，方便他人了解自己的企业身份。这么说当然没有错，但是它不能指导我们的工作，这认识论背后没有方法论。

认识论决定方法论，有认识才有方法，才有工作系统。

什么叫书写工具呢？当莎士比亚拿一根鹅毛蘸墨水写《哈姆雷特》的时候，他手里拿的才是一个原始的"书写工具"。"工具"是石器时代的词汇，有陶罐的时候就不是工具了，是器具，有一定技术含量的。所以当钢笔和圆珠笔出现的时候，就是"书写器具"了。

而有人要花3000块买一支万宝龙，别在衬衣口袋上，一定要露出笔帽上的那颗白星，让人看到我是用万宝龙的。这时候笔是一个"道具"，供消费者演出他的身份角色。这还是一个符号学问题，消费者通过消费符号，来完成对自己的角色定义。

而晨光的主打产品，学校边文具店里花花绿绿的孩子们爱不释手的笔呢？那是"玩具"。对于很多孩子来说，那是他（她）最密切的玩具，是唯一自己可以"合法"花零花钱频繁购买的玩具。

晨光笔，不是书写工具，而是书写器具、书写道具、书写玩具。

基于这些认识，晨光品牌定位为"书写创意"：晨光要做全世界最有创意、最时尚的笔，要占据"书写创意"这一独特定位。

晨光生产有趣好玩的书写工具，我们的核心价值，就是注入创意的设计力量，让产品超越书写工具的层面，成为乐趣和享受的代名词，更激发书写者的创意。

晨光是物美价廉的书写工具，精密可靠的书写器具，有创造价值的书写道具，乐趣无穷的书写玩具。这是晨光的定位，也是晨光产品的开发方法论。

基于这样一个产品观，晨光文具也不将自己定义为制造业企业，而是定义为创意产业的企业。

想想你的产品，所有产品和服务都有工具、器具、道具、玩具的多重属性。

那么如何实现道具和玩具的价值？还是要靠华与华超级符号的方法。

任何行业都是创意产业，而超级符号就是超级创意。

华与华为晨光文具开发的孔庙祈福系列考试笔，就是用超级符号，实现了超越工具、器具、道具和玩具的价值，顺理成章地成了一件法器。

故事是这样的：晨光在业内率先推出了考试专用笔，并获得了巨大的成功。但是考试笔这个品类，没有专属性。同行厂家纷纷跟进，家家都有考试笔，这个新品类，就算给行业作贡献了。

如何给考试笔注入超级符号，华与华第一时间想到了学习的超级符号——孔子，于是乎创意设计了孔庙祈福考试笔。

2008年3月，晨光文具在山东曲阜孔庙举行"晨光考试笔孔庙祈福大典"，并取得孔庙授权使用"孔庙祈福"为晨光考试笔品牌。

这孔庙祈福考试笔，岂止是工具、器具、道具、玩具，它简直是鼓舞你考上好学校的"法器"！2008年高考前孔庙祈福笔遭到了全国疯抢，引得十几家电视台追踪报道。现在你上360搜索视频"孔庙祈福"，还能看到这些报道。

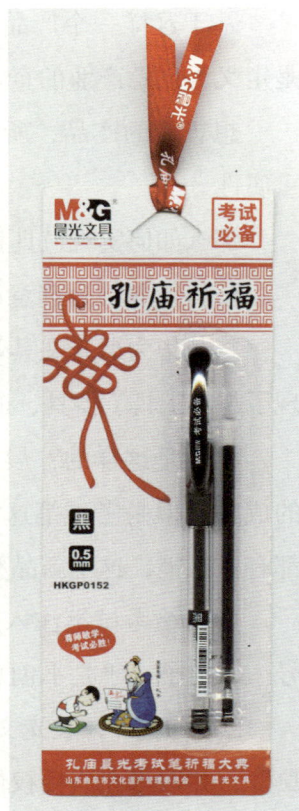

▲ 2008年3月，晨光文具在山东曲阜孔庙举行"晨光考试笔孔庙祈福大典"，并取得孔庙授权使用"孔庙祈福"为晨光考试笔品牌。

微笑服务台笔是华与华为晨光创意开发的又一畅销产品，而且也是超级符号的占领，在台笔领域，微笑服务台笔建立了决定性竞争优势。

我们每个人都有这样的经验，去银行、餐厅、商场，或政府服务大厅，服务台上都放着签字用的台笔。工作人员呢，因为是服务业，无论是银行服务、餐厅服务还是政府服务，都有一个共同的理念——微笑服务。于是很多人会将一个黄色的笑脸别在胸前，这就是超级符号。

华与华的创意就在这里，我们将台笔的基座直接设计成笑脸。没有更改模具，没有增加一分钱成本，就是将基座的塑料改为黄色，印上一个笑脸，就创造了独一无二的价值。

当然，还有命名——微笑服务台笔。

▲ 晨光微笑服务台笔

华与华对微笑服务台笔的开发是用创意翻新了原来的台笔，没有做工业设计改模具。而华与华为晨光创意开发的会议笔，则是从产品概念到工业设计的完整开发。

晨光要推出纤维笔头的笔。纤维笔头的特点，是书写更轻盈、便捷、快速、舒适，你甚至可以轻松地在一张餐巾纸上书写。而且它的书写质量也更稳定，因为笔头是一根纤维，没有圆珠笔或中性笔的笔芯，也就没有笔头球珠的复杂结构，所以完全不存在断线、积墨之类的问题。但是它的优点同时也是它的缺点，因为没有笔芯，也就不能换笔芯，所以整支笔都是一次性的，不能换笔芯重复使用。

根据它轻、便、快、舒的特点，华与华将这支笔命名为"会议笔"，并完成了工业设计。我们曾想做记者的"采访笔"，价值更突显一些，因为你无论手里拿个什么小本子、纸片、餐巾，无论站着写、躺着写、坐着写、歪着写、正着写、倒着写，都能迅速地书写。不过记者群体没有会议群体大，就还是定位在会议上了。

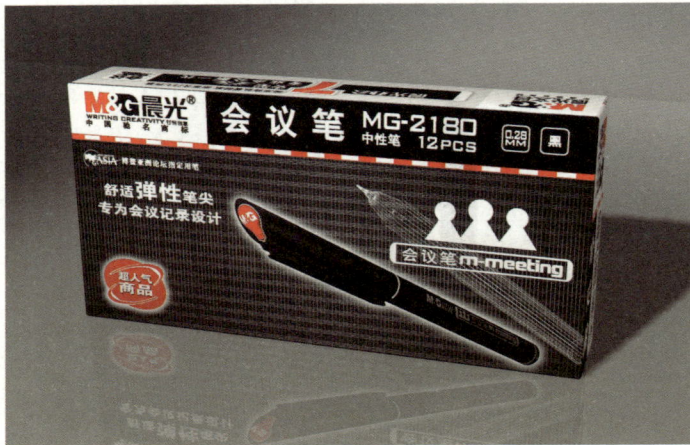

▲ 晨光要推出纤维笔头的笔，华与华命名为"会议笔"。

设计产品，就是设计消费者的选择逻辑

设计产品是为了让人购买。购买行为是一个什么行为？是一个选择行为。

产品设计就是设计一道选择题，设计一个选择的逻辑，能够让购买者以最快的速度进入的逻辑，从而赢得消费者的选择。

华与华为田七创意开发的儿童牙膏，就是这样一个选择题设计的经典案例，而且开创了中国儿童牙膏的新标准、新潮流。

妈妈到货架前给孩子买牙膏，她会怎么选？妈妈的选择完全是由产品开发者设计的。各品牌设计的选择题有很多：

草莓味；

橙味；

史努比图案；

白雪公主图案；

……

华与华设计了一道最严肃的选择题，只有两个选择：

A. 2～5岁的，长牙牙

B. 6～12岁的，换牙牙

把牙膏分类成2到5岁乳牙期护理和6到12岁换牙期护理是华与华的首创，今天已基本成为中国市场儿童牙膏的标准分类。

安全长牙：刚长出来的乳牙很脆弱，需要悉心保护才能安全长牙。乳牙发生蛀牙或脱落过早，都不利于乳恒牙的正常交替，从而影响颌面部和全身的生长发育。田七娃娃2到5岁长牙牙牙膏不含氟，使用食品级材料，可吞咽。内含软性磨料，摩擦值仅为成人的1/3，不伤害幼嫩的乳牙，采用低泡柔和配方，无刺激，适合幼儿娇嫩的味蕾。

健康换牙：换牙期间，乳恒牙共存，牙缝大，牙质薄，易滞留食物，堆积菌斑，加上儿童爱吃零食，更容易导致蛀牙，因此要特别注意换牙期的牙齿护理，健健康康换新牙。田七娃娃6到12岁换牙牙牙膏不含氟，使用食品级材料，可吞咽。内含软性磨料，摩擦值仅为成人的1/3，不伤害交替期的幼嫩牙齿，对孩子换牙期牙龈无刺激。

▲ 把牙膏分类成2到5岁乳牙期护理和6到12岁换牙期护理是华与华的首创。

　　当妈妈在货架前面对2到5岁乳牙期还是6到12岁换牙期这个严肃的选择题的时候，其他选项——草莓味还是史努比，都不重要了。她立刻对号入座，按她孩子的年龄来进行选择，因为这是最重要的选择。而且，这个选择题的设计，包容了所有的顾客，因为所有儿童牙膏的顾客，不是需要2到5岁的儿童牙膏，就是需要6到12岁的儿童牙膏。

　　重要的是让顾客像我们设计的那样去思考，思考的范围、思考的路径和思考的结论都在我们的设想范围内。

　　在前面章节我们讲到的房地产案例："一个北京城，四个孔雀城"，也是一个选择题设计的案例，不仅设计了选择逻辑，而且圈定了选择范围。其背后，也决定了产品开发：环北京开发同一类产品。

　　产品的本质是购买理由，产品开发就是营销创意。

　　任何行业都是创意产业，我们可以为任何行业创意开发新产品。

　　对于老产品，我们把营销创意工作定位为——产品再开发——开发什么，开发购买理由，以及这理由的高效率传达。

HUA & HUA
華
2002

第七章

品牌顶层设计：
所有的事都是一件事

顶层设计的概念

古人云："不谋万世者，不足谋一时；不谋全局者，不能谋一域。"这就是顶层设计的概念。

顶层设计不是设计顶层，而是从顶层开始，一层一层往下设计所有层。没有顶层设计，则之后的任何一层都不成立。

顶层设计，并不是一个高于所有层的设计，而是让所有层都包含了顶层设计。

比如品牌，并不是一个比产品更高的层面，甚至反过来说，是产品包含了品牌，每一个产品都包含了品牌的顶层设计，每一个促销单页都包含了企业战略的顶层设计。在战略方法论一章里，我们说战略不是高高在上，而是植入企业的每一个行动中，让每一个行动，都具备战略意义和战略价值，积累战略资产，就是这个意思。

缺乏顶层设计，恰恰是企业的普遍问题和一切困惑的根源。

每一个产品开发，每一个包装设计，每一个广告创意，每一张宣传单页，每一次企业并购，都包含了品牌的顶层设计。

这就是华与华方法说的：所有的事都是一件事。

所有的事都是一件事

所有的事包括哪些呢？就是企业战略、营销战略、品牌战略、产品开发、品牌设计、包装设计、广告创意等，所有的事情都是一件事。

所有的事都是一件事，所有人一起做所有事。把这些事在一个团队、一个系统里一次成型，就是华与华方法，就是本质。

把这些事分割成不同的部门、不同的团队，在不同的阶段完成，就是脱离本质，就做不对。做不对，就更不可能做好！

企业战略、产品战略、品牌战略、品牌设计、包装设计、广告创意是一件事

企业战略就等于营销传播，在制定战略上的"我是谁"的时候，就已经完成了营销传播的全部策划。

为什么说企业战略就等于营销传播呢？还是华与华方法，还是关于企业话语权的问题。企业战略就是一个话语体系和实现这个话语体系的产品结构，并在市场上建立话语权力。

在企业战略方法一章中讲到的葵花药业儿童药战略就是品牌顶层设计，就是所有的事都是一件事，一次成型完成战略和创意的典型案例。

洞察社会问题：中国儿童的用药安全问题。

确立使命：保护中国儿童用药安全，呵护中国儿童健康成长。

规划战略、业务组合和产品结构：非处方药、处方药、保健及健康食品、儿童个人护理、儿童医院。

规划路线图：金角银边草肚皮，非处方业务先发建立品牌，处方药

业务丰富产品线，建立儿童药专家体系及市场话语权，以专业背景、专业资源、专业话语权进入消费品领域，发展食品和护理品业务。

品牌战略：葵花品牌、小葵花形象、小葵花妈妈课堂。

品牌符号系统及包装设计：以小葵花形象为主体设计的包装。

广告创意：小葵花妈妈课堂开课啦！

所有这些策划设计，是一个团队在两个月的时间内一次性完成的，这就是所有事都是一件事，这就是品牌顶层设计。

古人云："行百里者半于九十。"换个角度，也可以说："行百里者半于十。"你把自己整明白了，一出手就大局已定了。因为你是从顶层动手，别人是在地上爬。

孙子兵法说："善战者动于九天之上。"

让我们投下去的第一分钱，50年后还能给我们生利息。这就是为什么小葵花儿童药品牌的第一个广告，葵花牌小儿肺热咳喘口服液的第一个广告的第一句话，喊的是："小葵花妈妈课堂开课啦！"这第一嗓子，50年后还能生利息，因为50年后，我还是在推小葵花妈妈课堂，这就是因为一开始就有品牌顶层设计。

所以我们反对将广告分成品牌广告和产品广告两个层次，你的每一个动作都是品牌动作，没有品牌广告、产品广告之分。与其说品牌包含了产品，不如说是产品包含了品牌，这就是顶层设计的思维，顶层不是高于所有层的那一层，而是植入每一层的那一层。

广告创意和包装设计是一件事

先做广告创意，再做包装设计。

其实这个道理非常简单，在生产上就是一个后工序决定前工序的道理，但是大家往往都整反了。

很多企业是把包装设计和广告创意分开操作的，甚至先请设计公司做包装设计，再找广告公司做广告创意。错！广告创意和包装设计是一件事，是一次成型一起完成的，如果说要分开，也是先有广告创意，再有包装设计，根据广告创意定包装。

华与华在为三精清开灵做包装设计的时候，是先对三精清开灵做了策略定位，我们定位三精清开灵是抗感冒、退烧、消炎三效合一的产品。有了这个创意，再用红、黄、蓝三个盾牌代表三个功效，设计包装，而广告创意也围绕这三个盾牌展开。

所以说包装设计和广告创意是一件事。如果分开由不同的团队做，就不可能有这个效果。

最后整条广告片是围绕包装展开的。

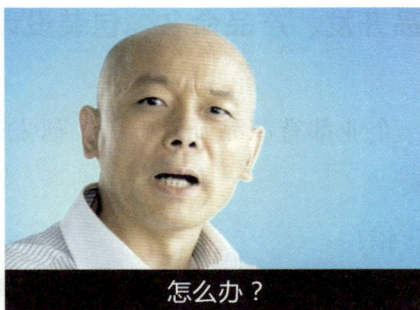

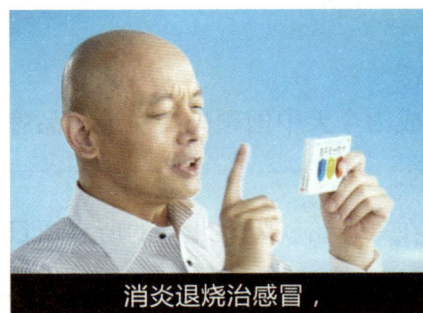

▲ 葛优代言的三精清开灵广告，整条广告片是围绕包装展开的。

产品开发、产品命名、包装设计和广告创意是一件事

企业都有产品开发部门，研发部门搞研发，研发出来再给营销部门去卖。

错！

要先搞广告创意，再搞包装设计，最后落实产品开发。

道理刚才说过了，后工序决定前工序。

产品的本质是一个购买理由，做产品开发我们是先策划购买理由，然后再把产品做出来。

在产品开发方法论一章中介绍的晨光孔庙祈福考试笔、田七娃娃儿童牙膏、克刻冰喉30分钟喉糖等产品开发案例，都是先有营销创意，然后命名，再创作广告，设计了包装，又觉得这套想法有销售力，再把包装文案和广告创意整合起来，写成一个《新产品开发任务书》，交给技术部门去落实。

所以说产品开发、包装设计和广告创意是一件事。

品牌命名、营销战略和企业战略是一件事

即便是取名字也不能单独弄。

"一个北京城，四个孔雀城"已成为今天中国领先的房地产品牌，其品牌命名战略正是当年华与华确立的。

华与华确立了统一品牌的战略，在一开始就将环北京的所有项目统一命名孔雀城，以永定河孔雀城、大运河孔雀城、潮白河孔雀城、八达岭孔雀城相区分，创作了"一个北京城，四个孔雀城"的广告口号，确

定了"占柜策略"的连锁营销战略和"一个中心城市，N个孔雀城"全国连锁的企业战略，为中国房地产业开创了新的营销模式。

工厂建设、生产线设计、产品开发和品牌战略是一件事

产品开发是根据消费需求，根据购买理由来开发。

产品开发也根据渠道来开发，不同渠道销售不同产品。

产品开发也根据生产资源来开发。

企业的强大，不仅在于差异化的品牌价值，也在于独特的生产方式和生产资源的组合。

华与华不仅关注企业战略、消费、品牌、设计和创意，也关注生产。关注企业的大规模自动化生产能力，小批量创意商品半自动化快速生产能力、设备开发能力、工程能力、原料控制能力，并根据这些来为企业设计产品结构和业务组合。

设计好了产品结构和业务组合，才能开始厂房和生产线的设计。

我们看见过很多企业，盲目地投资厂房和生产线，就是没有先有战略、再有工厂的意识，这造成中国普遍大量的产能闲置，而能够销售的商品又供应不上。

品牌顶层设计，即所有的事都是一件事，华与华已经将咨询服务前移到工厂设计之前。越来越多的客户，在建厂之前先找华与华做品牌顶层设计。

战略、定位、创意是一件事，所谓"大方向定了"，其实什么都不是

必须回答一个问题：如何能将如此多的职能合并在一个团队？

答案是它们本来就是一件事情，把它们分开的人，才需要举证说明为什么。

无论你是什么战略、什么定位，最终都要落实为具体的创意，才能成立，才有具体价值。如果懂战略的人没创意，或者有创意的人不懂战略，那他们的懂战略跟有创意都是假的。

我非常痛恨开会的时候听到人说"大方向定了"，大方向什么都不是，因为在那大方向上的人很多，只有提出了好的点子，完成了具体创意那临门一脚，才能得分。

没有创意，战略等于零。

华与华＝战略咨询公司+产品开发公司+广告公司

华与华是一家战略营销品牌咨询公司。

所有的事都是一件事，所有人一起做所有事。

华与华方法正是以品牌顶层设计的理念，将企业战略、产品开发、品牌战略和营销传播创意融为一体的方法。华与华不属于任何一个行业，我们自成一个专业——华与华方法。如果一定要给华与华方法找一个专业归口，那它应该属于符号学、话语学、传播学。

华与华方法是从传播的角度去进行企业战略设计、品牌设计和产品开发的，先有词语，再有产品；先有话语，再有品牌；以话语权为出发

点，去构建企业战略版图。因为企业的一切，最终都要营销出去、传播出去。营销传播是后工序，后工序决定前工序，要以终为始来规划整个系统。

从传播角度制定的战略，开发的产品，它天生就能传播。而且传播的成本低，投资的效率高。

华与华方法是战略营销创意的方法，也是降低营销成本的方法。我们的所有思考，都紧紧地扣住"降低成本"这个基点，无论是超级符号、超级话语还是超级词语，都最大化地降低了企业的营销传播成本。

华与华方法就是用创意在企业战略、品牌战略、产品开发、包装设计、广告创意等所有环节全面降低成本的方法。

"所有的事都是一件事"典型案例——汉庭酒店

汉庭酒店案例是华与华2016年所做的、体现战略营销品牌创意实践的经典案例之一，也是教科书式的蓝海战略典范。

在汉庭案例的实践中，充分体现了华与华"所有的事都是一件事"的理念。我们为汉庭创作的"爱干净，住汉庭"这句超级口号，既是战略，也是口碑，更是一套企业经营的具体行动。

在这个案例中，我们的工作是从营销传播开始的，在构建企业战略的版图中，营销传播属于后工序。华与华为汉庭创作出"爱干净，住汉庭"这句超级口号，并把这六个大字竖立在汉庭酒店的楼顶，向消费者发出召唤。这是一个传播动作，是企业经营中的后工序。

但是在设计这句超级口号的同时，我们也考虑到了它的企业战略和品牌战略，以及产品的升级。

后工序决定前工序。对汉庭来说，我们要通过"爱干净，住汉庭"这句话、这个创意，倒逼企业自身建立一套干净行动工程，将人力、物力、财力压倒性投入，在前工序上把干净做到极致。

首先，负责清洁的工作人员不能叫"清洁阿姨"，而要叫"清洁师"，还要给清洁师涨薪，同时建立职业晋升的阶梯，有初级清洁师、中级清洁师、高级清洁师，为清洁师带来职业地位和尊严的提升，能够获得成就感。

汉庭还诞生了全行业首个"首席清洁官"，CEO也是清洁师。CEO去巡店的时候会随身带一块抹布，看到有不干净的地方，自己就上去擦掉，这样就能对一线清洁师起到示范作用。

此外，我们为汉庭创建了"净"字评级行动，越干净的酒店，"净"字标就越多，在官网和APP上就能排名靠前推荐，带来更多的预定客人，让加盟商也成为干净战略的拥护者。

在上游，汉庭投资入股了两家业内领先的洗涤供应商，采用先进的"洗涤龙"设备，从源头上保障床单毛巾的干净洗涤。汉庭希望通过扶持这类领先的洗涤公司，带动全国洗涤行业的成长。

从负责企业的中高层对干净行动的加入和监管，到清洁阿姨职业生涯和地位尊严的转变，再到创建加盟店"净"字评级体系，以及加大对上游洗涤供应商的投入，汉庭一整套的干净行动工程，都是围绕"爱干净，住汉庭"这句超级口号展开的，这就是华与华用创意在企业战略、品牌战略、产品开发、广告创意等所有环节全面降低成本的方法。

所有的事都是一件事，汉庭就是一个典型的案例。

第八章

重新认识消费者：
消费者的四个角色

进入"消费语境"是一切营销创意思考的原点

从事营销工作，每个人都认为"我当然是从消费者角度出发的"。事实上，很少有人意识到"消费者角度"是什么角度，有几个角度。

"消费者"是我们经常挂在嘴边的词，开口闭口就是消费者，开口闭口就是要为消费者着想。在开会讨论创意的时候，有的人会说："这个我不专业，但是我站在消费者的角度来看，作为一个消费者，我觉得怎么怎么样。"

由此来竖起一张虎皮，竖起一张作为消费者，并由此来代表消费者的一张虎皮，经常也把人唬得一愣一愣的，其他人就会一愣一愣地点头："是啊，消费者会怎么看呢？"

其实，这时候你不是消费者。

因为当我们在卖一个东西的时候，我们永远不是消费者。

当你阅读本书的时候，你是本书的消费者。当你阅读本书并思考自己企业的营销活动的时候，你就不是消费者，是企业经营者。

当我们说"我站在消费者的角度"的时候，我们其实还是站在企业的角度、企业的话语体系、企业的语境。"站在消费者的角度"，这是一个非常非常专业的工作。

什么叫站在消费者的角度呢？就是使用"消费者"这个词的时候，要把我们所讨论的事情注入消费的语境、场景、情景、信息环境里面去。

语言游戏和词语的规则

维特根斯坦说，语言的产生，是一边玩一边制定规则；语言的使用，是一边玩一边修改规则。

有时候，必须把某个词语从语言中撤出，送去清洗——然后，再把它送回交流中。

现在，我们就清洗一下"消费者"这个词，再送回我们的交流中。

站在消费者的角度，就是置身于消费的语境，进入消费者的角色。

本书介绍的华与华方法，是符号和话语的方法，是带你进入消费语境并通过模拟消费场景，来设计企业战略、产品开发和营销传播创意的方法。

准备好了吗？现在，我们开始进入角色，进入消费者的角色。

消费者有四个角色，就是消费的四个阶段，四个情景语境，四个不同的时间、地点、信息、反应、目的、方式、内容，等等。

这四个情景语境是：1. 购买前；2. 购买中；3. 使用中；4. 使用后。

购买前：消费者还没有到购买场所，没有到卖场，没有上购物网站。商品还在商店，还在仓库，消费者还没有买它，但是消费者从广告上，从亲友口中，得到它的信息；或者，在朋友家看到了它，先留个心。记住这三个情景：看到或听到广告，听到别人说，直接看到了商品。这三个情景我们在后面会介绍对应的三个方法。

购买中：消费者到达了购买场所，到了卖场，或上了购物网站，正在溜达、观察、体验。

使用中：消费者正在使用商品。

使用后：消费者使用了商品，他可能会和亲朋好友分享他的体验和评价。

我们试着分解这些环节，每一个分解动作，都蕴含着营销传播机会和方法工具。

消费者的第一个角色：受众

购买前，消费者是什么呢？是"受众"。这个词我们经常谈，今天我们在这里说的每个词都是经常谈起的，但是我们没有把它们放到框架里面，放到模型当中去研究它们。

购买前，消费者和产品的关系是通过媒介发生的，通过电视、报纸、地铁灯箱、宣传单、互联网以及通过亲朋好友的介绍等各种各样的媒介使二者发生联系。而当通过媒介发生关系的时候，消费者和商品之间的关系，是作为受众的状态，我们怎么去研究受众呢？受众有什么样的特征呢？

受众的第一特征是茫然，第二特征是遗忘。

受众最根本的特征是茫然，就是你苦口婆心地大叫大喊，你使尽各种各样的花招和他说话的时候，他的反应只有茫然。你必须时刻记住，你是在透过媒介跟一个茫然的人沟通。他在上厕所，他在做作业，他在和孩子说话……**这个时候，他身边的任何事情都比你重要，任何一个信息都比你重要，刮过来一阵风、吹掉一片叶子都比你重要。**在这样的情况下，你要跟他说话，让他记住，让他掏钱给你，这是很难的，准确地说是非常难。

所以你要把他从茫然中唤醒过来，让他盯着你，让他一下子不再管这个电梯到没到几楼，地铁什么时候来，公交车是否过去了，报纸上爆炸性的新闻到底是什么，要让他把所有这一切都忽略掉，把注意力放到你身上来，这个是你要做的第一件事情，你不做这件事情，你就会被忽略，你的庞大的广告投放就会变为一堆废纸，你要让他注意到你。

把受众从迷茫中唤醒过来，这是沟通的第一要义。

如何唤醒他呢？首先是刺激。刺激，让他作出反射。作出何种反射最有效呢？作出本能的反射。

所以，最高效率的沟通，是激发受众的本能反射。

就是要在第一秒钟让他发现，你要说的话和他有关，这是最重要的，也是最高效的。你要找到他最能反射的那个点、那个词，然后选择你要他反射的那个点、那个词。

如果你是做胃药的，你一定要先喊出"胃痛胃酸胃胀"，受这个问题困扰的人，马上就会作出本能的反射，他们竖起耳朵来听。因为这件事对他太重要了，比什么都重要。稍微生过点病的人都知道，只要你生了病，不论什么地方，就算是看上去可能不那么重要的地方，比如你只是指甲缝痒，那也能让你什么也干不了，治好病成为你最重要、最紧急的事，你渴求任何办法，只要能给你解决这问题。

想象一群茫然的受众，在上海曹杨路的茫茫人海中，茫然地走着，你要唤醒几个人。你不知道他们是谁，不知道他们的名字。你知道的事实、线索只有一个——就是你自己是卖胃药的。

你站在大街上，面对汹涌的人潮，你要喊出的第一句话是什么？

"有胃病的朋友们请注意了，这里有好药！"

你还有别的选择吗？

再举一个刺激本能反射的例子，航空杂志上面的房地产广告，大多都不会在标题上醒目地注明是哪个城市的，这样的情况经常发生。你一定要找到那个小得只有米粒大的地方才可以知道是成都还是合肥，我不知道他为什么要打那个广告。

如果不在第一时间看到所在城市这个信息，受众就不会作出反射。

比如看到三亚，他会有反射：我是否有兴趣、有可能、有计划在三亚买房子；如果看到合肥，他会有反射：嗯，我不会在合肥买房子。如果没看到城市，没反射，没注意，随手一翻，就翻过去了。

受众不会深究你的广告，因为他身边的任何信息都比你重要，比如空姐走过来了，比如飞机颠簸了一下。

要让受众做出反射，很重要的一点，就是要他立刻觉得这事和他相关，而且是高度相关。

在品牌超级话语一章里，我们用了王夫之诗论的"现量观"来分析。现量这个词，本是佛教唯识宗的思想，这里面包含现量、比量和非量三个量，我们正可用这三个量来讨论受众的状态。

这是什么意思呢？再回到上海曹杨路的大街上，对面的人走过来，有男女老幼，有高矮胖瘦，有黑人白人黄种人，你都看见了，看得很清楚，但是你不作反应，没有留下任何印象，这些人一个个地就这么过去了，这就是现量，就是茫然。当受众在翻阅一本杂志，看到那些广告的时候，每一页他都看见了，历历在目，但是心里不作反应，没有反射，就这么一页页翻过去了。

回到曹杨路，这时候，对面突然出现了一个美女！

你有反应了……

有了比较：这是一个美女——这就是比量。佛家讲，你起了分别，起了"分别心"，你把她分类了：美女！

对于受众，营销传播首先就是要他对你起分别心，有比量，有反应，有分类——分入和他相关的一类。

第三个，非量，想入非非的非，如鲁迅先生说的，看到女士的皓腕，就想到她的手臂，进而想到其他地方去了，甚至开始演绎进一步发展的场景和情节。

这是品牌联想。

很多广告创作的问题，就是自己先起了非量，自己想入非非起来，而没有从让受众起比量入手。当受众对你不能作出反射，没有把你分别出来，他是不会和你一起进入非量的，你就在他的现量洪流中随风而逝了。

受众的第二特征则是遗忘。

你好不容易把他从迷茫中唤醒，他转头就把你忘记了，重新陷入了迷茫当中去。怎么让他记住你呢？就要靠重复。

知名度永远都不够！

把知名度、美誉度、忠诚度称为"品牌三度"，这是一个巨大的伪命题，特别是很多人把这个理解为品牌的三个阶段，对工作造成了极大的误导。

知名度永远都不够。可口可乐知名度是最大的，但它依然是最大的广告主。你无法想象可口可乐有一年不投入巨额的广告费。为什么？因为受众会遗忘！有没有可口可乐，对他而言远远没有你想象的那么重要。

宣传的力量来源于重复，这是一切政治宣传家的常识，但却往往被企业品牌营销部门所遗忘。

重复就是投资，是在一个地方持续地投资，换创意则是换地方重新投资，每一年换一个地方投资能成功吗？脑白金十几年持续投资一句话："今年过节不收礼，收礼还收脑白金。"这可能成了唯一一句全中国

13亿人都会背诵的广告语。如果你不能确信有5亿人已经能脱口而出你的广告语，请你继续重复。不要认为我们的知名度已经够了，现在该进入第二阶段——美誉度了。

美誉度不是一个阶段，也不是一个目的，而是一个结果。

你做什么事，你就是什么形象。

无论是国家形象、企业形象、品牌形象、个人形象，都是你的所作所为、一言一行给大家留下的印象，而不是你的形象工程、形象广告带来的。

我们应该做什么样的宣传去提高我们品牌的美誉度？这是岳不群的思维方式，不是声誉的本质。

庄子说："行贤而去自贤之行，安往而不爱哉。"一心做贤德的事，而不是以美誉度为目的，做希望别人认为自己贤德而做的事，那么走到哪儿别人都爱你。美誉度的思维，让企业在品牌形象和公关上，做了太多"自贤之行"，最后都只是抚慰了自己，别人却不以为然，那些为美誉度而做的"自贤之行"，恰恰是最应该去除的。

那么怎样才能有美誉度呢？其实做企业就像做人，至诚至性，好好做人就行了。

下面是忠诚度了，忠诚度也是个伪命题。人们能否无条件地忠于祖国，忠于人民，忠于组织，忠于自己的丈夫、妻子？人们为何要忠于你的品牌？忠于你的品牌是有条件的，人们忠于的，是你背后为他们创造的价值。你有一天不能再创造价值了，他们就会抛弃你。苹果粉说得那么狂热，当它的产品和服务不能领先时，马上就会被抛弃。

如果说品牌美誉度是伪君子的思维方式，品牌忠诚度则是狂妄自大的态度。

永远不要想让消费者忠于你，反过来，是你时刻要忠于你的消费者。

消费者没有任何义务忠于你，你有全部责任忠于消费者。

从忠于消费者的角度出发，你就能收获成功；从如何让消费者忠于你出发，你会徒劳无获。

知名度、美誉度、忠诚度带来的误区，在于人们把知名度当成品牌的一个初级阶段，而不明白知名度是品牌的终极优势。

知名度第一，就等于销售优先权。

占据市场最大份额的公司，在大多数情况下，都不是所谓做得最"好"的公司，或"声誉最好"的公司，或"顾客对它最忠诚"的公司，而是知名度第一的公司。因为其他指标都是相对的、主观的，而知名度是绝对的、客观的，就是知道这个品牌的人数，是可以数得出来的。

永远要投资于品牌的知名度，这是包赚不赔的生意。

品牌价值，就等于价值定位乘以知名度。

消费者的第二个角色：购买者

我们来看看购买中的消费者。

购买前的消费者叫受众，购买中的消费者，就叫购买者。

理清这些角色的不同含义非常重要，当你在思考购买者的时候不要使用消费者这个词，当你思考受众的时候不要使用购买者这个词，也不要使用消费者这个词，你在讨论这个阶段就使用这个词，你的思考才会是清晰的。

前文说到，受众的核心特征是茫然和遗忘，购买者的核心特征又是什么呢？

购买者的核心特征是置身于购买环境中的信息搜寻者。

这个购买环境，不论是商场、超市、餐厅还是网购的电脑屏幕、手机屏幕，都属于购买环境，本质对于我们来讲是一模一样的。你是站在货架前面还是你用鼠标来点、用手指头来点，在此时此刻，他们的思维模式和我们的应对方式一模一样。

有了购买者的思维，我们就能发掘出卖场和包装的媒体属性和媒体功能，从媒体功能的角度来设计包装、陈列和卖场效果。

华与华方法：企业的自媒体和全面媒体化

我们这里说的自媒体，不仅仅是微博、微信等互联网意义上的自媒体，而是"企业所有的自身"。就像人一样，自己就是自己最大的媒体，人的一言一行都是传播。产品本身就是企业自己的媒体，包装是品牌最大的媒体，因为产品的到达率远远超过媒体广告的到达率。而全面媒体化，就是用媒体思维去设计企业和消费者及销售者接触的所有环节。

营销人员经常讲"决胜终端"或"终端拦截"，在什么地方决胜终端？是打堆头、上导购员吗？那需要巨大的成本投资。

决胜终端，到底在哪儿决胜？

请记住以下几点。

产品包装是最大的媒体。

用符号刺激购物者的本能反射。

把货架当成广告位用。

把包装文案，做成导购指南。

让产品自己会说话，让包装成为导购员。

包装设计创造陈列优势。

用产品结构占领更大柜台，创造更多销售机会。

注意以上几条的最大特点是没有在卖场增加一分钱的额外投资。

回到前文的曹杨路上，货架间的通道就是曹杨路，货架上的商品就是走过来的男女老幼、高矮胖瘦。购物者不可能对那几十万商品的每一个都起"分别心"，对于他来说那些都是"现量"，一个个走过去了就过去了。那么你的商品如何能成为受众的非量？

"包装是品牌最大的媒体"，这是华与华方法里很关键的一条，因为你放弃了包装的媒体功能比放弃中央电视台广告损失还大。

正和我们每个人一样，最大的媒体就是你自己。你办公的那幢大楼，最大的媒体就是那幢楼本身，而且是一百年不变的媒体。"9·11"事件中，拉登为什么要选择世贸中心？本质上他是在选择一个媒体，来传递他的信息。如果是撞阿拉斯加一幢楼，就没有这个传播效果了。

我们完全把卖场的信息环境视作一个媒体环境，每一个商品都是一个频道，在卖力地演出，而购物者的目光就是遥控器。

用色如用兵。

视觉沟通，色彩第一。黄金酒的包装为什么设计成蓝色？我们不知道中国人送礼喜欢红色吗？当然知道。但是，当我们看到所有的白酒包装都是以红色为主色调，白酒货架上一片红的时候，我们知道蓝色能够在货架上形成陈列优势，能够把购物者的目光遥控器吸引过来。

用符号刺激本能反射，厨邦酱油采用餐桌布的绿格子符号做包装设计，使购物者对其产生熟悉感和好感，甚至能刺激食欲、产生唾液。

把货架当广告，把包装当广告媒体，在厨邦酱油晒足180天的颈标上，印上"有图有真相，厨邦亚热带沿江大晒场，晒足180天"的广告图片。每年数以亿计的酱油瓶媒体，足以胜过1亿元的中央电视台广告投放。

把包装文案做成导购指南，如果你观察过购物者如何购买牙膏、洗衣粉，你就会知道包装文案能发挥多大的威力。而如何吸引他阅读，引导他一口气读下去，读完就能把你的产品放进购物篮，这就是营销人员一生的修炼。

沟通的主体是通过其对包装的阅读过程实现的。

购物者对产品包装的阅读，是严肃、理性的。包装上的所有文案，要指向你的产品价值，你要确信，包装上的文案，值得消费者为之掏钱。

用色如用兵，用符号刺激本能反射，这仅仅是第一步而已，接下来，必须马上跟他展开快速而严肃的沟通。

和购买者的沟通，必须是严肃而快速的。严肃是因为掏钱是很严肃的事，快速是因为留给你影响他购买决策的时间很短。

而且，你必须比别人更快！你要能够跟购买者产生快速沟通，你才能够战胜对手。

因为，你沟通的速度越慢，你所需要的时间越长，夜长了，梦就多了，他随时可能把你放回货架上去。如果拿起你的包装不知道从何读起，不知道从何看起，他就会把你放回货架上去；如果他开始看的时候，他发现，看了半天还不明白你到底是个什么东西，他就会把它放到货架上去。他不会好奇，他也不会有耐心，他也不跟你开玩笑。他拿起你来，就是要你马上告诉他，你是一个什么东西，你凭什么要他把钱给你。你要又快又严肃地告诉他。

在华与华方法里，我们把这叫让产品自己会说话。先当头棒喝——用色彩和符号刺激本能反射——然后，引人入胜，引人入"购"，引人多购——这要靠包装文案。

购物者思考当然不仅仅是包装设计思想，还有产品开发思想，根据不同的渠道、不同的终端，开发不同的产品。在一个类别里形成完善的产品结构，可以帮助我们获得更大的陈列面。

和销售商的合作政策，也指导我们开发不同规格和价格的产品，以获得销售商最大限度的合作。

在卖场，我们有两个客户：一个是购物者——买我们商品的人；一个是我们的销售商——替我们卖东西的人。

所以说营销是两件事：一是让消费者向我们买，二是让销售者替我们卖。

如果我们能对销售商的生意创造更多的价值，他会更卖力地投入更大的资源，来替我们卖。

一般人会想到两点：一是推动性的，让销售商卖我们的东西有更大的毛利；二是强迫性的，由于我们的品牌对消费者有巨大的影响，销售商不得不在低毛利的情况下也替我们卖。

有没有想过，我们能成为销售商的咨询顾问，帮助他不仅卖好我们的商品，也能提升他在这一品类的整体生意，包括别人的商品？甚至，提升整个店的生意？其实很多企业已经在这样做，只是都没有形成系统的意识和方法。

消费者的第三个角色：体验者

消费者购买商品来做什么呢？来使用。购买并不是结束消费，消费者还会使用它。使用的本质是体验，消费者的使用体验将决定品牌的最终命运。

营销传播创意，必须深入研究消费者作为体验者的行为和体验。

产品开发创意，则更是从体验者的语境出发。

不同的商品，有不同的使用体验。

对于餐厅、娱乐场所等服务业来说，购买即使用，即买即用。所以服务业发展出了体验经济的完整方法论。

服务业的体验经济方法论把消费分成三段。

来之前，制造期待。顾客是为期待而来。

来之中，制造惊喜。满意的定义，就是超过了期待，所以对期待和惊喜都要进行精确的设计。这来之中的惊喜，还要设计整个时间过程节点的情绪高潮，像看电影一样，三分钟要有一个兴奋点，当你在游乐场一个游乐环节游玩结束，情绪达到最高潮的时候，下一个环节一定就是纪念品商店，因为这时候你最容易掏钱。

走之后，值得回忆，乐于谈论。值得回忆，同时一定要设计一个你会购买带回去的"纪念品"。

纪念品的本质是什么？是一个信物，是一个符号，是一个媒体。

最重要的是它是一个媒体！当你从埃菲尔铁塔下来，带走一个埃菲尔铁塔的小雕塑摆在家里玻璃柜上的时候，你家柜子就成了巴黎城市营销和埃菲尔铁塔旅游推广的免费广告位，你还会乐于谈论："哎呀，我们家今年春节去巴黎呀，在埃菲尔铁塔上，我跟你说……"这就是在为它做广告。

消费品行业、房地产行业、农业企业、B2B的原料型企业，能不能有这样的使用者体验营销系统？当然能，但你要有这个意识。

在产品上你可以制造体验。

高露洁的牙膏，为了强调它的冰爽，加入"冰爽片"，就像我们小时候吃牛奶糖，包糖的糯米纸那样的小片，在牙膏透明的膏体里面清晰可见。刷牙时看到这冰爽片，你就看见了冰爽。

往白色的洗衣粉里面加上蓝色的颗粒，这蓝色颗粒是催化酶，让衣服洗得更干净。事实上催化酶并不是蓝色，那蓝色的颗粒可能也不是催化酶，只是给你制造体验，让你看见"催化酶"。不过商家并没有欺骗你，洗衣粉里确实加了催化酶，只不过那蓝色颗粒不一定就是。

化肥也采用了洗衣粉的方法，以复合肥和掺合肥为例，复合肥是最先进的科技，氮磷钾配合均匀，掺合肥是按比例配，在运输中容易沉积，造成比例不均匀。但复合肥打不开市场，农民不信，于是就把复合肥染出不同颜色的颗粒，农民看到均匀分布的各种色彩的颗粒，有氮有磷有钾，他们就信了，这是一种多么重要的表达方式。

包装可以创造体验，三精口服液用蓝瓶，蓝瓶的，就是纯净的、充足的、好喝的。

你在喝果汁的时候，上面有苹果、橙子的图片，这张图片拍得比旁边的那张漂亮，喝起来你就会觉得新鲜一些。

不同商品的包装，有不同的体验要求。有人抱怨一些商品，特别是作为礼品的保健品，过度包装。一个大盒子，打开里面是一个大泡沫，泡沫里面的洋参切片，只有薄薄的一层！旁边放了几瓶鸡精，或许还有点别的什么，奸商啊！

可是，当消费者想到花50块钱，就能拎着一个大大的体面的礼盒去走亲访友的时候，这正是一个最恰当的包装。那产品的开发者和包装的设计者，深刻地了解了使用者的需求、使用场景、使用心理以及使用者有意愿、有能力付出的价格，为人民服务，呕心沥血地开发出这产品，你怎能武断地说他"过度包装"？这个产品已经畅销了20年。他在包装上开一个窗口，让人看到一排排整齐的洋参切片，他特意放上几瓶鸡精，让这礼物拎起来又有一定的分量，这就是劳动人民的尊严和体面。

什么叫包装？包装是一个仪式，是把我的一颗心包给你的仪式，就像我办一个婚礼，摆满了鲜花，你能批评我过度包装、浪费、不环保吗？

香烟的包装和食品礼盒包装又是不同的使用体验，因为它和使用者的关系要更加密切，它会在使用者的衣袋里待上一天、两天，不时地拿出来，取一支，放回口袋，或者放在桌子上。所以香烟包装的设计，更应该是艺术品。

而牙膏盒必须是广告媒体、海报，因为购买时沟通很重要，回去打开就被扔掉了。

使用过程的体验你可以设计，比如我们在田七牙膏的广告中设计了一个体验，照相不喊"茄子"，大声喊"田——七——"。我们也在另一个广告中设计了一个使用体验，刷完牙后对着镜子轻声喊"田——七——"，检查牙齿有没有刷干净。

消费者的第四个角色：传播者

我们进入的最后一个环节，"使用后的消费者"。作为营销人员来讲，关注最多的是受众，其次是购买者，再次是体验者，他们往往都不会顾及传播者，传播者是最后的一环，其实也是最重要的一环，如果你能抓住传播者，就事半功倍了。

华与华方法有一条，叫不做"传播"做"播传"，传播关注于播，播传关注于传。**我们说传播的关键在于传。**传播是我把一个东西怎么播出去，怎么播给更多人，所以传播讲"千人成本"，讲"到达率"。播传是我播一个东西让它自己能传，发动消费者替我们传，先考虑不花成本的"传达率"。

典型的播传案例就是"田七"，电视广告是在三月开始播出的，到了五月，世界各地都在传，中国的每一个景点都有人在那里拍照，一拍照就喊"田七"，为什么说世界各地？因为，"五一"节的时候，中国人到了世界各地，在埃菲尔铁塔下你可以看到一群中国人在那里喊"田七"，在维多利亚港你也可以看到，在富士山脚下你也可以看到。

对使用后的消费者，你要考虑的是，如何让他成为你的传播者，如何让他传播你的品牌信息，在前面体验者的角色中，我们说了八个字："值得回忆，乐于谈论。"这个乐于谈论非常重要，是我们营销创意的一个超级重点，甚至是一切广告创意的出发点，他要乐于谈论，才能替你传播，品牌才有"传达率"。我们经常会讲，很多人都说我这个产品好，它自然会有口碑。是的，如果你产品非常好，肯定会有口碑，那这口碑是什么？

广告创作的任务，就是设计这口碑。

所以华与华方法说，**广告不是我说一句话给他听，而是我设计一句话他会说给别人听。**

我们要做的是，对消费者的口碑进行规划和发动。

当我们在写一个产品的文案的时候，不仅仅要思考如何向购买者介绍产品，同时还要思考，如何让使用后的消费者去传播我的产品，如何让消费者向别人描述你的产品时候，使用的语言和你使用的是一样的。你要做什么呢，你要做到你描述的语言是不可置疑的，是不存在误解的，而且，这些语言、文案是最容易被记住的。

"晒足180天，厨邦酱油美味鲜。"这话是不会传错的。

广告语不是说一句话给消费者听，而是设计一句话让消费者去说给别人听。甚至视觉形象的设计，也不是设计一个图形给消费者看，而是设计一个图形让他可以去描述给别人听。我们不仅设计了他转述的内容，而且设计了他转述的场景和过程。因为我们本来就是根据他转述的场景和过程来设计的，我们研究了他在消费使用后的角色——转述者、传播者。

前面我们讲过厨邦酱油的例子，它的视觉形象是可以转述的。你出门，妻子叫你带瓶酱油回来，她说要厨邦的。你一带上门就忘了，妻子说什么牌子来着？但假如她补充了一句：就是绿格子包装那个！你就不会忘，即便是忘了，到超市一看到，也会马上想起来。

这一个过程，就包含了——

你是受众——接收到信息：妻子让你打酱油。你的第一特征是茫然——你根本不想帮她打酱油，你出门本来是买报纸买烟的，在报摊就能解决，现在还得去一趟超市，所以你听得漫不经心。你的第二特征是遗忘——厨邦两个字，刚从左耳朵进去，还没来得及从右耳朵出，直接就从左耳朵窝弹回去还给妻子了。

妻子作为传播者，她会给你介绍，绿格子包装那个。如果她知道你肯定漫不经心，她会向你强调为什么一定要厨邦，因为这是阳光晒制的，晒足了180天的，或许这样你会加强一点印象，记忆能多保留三分钟。

十五分钟后你进入超市，进入购买者角色，你走向酱油货架，毫无疑问，远远地你就会看到厨邦的绿格子阵列，这时候你全想起来了。你走过去，拿起包装，瓶颈上有厨邦晒场的照片，有图有真相，加上"晒足180天"的庄严宣告，你就明白妻子的选择了。

回到家，体验者用厨邦酱油烧完菜，放下酱油瓶，那绿格子酱油瓶永远是你家灶台上最美丽的风景线，之后，你们家就有了越来越多厨邦的食品。

想想看，是这样吗？当然是这样，因为厨邦酱油的营销创意，就是根据这场景模拟设计的。

消费者的传播者角色是华与华方法的一个重点，可以说，我们的所有设计和广告创作，都是立足于消费者自己如何去传播它。

消费者越能去传播给他人的东西，我们就越能传播给消费者。

进入角色，开始默戏。

知道京剧的默戏吗？就是演员在上台之前半天或是临上场一两个小时之前，对自己所要表演的内容在脑子里进行"预演"，这个"预演"一般不会出声。

消费者是角色，产品是道具，消费是戏剧。我们的营销创意，就是每天都在默戏，默消费的戏，受众的戏，购物的戏，使用体验的戏，传播传达的戏。如果你没有默戏的能力和习惯，就不可能驾驭消费的剧场，自然也就不能够编撰消费的剧本。

这本书有没有提出什么"新理论"？

没有。

经常有人和我讨论一些"理论"问题，主要是一些所谓"新理论"，或者说什么东西不符合理论，比如说史玉柱的"土办法"，不符合"西方的营销理论"。

而市场上，不停地出现一些畅销书，不断地在宣称什么理论"过时了"，并提出一些"新理论"。

什么叫理论？什么叫过时？

理论的本质是解释，能解释一切，就叫理论。

理论，要么是从实践中总结得来，要么是从假说解释中得来的。不管是总结，还是假说，只要能够解释它所描述的事情，这就叫理论。有一天发现某一件事这理论解释不了，理论就破产了，这时候就需要新理论。

记住理论的"解释"本质：有一件事解释不通，就不是理论。

所以不存在"史玉柱的做法不符合西方的营销理论"，如果不符合还成功了，那一定是理论的错。天才不需要理论，但是理论却需要天才。理论家对天才及天才与理论的关系，早有定义。

克劳塞维茨说："天才是擅长某种活动的高超的方法和精神力量。天才所做的并非不符合理论和规则。那些片面而贫乏的理论，将它所不能解释的一切归之于超越规则的天才的领域，这是不对的。天才所做的，正是最好的规则。理论所能做的最好的事情，正是阐明天才是怎样做的，以及为什么这样做。"

有句批评人的话叫"知其然不知其所以然"，而天才，如庄子所说，则可以"不知其所以然而然"，自然而然。别人也想学他那么"然"，理论家就要去找"所以然"。

所以史玉柱所做的任何一件事情，都没有超出现有营销和传播理论的范围。

什么又叫"过时"呢？二战时期有一位大战略家——英国的李德哈特，他是一战前战略家克劳塞维茨的粉丝，不过他更是孙子的超级粉丝。他这样评价孙子："《孙子》是世界上最古老的兵书，但其在思想的渊博和深入程度上，从无后人可以超越他。在过去所有的一切军事思想家中，只有克劳塞维茨可以与之比较，不过相对于孙子来说，克劳塞维茨太'过时（dated）'了。"

克劳塞维茨比孙子晚生两千多年，不过李德哈特仍然认为克劳塞维茨太过时了，孙子才是军事思想的前沿。

关于"过时"的理论，被说得最多的就是营销的4P理论，这是关于营销最重要、最权威的理论。所以但凡有人要推出"新理论"，都要从打倒4P开始，这就会造成思想混乱的局面，这种局面是我们有必要想清楚的。对4P进行最猛烈攻击的，是4C理论。

《整合行销传播》一书开篇第一章叫《传统行销传播的终结》：

4P（产品、价格、通路、促销）已成明日黄花，新的行销世界已经转向4C了。新的观念如是说：

把产品先搁到一边，赶紧研究"消费者的需要与欲求"，不要再卖你所能制造的产品，而要卖某人确定想购买的产品。

暂时忘掉定价长期策略，快去了解消费者要满足其需要与欲求所须付出的"成本"。

忘掉通路策略，应当思考购买的"方便性"。

最后，请忘掉促销。20世纪90年代的正确词汇是"沟通"。

过去制造商的座右铭是由顾客自行负责——"消费者请注意"。现在，它已经被"请注意消费者"所取代。

4C认为4P是站在企业立场上的，而不是客户的立场。由此，4P应该转换为4C：

产品（Product）——客户价值（Customer Value）；

价格（Price）——客户成本（Customer Cost）；

渠道（Place）——客户便利（Customer Convenience）；

推广（Promotion）——客户沟通（Customer Communication）。

这样的所谓"理论"，为何能有这么大的影响呢？我想主要的原因是，像一切真知识一样，4P是正道，是踏踏实实的，没有半点虚假和遗漏，也没有半点辛劳和智慧可以省下，这样的东西是很费劲的，是多数人学不会也掌握不了的。所以装扮得很容易的旁门左道就容易乘虚而入，满足人们贪新求巧的心理。

4P是可以涵盖营销的一切行为的4个营销的重大战略决策，4C无非是提供了一点点以偏概全的角度，或许有一点点启发，但它带来的启发远远不能抵消它的谬误。

我们一条一条来看，先说第一条：产品（Product）——客户价值（Customer Value）。

4P理论是不是不知道产品是客户价值呢？教材上写得很明白——消费者买的是洞，不是钻头。产品从它数千年前诞生的那一刻起，就是为客户价值而生的。是研究消费者需求还是创造产品，乔布斯已经给出了回答。

不要给消费者他想要的，给他他需要的。

因为消费者想不出来他要什么，而你要知道他需要什么，并把那产品创造出来。所以绝对不是4C理论所说的"卖某人确定想购买的产品"，某人确定不了他想购买什么产品，这是企业自己的责任。在今天的企业界，产品思维、产品经理被提高到一个相当的程度。把产品改为客户价值，没有带来任何新的思想，反而造成了思维的混乱。

产品的意义还不仅于此，因为产品就是企业发展战略。

4P的第一个P是产品，营销思想看产品，不是一个产品出来了怎么定位——这是相对低层次的问题——而是如何创造产品，还有如何规划设计我们的产品结构，如何设计我们的业务组合，这就是战略问题。

葵花药业儿童药战略营销案例就是从规划一个儿童药品和健康服务的业务组合及产品结构开始的。葵花儿童药事业板块的使命是"保护中国儿童用药安全"，而它的产品和服务结构就是葵花提出的解决方案。

所以，产品问题，还是企业战略路线图问题。

接着看第二个问题：价格（Price）——客户成本（Customer Cost）。

这个改变太无知了，如果说定价的决定因素是100%，客户购买成本因素肯定不超过50%。

定价定生死，价格设计是营销的顶层设计，是个战略问题。

为什么？因为价格设计决定利益分配和营销资源分配！价格决定了

有多少利益和资源可以分配，以及如何分配。这是营销的重大决策。价格决定了营销模式，决定了营销投资和利益的分配。

价格定位首先不是消费者的承受力——不同的消费者会有不同的购买理由，就有不同的承受力。它是营销模式的选择和产品价值的定义，以及如何设计销售者的利益分配。在营销中不仅有消费者利益、企业利益，还有销售者利益，只有这三者利益的满足，才构成营销行为。

举一个简单的例子：同样是复合维生素矿物质片，安利纽崔莱、黄金搭档和施尔康等品牌的定价策略是完全不一样的，因为这三者分别涉及直销通路、商超通路和药店通路。

价格定位是营销最重要的核心之一，影响价格最大的因素：第一是你想卖多少钱；第二是你选择哪些销售者以及如何和他们分配这些钱；第三是你如何让消费者同意你的产品值这么多钱。我们经常看到同样品质的东西不同品牌的价格差几倍，这价格是你做出来的，不是"了解"来的。

中国有两个典型的定价战略案例，一个是王老吉（加多宝），一个是云南白药牙膏。

价格决策是王老吉成功的一个关键，如果不是3块多的高定价，王老吉根本没有资源支持巨大的广告投入，其营销模式就不能成立。假如当初定价是2块钱，就根本不会有王老吉神话。

云南白药牙膏也是一样，如果没有超过20元的惊人定价，仅凭一支单品，云南白药牙膏如何能在支付央视广告吸血鬼的同时，还能在绞肉机般的家乐福、沃尔玛这样的大卖场生存？

价格问题太微妙了，妙不可言。对于企业来说，价格是营销模式问题、利益分配问题、销售政策问题；对于顾客来说，也绝不只是客户成本问题，价格并不是消费者为获得商品价值付出的成本，价格常常就是价值本身，价格就是价值！为什么有的东西越贵越有人买呢？

价格不贵，人何以贵？

营销之难，在于当你真正掌握营销方法之后，你会发现，最难的就是定价。

第三个问题：渠道（Place）——客户便利（Customer Convenience）。

渠道首先是一个营销模式问题，是战略问题。本质上可以说是企业的"政治体制"问题。

渠道商是企业营销团队的重要组成部分，又是企业组织架构外的"其他公司"，如何让这些人在企业的组织架构外，又能在企业的管理半径内，能像使唤自己的手臂一样自如地贯彻企业的意志。这就需要企业成为渠道商的良师益友和引路人。

"4C"理论对渠道的理解是惊人的不负责任，它号召我们"忘掉通路策略，应当思考购买的'方便性'"。

如果通路只是购买的方便性，那营销课都不用上了。

"4P"理论说**通路是指在商品从生产企业流转到消费者手上的全过程中所经历的各个环节和推动力量之和。**

这"各个环节和推动力量"是什么？不是消费者，是销售者，是一群活生生的、有强烈利益诉求的人。

渠道能力首先是你对这些环节和力量的动员能力和控制能力。

简单地说，营销包含两件事：

一、让消费者向我们买；

二、让销售者替我们卖。

渠道策略，就是解决销售者愿意积极地替我们卖的问题，解决如何最大限度地整合利用销售者的资源问题。

如果只有消费者愿意向你买，没有销售者替你卖，消费者又去哪里买呢？购买的方便性从何而来呢？

十几年前广州一个商人推出"1元感冒药"，好多媒体欢呼报道。

可是这位商人忘了一个问题，谁替他卖？当销售者都不替他卖，要他自己去把药送到千家万户的时候，恐怕他要改成"百元感冒药"才能支付成本。

渠道问题某种意义上是一个"政治体制"问题。涉及愿景的追随和信赖，利益结构的设计和分配，严格的管理和奖惩，对营销组织的动员和控制。一个成功的企业，必须能不断满足渠道商日益增长的发财和发展的需要，并成为引领者，这才是渠道战略的本质。

渠道问题还涉及对价格体系的控制。为什么一些传统企业做不好电子商务，就是因为互联网渠道破坏了它们在传统渠道的价格体系。价格体系一破，营销马上就会停滞不动。

渠道还和产品息息相关。根据不同渠道，开发不同产品，既满足不同渠道的需要，也满足价格体系设计的需要。

渠道问题还涉及资金链问题、供应链问题、商业模式创新问题，这些都是营销最根本的问题，哪里过时？4C又如何能取代4P？

第四个问题：推广（Promotion）——客户沟通（Customer Communication）。

第四个P的问题首先是个翻译问题，Promotion被第一个翻译它的人翻译成了"促销"，事实上应该翻译成"推广"，推广的核心就是建立品牌。

"4P"理论中将Promotion定义为包含5个工具的推广组合：广告、销售促进、公共关系、人员推销、直效营销。这可以说包含了品牌传播的全部内容，这里就不展开讨论了。

这"4C"理论的问题太大了。这是对营销进行盲人摸象的典型案例，是由于对企业经营缺乏全面了解，简单地站在所谓"客户立场"而发出的半吊子言论。年轻人进入营销或广告行业，如果从4P入门，能搭起一个终身受益的知识架构，如果上来就入了所谓4C的歧途，那一辈子都弄不清营销是怎么回事，这样的人在我们身边太多了！

提供一些看问题的角度，或可以给人一些启发，但宣称取代4P，就是误人子弟。本章标题中提到的"常识、理论、方法、启发、咨询产品、模型工具、救命稻草、成语故事"也是我在本书最后想和大家交流的问题。因为我们这个社会充斥着各种各样的"理论"和"术语"，它们带来的谬误远远超过了它们带来的启发，不断有人炮制术语，所以清除术语的斗争永远都不会停止。

回到前面的话题，比如史玉柱的"土办法"符不符合"西方的营销理论"。

完全符合，因为"4P"理论足以解释他的一切行为。

产品定位，他定位了产品的价值，是送给父母师长的保健礼品，所谓"孝敬爸妈脑白金"。

价格定位，他定了超过100块，又没超过太多的价格，开始时是118块。这样人们是买了一个"一百多块"的礼品。如果定99块，就没人买了，因为一个"几十块钱的东西"送礼拿不出手，如果定199块，也没人买了，因为花199买"一百多"，太贵了。所以通过价格定位，把产品定位的礼品，进一步精准定位为"一百多块的礼品"，因为人们买礼物一般是先定一个价格区间，再去选择。

渠道和推广，大广告、大卖场、大流通，清楚得很。

至于为什么就一句话"收礼还收脑白金"重复了十四年还在继续重复，没有改变的意思？这传播学的基本理论一百年前就说过了：宣传就是重复，就是刺激本能反射和行动。

没有任何一件营销的事情，在4P范围之外。

互联网时代是不是就不要"4P"理论了呢？电子商务的全部营销工

作，还是这4个P：第一是做什么产品，产品如何定义？如何表达？第二是价格怎么定。第三是渠道，互联网作为销售渠道的意义，远远超过作为媒体的渠道。第四是推广。互联网带来4P的巨大变革，每一个P都在变，但产品并没有变得不是产品，价格并没有变得不是价格，渠道并没有变得不是渠道，推广则比任何时代都来得狠，看"双11"的时候各大商家是怎么打鸡血的就知道了。

所以我说4P是理论，4C不是理论。

是什么呢？是一点点方法。理论的任务是解释，方法的任务是解决。

4C提供了一些解决营销的一小部分问题的方法，以宣称终结传统营销，终结4P为广告口号，赢得了一些"不明觉厉"的人而已。4C并不是一个完整的营销体系。

而更多畅销书提供的理论或方法呢，从其包装来看，更接近于一种"咨询产品"，因为它往往符合产品包装的两大特征。一是宣称"新一代"！作者有什么思想自己说好了，为什么一定要二十年如一日地说4P过时呢？因为他要踩着4P推销自己。而宣称过去结束了，新时代来了，正符合茫然的迷途羔羊的大众心理——得救了！

第二个特征就是让人感觉马上能解决，能创造奇迹，像"7天美白看得见"一样，只要你按我这方法做，就这么简单，就搞定了！

所谓咨询产品，特别是最畅销的咨询产品，最大的特点就是卖奇迹，销售"奇迹幻想"，让你感觉只要用了那招，要一百亿就有一百亿，要一千亿就有一千亿。

每个人都是迷途的羔羊，总希望得到一根创造奇迹的救命稻草，这就是"新理论"永不消亡的市场基础。

而真相是，这世上没有容易的事，少流一滴汗水，或遗漏了某一个方面的工作，你就没有收获。

除了这些"新理论"和咨询产品经常影响我们的思考外，我们在实际工作中还有大量的"模型工具"，太多人盲目地使用这些模型工具，却不知道每一个模型工具，都有它的语境，你不在那个语境中，就不要盲目套用，那不是给你用的。

比如波士顿矩阵。

波士顿矩阵是使用最为广泛的业务组合战略模型。我经常看到营销总监用波士顿矩阵分析自己的业务和产品，这是一种角色错位，关于这一点需要特别说明一下。

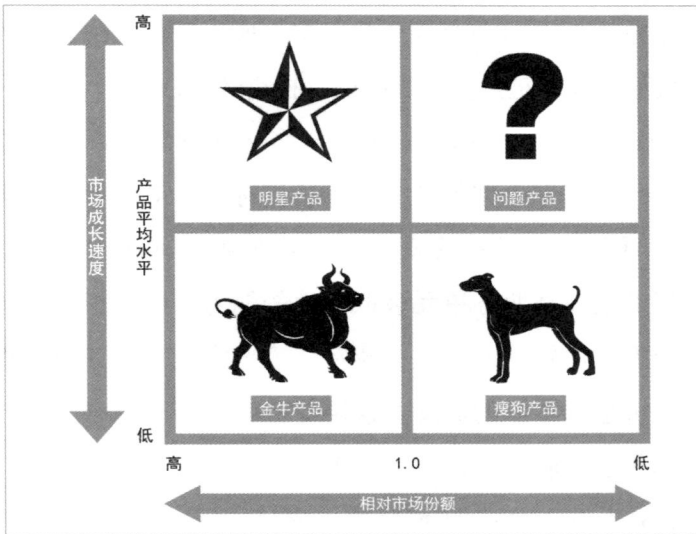

▲ 波士顿矩阵将产品分类为金牛产品、瘦狗产品、明星产品和问题产品。

波士顿矩阵被称为增长／份额矩阵。

将产品分类为金牛产品、瘦狗产品、明星产品、问题产品。分类的标准是市场份额和增长率，高份额低增长的称为金牛业务，会产生大量现金，可以作为投资的资金来源；低份额低增长的称为瘦狗业务，既不需要现金也不产生现金，投资回报也不高，可能是现金陷阱；高份额高增长的称为明星业务，现金方面可能能自给自足，也可能不能；低份额高增长的称为问题业务，需要大量的现金投资。

但是，波士顿矩阵的本质，不是一个战略工具，而是一个政策工具；是资本家的工具，不是企业家的工具。

什么政策？是总公司对分公司的政策，是资本家对企业家的政策。波士顿矩阵是给不了解、不掌握业务的人用的，不是给了解、掌握业务的人用的。

什么意思呢？因为多部门、多产品的跨国公司总部的高管们对遍布全球的各块半自治的部门和业务了解不多，所以就根据财务表现和市场数据来制定政策，决定是投资还是缩减，推进还是放弃。

在波士顿矩阵之后，麦肯锡和GE合作又开发出麦肯锡矩阵，主要是在波士顿矩阵的基础上增加了一个评价指标——对该业务出售给其他公司的恰当性评估。这被称为麦肯锡矩阵对业务管理战略模型的重大贡献，他意识到企业从业务单元汲取价值的能力，应该根据与其他潜在所有者相应能力的比较从外部进行测定。这事实上在业务战略管理上导入了经济学"机会成本"的概念。这块业务我们经营是有效率、有回报的，但如果由B公司来经营，在B公司的架构里，会更有效率、更大回报，则这块业务出售给B公司可能更有价值。

了解GE的人都知道，杰克·韦尔奇显然需要这样的思维方式和评估工具。所以波士顿矩阵也好，麦肯锡矩阵也好，都是资本家的思维，不是企业家的思维。

今天商业思想的很大一个误区，也是本书贯穿始终的一个语境问题，我们明明是在创业，却总是站在统治世界的大资本家的语境中去讨论问题。

还有一个被广泛使用的模型工具——SWOT分析，所谓优势、劣势、机会、问题，这个工具被这么广泛地使用，我想主要原因是它的使用门槛低，任何人面对一个问题，都能在这四个象限里填上几条，找到一种"分析幻觉"——感到自己在分析问题并有成果的幻觉。没错，我说是幻觉，因为这个工具只能提供启发，不能提供方法。它是一个想当然的东西，对于解决一个问题而言，这四个方面的分析，既不是充分条件，也不是必要条件。但是，它有一个最大的特点，就是任何人都能把四个格填满，这就是它流行的唯一原因。

如果说咨询产品往往是用"奇迹幻想"来销售"救命稻草"，模型工具给人带来的就是"分析幻觉"，你看那PPT上的波士顿矩阵、SWOT分析，往往是报告者抓来一个他能填上几条的四方格，造成一种这问题他已经分析过了，并且有成果的幻觉。听的人也频频点头，如看见皇帝的新衣的成年人。但如果老板是只抓本质的，他就要做那小孩了。

畅销书太多，伪理论太多，新术语太多，带来的谬误总是超过他们带来的价值。面对知识大爆炸和伪知识大爆炸，我们强调的，是立足于常识，用常识看问题，用常识解决问题。

认识本质，依靠常识，找到原力，才是战略营销创意的正道。

不要做迷途的羔羊，要依靠常识，不要伪知识。

世上没有救命稻草，该下的功夫一点也不能少。

最后，给大家讲四个故事，这四个故事，正代表了我们工作的四种境界状态。

1. 盲人摸象

盲人摸象是小学一年级课本里的故事，说四个盲人不知道大象长什么样子，就去摸。胖盲人先摸到了大象的牙齿，他就说大象就像一个又大又粗、又光滑的大萝卜；高个子盲人摸到的是大象的耳朵，说是一把大蒲扇；矮个子盲人摸到了大象的腿，说是根大柱子；老盲人摸到尾巴，说是一根草绳。所以以"盲人摸象"比喻看问题以偏概全。

我陪我儿子读的时候，他哈哈大笑，说："太傻了！"我叹了一口气："唉！儿子，爸爸每天都在盲人摸象啊！"

千万别认为盲人摸象是别人的笑话！你每天的工作，无非就是盲人摸象。

今天为了解决金融危机，全世界的领导人都在盲人摸象。

再举例说中国最热门的房价问题、股市问题，你翻翻过去两年的报纸，你会发现这个国家的所有精英，那些掌握了巨大资源和权力的人，也无非是满怀坚定地进行盲人摸象，抱着象腿就出招了。

所以你不要认为你不会盲人摸象，其实你每天都在盲人摸象，因为谁也免不了一定程度的盲人摸象。

盲人摸象不可怕，可怕的是不知道自己是在盲人摸象。

不知道不可怕，可怕的是不知道自己不知道。

不知道自己不知道不可怕，可怕的是不知道自己不知道还以为自己全知道，特果断，特有魄力。情况不明决心大，胸中无数办法多，那不是说别人，就是说我们自己。

所以知道自己有不知道的，这很重要。

保持敬畏之心和如履薄冰的态度，这很必要。

果断和魄力，也是必须具备的。

做任何决策时都要提醒自己：我是在盲人摸象，没摸全，多一分警醒，就少一分错漏。

现在说大数据时代，不仅能把整头象摸得纤毫毕现，还能摸到它的过去未来，但我想我们还是走不出盲人摸象：一方面，象不是只有一头；另一方面，它会变；最后一方面，竞争者也在摸。

2. 小马过河

儿子的语文课本里还有一篇课文：《小马过河》。

说一匹小马要过河，可是不知道河水深浅。问老牛伯伯，牛伯伯说没问题，才过小腿，你过吧。小马一听，放心大胆准备过河，松鼠大喊叫住了他："水很深啊！去年我的一个小伙伴就在里面淹死了！"小马不敢过了，回家问妈妈。妈妈告诉他，要自己试了才知道。他小心翼翼试了，不深不浅，刚好过了河。

这个故事也很生动地传达了我们时常所处的状态：要做大事，这河过不过得去呢？要说是有机会过得去的，前面成功的榜样一大堆，他们不都过去了吗？但其实失败的例子也有一大堆，只是死者都没留下名字，咱不知道而已。所以看别人都没用，还得弄出自己的一套。

企业经营过程中要过一条又一条的河，还真是"摸着石头过河"最形象。因为人家修好的大桥，不是给你过的桥。你得自己把那桥再修一遍，而且别人修得起，你不一定修得起；别人修不起，你不一定修不起。别人过得去，不等于你过得去；别人过不去，不等于你过不去。

3. 卖油翁

《卖油翁》的故事，是我小时候初中语文课本里的。故事是说陈尧咨擅长射箭，一次，他曾在自家的园圃里射箭，有个卖油的老翁放下挑着的担子，站在一旁，不在意地斜着眼看他，久久地不离去。老翁见到陈尧咨射出的箭十支能中八九支，并无赞叹之色，只不过微微地点点头赞许而已。

陈尧咨问道："你也会射箭吗？我射箭的本领难道不精湛吗？"老翁说："没有什么别的奥秘，只不过是手熟罢了。"陈尧咨听后愤愤地说："你怎么敢轻视我射箭的武艺！"老翁说："凭着我倒油的经验就可懂得这个道理。"于是老翁取过一个葫芦立放在地上，用铜钱盖在它的口上，慢慢地用勺子把油倒进葫芦，油从铜钱的孔中注进去，却不沾湿铜钱。老人说："我这点手艺也没有什么别的奥秘，只是熟练了而已（我亦无他，惟手熟尔）。"陈尧咨见此，只好笑着将老翁打发走了。

这卖油翁的"惟手熟尔"，一直是我追求的最高境界。所以华与华的创作理念定位为"样式文化""套路文化"，做设计一定按样式来，做策划一定要按套路走，才能保证"射出的箭十支能中八九支"。什么都没有"手熟"靠得住。

有人瞧不起套路，不屑地说："就只有那一套！"

还真就只有一套，不能有两套，两套就不精了。你觉得别人套路简单，但你就是不会。你照着卖油翁那姿势倒油，你就倒不进去；你照着刘翔的套路跨栏，你还是跑不了他那么快。所以说套路要精，功力要深。要想功力深，就要一辈子只练一个套路。

有人问，要是遇到问题你这个套路解决不了怎么办。我说，你留点问题给别人解决行不？何必包打天下？越是一件事都不会的人，越是担心这世上如果有我不会的事情怎么办。一旦他真正会了一件事，他就懒得关心其他事了。

4. 庖丁解牛

《庖丁解牛》是《庄子》里的故事，说有一个厨师替梁惠王宰牛，手接触的地方，肩靠着的地方，脚踩着的地方，膝顶着的地方，都发出皮骨相离声，刀子刺进去时响声更大，这些声音没有不合乎音律的。它合乎《桑林》舞乐的节拍，又合乎《经首》乐曲的节奏。

梁惠王说："嘻！好啊！你的技术怎么会高明到这种程度呢？"

庖丁放下刀子回答说："臣下所探究的是自然的规律，这已经超过了对于宰牛技术的追求。当初我刚开始宰牛的时候，对于牛体的结构还不了解，看见的只是整头的牛。

"三年之后，见到的是牛的内部肌理筋骨，再也看不见整头的牛了。

"现在宰牛的时候，臣下只是用意念去接触牛的身体就可以了，而不必用眼睛去看，就像感觉器官停止活动了而全凭意念在活动。顺着牛体的肌理结构，劈开筋骨间大的空隙，沿着骨节间的空穴使刀，都是依顺着牛体本来的结构。宰牛的刀从来没有碰过经络相连的地方、紧附在骨头上的肌肉和肌肉聚结的地方，更何况股部的大骨呢？

"技术高明的厨工每年换一把刀，是因为他们用刀子去割肉；技术一般的厨工每月换一把刀，是因为他们用刀子去砍骨头。现在臣下的这把刀已用了十九年了，宰牛数千头，而刀口却像刚从磨刀石上磨出来的一样。牛身上的骨节是有空隙的，刀刃不厚，用这样薄的刀刃刺入有空隙的骨节，那么在运转刀刃时一定宽绰而有余地了，因此用了十九年而刀刃仍像刚从磨刀石上磨出来一样。即使如此，每当碰上筋骨交错的地方，我一见那里难以下刀，就十分警惧而小心翼翼，目光集中，动作放慢。刀子轻轻地动一下，哗啦一声骨肉就已经分离，像一堆泥土散落在地上了。我提起刀站着，为这一成功而得意地四下环顾，一副悠然自得、心满意足的样子。然后拭好了刀把它收藏起来。"

这就是庖丁解牛，对事物的洞察和把握已到了穷尽的程度，传说中的"一切尽在掌握"就是这种状态吧。不过我遍读史书，还没有找到任何一个历史人物有过这种状态的，无论多么伟大的英雄，都是在盲人摸象、小马过河、卖油翁这三种状态打转。所以庖丁解牛这样的事，解牛或许可以，解事绝无可能，就当他是庄子的神仙故事吧。谁要是说他"一切尽在掌握"，我一定躲开他远远的。

华与华方法，惟手熟尔。

第九章

调研方法论：
一切调研在现场

调研是找参考，找启发，不是找依据

调研的目的是什么？一是决策参考，二是创意启发。找参考和找启发，是我们调研的目的，而找"依据"不是我们调研的目的。

很多人把调研做成了找依据，这是华与华方法最不能同意的，调研不能成为依据。

因为所有的调研都是盲人摸象，所有的调研都是不可靠的，特别是调研数据，往往是已经错误的问题决定了错误的答案。

谁能以一个调研报告为依据，就放心大胆地决策呢？如果调研报告就能保障我们的决策质量，那经营就真的是科学，不是艺术了。是科学，就只要用科学方法、科学公式，人人都能得到一样的结果，这世界的首富就全是调研公司老板。

作为一个决策者，给他的决策或创意带来巨大影响的往往是认识了某一个人、进行的某一次谈话，或读到的某一篇文章、碰到的某一件事，一下子给他启发，使他作出了重大的决策和创意。

本章节要介绍的，就是找到这些重大参考和重大启发的系统方法。

调研的关键就是要了解消费者的故事，
故事里有时间、地点、过程、情绪

调研的成果中，最没价值的就是调研报告。看报告是得不到什么东西的，得到的只是写报告的人总结的东西。如果你自己不到现场，不养成有事没事总爱泡在现场的习惯，你就不是一个合格的商人。

因为调研报告没有现场的"语境"。一切秘密都在现场，不进入现场语境，没看见销售现场的环境，没看见商品的陈列展示，没看见消费者的一举一动，没看见购买过程，没看见使用过程，没看见使用后消费者对商品的处置和评价交流过程，那么，你从调研报告上看到的，只是一分皮毛、九分误导。

英国瑞安航空公司（Ryanair）的老板，从来不会用调研公司也不看调研报告，但是他每星期会搭四次他自己公司的航班，直接接触消费者。ZARA的老板每周一第一件事，就是会打电话给8个店长，直接问店长店内的情况。丰田汽车的高层，每年都亲自到4S店蹲点几天，不是给基层员工送温暖，而是在店里观察顾客，观察购买行为。贵阳舒普玛（Super-Pharm）药妆连锁店曾经和以色列公司合作，以色列舒普玛的经理来到贵阳，第一天就在店里待了十二个小时，从开门一直到关门，十二个小时他都没有离开店面，也没有出去吃饭，他带了汉堡在店里吃，因为他要亲眼看到这十二个小时的每一分钟，这店里发生的故事。

调研的关键就是你要了解消费的故事，这个故事里有时间、地点、人物、过程、情绪，所有的都能历历在目。因为对产品的策划、营销的策划，就是编写消费故事的剧本，如果你脑子里没有故事，只有数据，你就什么都不会。

更何况，数据大部分还是错的。

一切智慧都在历史中，行业竞争史调研

一切学科都是历史学，今日之认识，只是代表该学科的历史。数学有数学的历史，物理学有物理学的历史。一个行业，也是从它的过去走到今天。这个行业里一代一代人的智慧、经验、教训，全部都在历史里。所以我们面对任何一个行业，首先要看它的历史。熟悉它的中国史是必需的，能更多地了解它的世界史就更棒了。

通常来说，行业的历史智慧就够你用了。因为这个行业已经绞尽了一代又一代先驱先烈的脑汁，我们为什么不先去汲取他们的智慧呢？

比如说你要做一个感冒药的广告创意，如果你手里有全世界历史上所有国家、所有年代、所有投放过的感冒药广告片，里面的智慧至少够你用十年。

乔布斯时常引用毕加索的话："聪明的艺术家模仿，伟大的艺术家偷窃。"奥格威说："搜寻全世界，把最好的创意偷来。"

不要以为偷的技术含量低，偷的技术含量有两大关键，一是你知道偷什么。历史资料浩瀚如海，你得知道哪个有用，你要偷到这行业的本质，而不是找来一堆戛纳获奖广告，偷一堆没用的"创意"；二是你的实力要和你偷的对象相当，你照搬照抄刘翔的跨栏技术，要和他跑得一样快才叫你会抄会偷。否则，就成了东施效颦。

你占有的历史资料越多，你的创意就越多。

接下来把历史的范围缩小，缩小到本国市场，缩小到过去十年的竞争史。

行业竞争史就是这些年各个品牌都做了什么，有什么此消彼长的变化。把各品牌的举措和市场竞争态势的变化对应起来研究。

在2012年市场有些什么，发生了什么，在2009年的市场发生了什

么，2006年的市场发生了什么，整合这几年这些品牌的消长，要很仔细地去研究这个问题。

把这个过程里的所有节点，比如说在这个时候它推出了什么样的广告片，把这个广告片对应起来。在2008年我的广告片是什么，它们的广告片是什么，市场反应如何，要把它做得特别细。这个活干三四个月都没关系，仔细研究，给一个全面的研究报告，调研观念、研究方法就对了。这些是我们通过行业人士的访谈就可以做得到的。

用这样的方法，往往你很容易就能得到最有价值的东西。当然，"很容易"的前提是你有判断力。

我有一个经验——**一个好的策略，是一定可以用五十年的。**

在本行业的过去十年中，那个可以用五十年的策略，一定有人用过。

他一定不会坚持，会在大概三年左右的时间扔掉。因为坚持走正确道路，比找到正确道路要难得多！

把我们的车开到他放弃的那条康庄大道上去。

再次强调这两条：**正确道路一定有人走过；坚持走正确道路，比找到正确道路要难得多！**

一个企业，往往因为负责经理的变化，就有了改弦易辙的冲动。人和动物一样，碰到一棵树，总要撅屁股上去抹上自己的气味。

刚走上一条伟大策略的正确道路，你会有突飞猛进的感觉。半年后、两年后，没有那么突飞猛进了，而这时当事人已经习惯了突飞猛进，进步慢一点，他就不习惯，就发痒，觉得或许换一招，换一条路，可能又能飞起来，他就会放弃他赖以生存发展的路径。事实上，没有更好的道路。现有的正确道路，是在新的量变中积累新的质变，坚持下去，才能够一统天下。绝少人有这个洞察判断能力。在行业的历史中散落着被抛弃的珍珠，我们的任务就是去捡回来。

策略就像爱情，碰上了对的人，干柴烈火，气势如虹。之后，就归于平静。这平静中，本孕育着爱情的结晶，孕育着一生的幸福。但有人会觉得没感觉了，要离婚，要再找别的人，重新燃烧。

人们往往不知道，没有别的人了。人们还往往忽略，离婚是要分一半婚后财产的，是有损失的。离一次婚剩一半，两次就只剩四分之一了。

失去的，才是最珍贵的。行业历史调研，就是去捡回这行业失落的财富。

调研要下到基层去和店员交谈

调研要自己去，不能派一张问卷去，要下到基层去，到店里去和店员谈话。没有什么调研方式会比谈话带来的东西多，所以你一定要深入地和店员谈。

跟店员谈话不要问"科学"问题，要问家常问题。事实上你跟任何人提问都不要问"科学"问题，要问家常问题。

比如你不能问：咱们的顾客男女比例分别占多少？分布在什么年龄段？大概的比例如何？职业构成是什么情况？你估计他们的平均家庭月收入大概在多少呢？这些问题是你自己回家统计分析的事，不能让店员给你答案。

你不能问需要对方处理加工才能回答的问题，你要问：

今天来了几个客人？

卖了多少？

第一个是什么人？第二个？第三个？

他问你啥？你跟他说啥？

具体地问店员每一个顾客来的购买过程。

只问具体过程。所有判断、统计是你的事，别拿那些八股问题叫他填空。

创意就在现场：观察消费的整个过程

我们走市场，如果全国巡回走马观花一圈，那你还不如在公司楼下的店里待一天。因为全国的，不，全世界的消费者都差不多，你要把消费者调研做明白，必须在一个点深入下去。

在一个店里，你和店员详谈之后，不妨待下来，观察两个小时。

比如你在超市里观察牙膏的消费，观察走到牙膏货架前的人，你会看到这样的一个过程：一个顾客推着购物车走过来，一边走一边浏览货架上的牙膏；停下来，注目于一盒牙膏片刻，继续往前走；停下来，拿起一盒牙膏，看看后放下；又拿起一盒，看看，再翻过来仔细看包装背后的文案，放回货架；往前走两步，掉头回到最开始注目的那盒牙膏，仔细看看包装背后的文案，放回货架；快步走回第四步看的那盒牙膏，扔进购物车里，选择结束。

不，没结束。他可能过一会儿会折回来，把刚才放进购物车的牙膏放回货架，换成第二步注目的那盒。也可能两盒都要，多一些尝试。

这样你就观察到了他买牙膏的整个过程，竟然有七个动作，这时候你上去送一个小礼品："我想耽误您几分钟时间，给您做个访谈可以吗？"然后你和他一起回忆他刚才的七个动作，问他在做每一个动作时，当时是怎么想的。

这样访谈过三个人，胜过你走马观花走遍全国市场。这样调研一天你学到的东西，胜过你在一个烂公司干三年。

这样观察十个人，你就知道顾客买一盒牙膏要花多少时间，哪些因素会对他的购买产生影响。你的产品开发和包装设计，就是设计这个过程、这场戏。

这些具体的故事和具体的点，对决策的影响是最大的。

企业家根据什么作决策？根据什么作出最重大的战略决策？看报告不会让他作出决策，某次谈话有人跟他说的某一句话，却可能影响他的一生。

我们的调研，就是找到这些决定决策的具体的点。稀缺的不是报告，稀缺的永远是创意，最后都要靠创意来解决问题。

消费者行为是调研的关键

在售点观察和访谈里，我们调研的是什么？是消费者的行为。

如何完整地研究消费者行为呢？我们最常用、最有效的方法是举行消费者小组座谈会。八个消费者一组，有一个主持人，用一种半催眠的谈话方法，探索消费者的观点和行为。

这个调研方法被普遍使用，但是也有很多人不得其法。问题设计得不对，或主持人水平不够，都会让调研无法得到预期的效果。下面我来谈谈华与华设计消费者小组座谈会的几个关键点。

（1）关于信息渠道的问题

多数调研问卷设计会直奔接收信息的渠道——"请问您是从哪儿知道我们品牌的？"这个问题我觉得不问也罢，因为没什么意义。我现在可以告诉你答案：50%是朋友介绍。

在做信息渠道调研的时候，很多调研公司还很喜欢问："对您来说，最可信的信息渠道是什么？"在这种调研报告里面，我们一般都会看到最可信的信息渠道是亲朋好友介绍，而电视广告在可信度上往往排名很靠后。

这种调研结论有意思吗？一个年轻的妈妈在回答调研问题的时候，往往言之凿凿地说不相信电视广告，可是在自己孩子咳嗽时，慌忙地去药店买药，看到小儿肺热咳喘口服液的包装，想起电视里曾经看到过的广告，就毫不犹豫地购买了。原因是什么？当你问她"信不信"，她不能回答"信"，那太轻率了，只是听你说过，没试过，没证明。但是她愿意"试一试"。你问她信不信干什么呢，不是给人出难题吗？

很奇怪大家总是痴迷于这两个问题，甚至有研究机构发布"调研报告"，做出20种信息源的信任度排名。大家郑重其事地学习、转发，我不知道大家从这报告学到了什么？对自己的工作有什么指导意义？按那个信任度排名来投放媒体吗？

　　1. 朋友推荐；2. 网上评论；3. 编辑内容（报纸文章等）；4. 品牌官网；5. 订阅的邮件；6. 电视广告；7. 品牌赞助；8. 杂志广告；9. 户外广告；10. 报纸广告；11. 广播广告；12. 电影放映前广告；13. 电视节目植入广告；14. 搜索引擎广告；15. 在线视频广告；16. SNS广告……

这个研究是一个彻头彻尾的"数据巫术"。他的研究方法可以想象，设计一份问卷，列上信息源，派发问卷，请受访者排序，统计，出结果。有意义吗？

（2）调研消费者之间现有的传播行为

前面说到，调研者在问"请问您是从哪儿知道我们的品牌的呢"这个问题的时候，他的目的主要是要统计消费者获取品牌信息的传播渠道，百分之多少是朋友介绍，多少是电视，多少是网络……而这个答案，基本没有什么意义。

但是，在这个问题之后，在获得"朋友介绍"这个答案之后，有一个最有价值的黄金问题，绝大多数调研设计者都错过了，就是："他怎么跟您说的呢？"

华与华方法说传播的关键在于传。传播不仅是我们去播，更是发动消费者替我们传。广告语不是我说一句话给消费者听，而是设计一句话让消费者去说给别人听。

因为通过问这个问题，我们能掌握消费者对我们的看法和概括，找到消费者对我们的购买理由，特别是，找到消费者的"原话"，多数情况下，这原话可以直接拿来当广告口号使用，这也是传播的原力。

在这个问题之后，你还可以追问一个问题："请问您向朋友推荐过我们的品牌吗？您怎么跟他说的呢？"

他如果说没推荐过，就算了，不要去问："假如您向朋友推荐我们的品牌，您会怎么说呢？"别让他发想。我们需要知道市场上发生过什么，我们绝不需要消费者帮我们做创意，那是我们的工作。

（3）调研消费知识和消费观念

认知决定行为。事实上，这里的关键点在于要去调研的受众是什么样的受众？就是研究消费者的消费知识和消费经验，及在此基础上形成的"认知"。消费知识，就是他对这类商品懂得多少，有多少知识；消费观念，就是他的判断标准。我们常说，重要的不是事实，而是消费者的认知，因为这是你跟他沟通的基础。

比如，我们去做一个胃药的调研，他对胃药懂什么？他对胃病懂多少？他需要的知识大概是三个：第一，他对胃病的知识；第二，他对胃药的知识；第三，他对胃病患者生活方式的知识。生活方式分两个方面：第一，什么生活方式导致了他的胃病？第二，得了胃病之后要注意什么？这个是消费知识。

对胃病的知识，你要先问他有什么问题，是什么症状，听他怎么描述。再问他是什么胃病，浅表性胃炎还是胃溃疡，这后一个问题，好多人就答不上来了。为什么药品的广告大多陈述症状，而不说具体对病的诊断，就是因为对症人人都会，对病就很多人不知道。

（4）不要问需要消费者思考和总结的问题

我们很想知道消费者为什么买我们的产品，很多企业的痛苦都是不知道消费者为什么买我们的产品，所以我们想问他："请问您为什么买我们的产品呢？"

这个问题对吗？这个问题问得不对。

错在哪儿？错在你把自己的责任推给了消费者。消费者为什么买我们的产品，这是我们要总结的，但不能让消费者帮我们总结，当你问他这个问题，他就开始帮你总结了。

应该这样问："请问您第一次买我们的葵花胃康灵是什么时候？""当时什么情况呢？""在哪儿买的？""买的时候有比较考虑过其他胃药吗？""店员跟你说什么吗？""买了几盒？为什么？""吃后感觉怎么样？""吃了多久？""之后又买过几次？""一直就用葵花，还是又换过别的药？""什么情况下换的呢？"

关键就在于，你只需要他回忆场景，不要让他帮你作总结。

（5）调研消费者如何使用我们的产品

调研消费者如何使用我们的产品，对于产品开发和广告策略，都是有巨大价值的。华与华将珍视明滴眼液的包装设计成一个视力表，就是给包装盒也创造出一个使用价值。

药品的使用有一个普遍性的问题，消费者都是对症下药，症状一解除，他就停药了，或者明知道该继续巩固，但也容易忘记吃药。这样对患者的康复不利，当然，对药厂的销售也十分不利。

正是洞察到这种消费者的行为特征，一些药企在广告中宣传疗程用药的概念，并有明显的收效。但是，随着药品广告监管越来越严格，政府规定，如果你的药品说明书上没有写疗程的，就不得在广告中宣传疗程，所有这一类的广告都被叫停了，就是有一个例外——达克宁，因为在它的说明书里，注明了"症状消失，再用7天"，这就是差距。

调研的四大陷阱

人们常说要做调研，却忽略了调研本身有很多的问题，调研方法、调研方案、调研问卷缺乏"顶层设计"，决策者需要调研来作决策，却既没有亲自参加调研，又没有认真策划调研方案。总结下来，调研有如下四个最常见的陷阱，让调研成为伪调研。

第一，调查提问的形式。

调查似乎就是提问。但是问题是主观的、有歧义的；被问者对问题的理解又是主观的、有歧义的；被问者的回答是主观的、有歧义的；调研者对回答的理解还是主观的、有歧义的。调研就像传言，老虎都会被最后传成猫咪。

提问本身，就是问题。

下面进一步以消费者"为什么购买"来说这个问题。绝大多数人（包括调研公司）迷信"深入地追问为什么"，以为这样就能得到答案。还记得我们小时候经常听到这些问题，"你为什么学习？""你为什么帮助小同学？""你为什么不交作业？""你为什么欺负女同学？"得到的回答可能是"为中华之崛起而读书""五讲四美""昨天晚上拉肚子""我不是故意欺负她的"，而实际的情况却很可能是"我根本不想好好学习""那个小同学上星期给了我一块糖""昨晚贪玩没做作业""上次考试她不给我抄答案"。

为什么问了"为什么"却得到令人难以置信的回答？

首先，在一般情况下，人只愿意讲述对自己有利或被社会所喜欢的动机，而隐瞒对自己不利或社会不喜欢的动机。行为的内心动机不可能毫无阻碍地表露出来。消费者这种"说谎"在调研中经常发生。

其次，用直接询问"为什么"的方法去了解被访者的动机，实际上是让其回忆过去的行为动机，而回忆往往是不准确的，甚至可能是错误的。

再次，人的行为动机具有不同的意识水平，人对于自己的行为动机可能是没有意识到的，自己根本不可能直接表达出来。你怎么指望问几个为什么就能深入了解"为什么"呢？

调研首先应基于观察，观察是前提。所以我们强调售点观察，远远多于问卷调研。

调研的第二个陷阱，是定量调查掩盖了观念形成的过程。

这个观念是怎么形成的，它要通过沟通才能发现，这是一个活的观念，你最后变成一个死的数据在那个地方。你本身追求的就是一个细枝末节的东西，怎么能够得到全部呢？

所以我们还是要强调亲身观察，因为观察，才能亲历过程。同时，我们也强调定性地和被访者深入访谈，并通过这种深入访谈和行为过程的互相印证，真正地了解消费故事。

第三个陷阱，很多调研忽略了普通人对问卷课题的理解，大多数的问卷设计都是错的。

我们举两个2013年影响比较大的社会调查的例子。

一是发布的《2012年度中国主要城市公众教育公平感调查报告》，媒体集中报道居然有24.3%的公众不相信"教育能够改变命运"，觉得这太可怕了。

我们来想想他的调研问卷是什么呢，估计是：

请问你是否相信教育改变命运？
A. 相信　B. 不相信　C. 不一定

你会选什么？改变命运这么大的事，如何能轻言相信？很多人会认为，不一定。

企业也经常出这样的糊涂问卷，就拿上面的问题为例，我们换一下：

请问你是否相信电视广告？
A. 相信　B. 不相信　C. 不一定

你指望有多少人选择"A. 相信"？人家凭什么信你呀！但我们很多企业就会去问这种傻问题。

再举例，华与华的案例——"晒足180天，厨邦酱油天然鲜"。假定我在决策时心里没谱，于是决定搞一个"消费者测试"，我在全国选上若干城市，发出若干问卷，问：

晒足180天，厨邦酱油美味鲜。请问你相不相信？

A. 相信　B. 不相信　C. 不一定

他都不知道你是谁，他凭什么答相信呢？你想象一下你自己，走在大街上，一个陌生人上来拦住你，说一件事，然后就问你信不信。你信才怪呢！因为你相信的前提是相信面前这个拦住你不让你走路的陌生人，你信吗？他说什么你都不信。最后这调研报告送到老板那里，结论就是80%的消费者不信，你还干吗？我们换一个问题去问：

晒足180天，厨邦酱油天然鲜。请问你愿不愿意买？

A. 愿意　B. 不愿意　C. 不一定

这时候，没有信不信的问题了，"晒足180天，厨邦酱油美味鲜"成了一个事实前提，他怎么会不愿意买呢？大多数人会不假思索地选"A. 愿意"。

有人会问，那这个"晒足180天，厨邦酱油美味鲜"，要用什么调研方法才能知道它是不是有效的策略呢？

答案是不用调研，连这个判断都没有，你就不配做企业。

问题决定答案，很多所谓调研，你根本不用出门去问，因为问题出来的时候你都知道答案是什么了。

有朋友告诉我，9年的调研数据显示，中国消费者不相信保健品。我就知道那调研问卷是怎么设计的——请问你是否相信保健品，再问99年，结论也是不相信，因为相信是一件很严肃的事情。但是，人们买一件东西并不需要相信，他只是对你的承诺感兴趣，就愿意试一试，相信是使用之后的事情，你干吗要去问他相不相信呢？多少女人，你问她是否相信自己的丈夫，她都不敢斩钉截铁地回答"相信"。你算老几？这个相信与否的问题，根本就是个伪命题。

再说第二个社会调查数据。

中国社科院研究出版的《中国人想要什么样的民主》，提问：民主好不好？

调查结果是54.2%答"好"，40.2%答"不能一概而论，要看是不是适合中国情况的民主"，4.9%选"其他"。

这一个问题，就错了两次。一是不能问民主好不好，因为民主的定义不清楚。要不你先问一个开放式问题，上街去问：请问民主是什么？你会得到无穷的答案。所以"民主好不好"作为一个调查问卷的问题，是根本不成立的。

二是错在"适合中国情况的民主"这个选项的设计上，你设定了一个"适合中国"的选项，就把另一个选项定义成了"不适合中国的"，你要别人怎么选呢？

企业搞调研也是这样。调研的问题选项，一定要一个一个仔细推敲，很多问题都是把别人也把自己往沟里带的，而自己不觉得，比如房地产的调研，问这么一个问题：

请将下列因素由高到低排序，排出您认为购房重要的考虑因素：

A. 地段　B. 价格　C. 开发商品牌　D. 房屋质量

E. 小区环境　F. 物业管理　G. 有广告投放

这些因素能放在一块儿比吗？只要你的选项里出现房屋质量，消费者就会把它往前排，你知道消费者认为房屋质量很重要，这有意思吗？

我看过无数份调研报告，研究发现，消费者认为产品质量是最重要的，药品疗效是最重要的。消费者认为广告是不重要的。这些调研都是盲目无意义的调研。

为什么在本章节开篇时，我们说调研不能作为依据。确实有人会把上面这个问题的选项"G. 有广告投放"没有消费者选择为依据，来说投广告没用，因为消费者不看重。

这里把价格列在其中也是错误的，价格是前提，不是一个级别的选项。消费者是先有预算，然后才去选。价格因素超越其他所有因素，但你放到这个选项去让消费者选，价格因素肯定排在后面。

我还碰到过一次很有意思的调研问卷。

某次我们8个同事在一家湘菜馆吃饭，吃得肚子溜圆，很满意，买单花了180多块钱，我们都觉得太便宜了。

这时候服务员送上一张问卷，问了若干问题，其中一个问题是：

请问您认为我们的价格：

A. 偏贵　B. 合理　C. 太便宜

我们那位填问卷的同事，他真是不太厚道，或许，他还没来得及厚道，下意识就打钩了：偏贵！

我不知道那餐馆的老板，晚上面对消费者齐声认为偏贵的投诉，他会不会降价。

再补充说一下价格测试的调研，我给您的建议是，千万不要做价格测试，只会给你误导，有一万个坏处，没有一点点好处。

我们经常看到一些调研方案，给消费者描绘一个产品，然后问：

"请问您愿意为这样一个产品付多少钱呢？"

我可以很肯定地告诉你，**没有人知道他愿意为一个产品付多少钱。**只有你开出价来，并且在具体的销售场合，他才知道自己掏不掏钱。而且在不同场合愿意掏的钱不一样，在同一商场归类摆在不同货架的估价心理也不一样，不同的人愿意掏的钱又不一样。

这就是调研的第四个陷阱——颠倒了企业的责任和消费者的责任，这就是本质根源。

决策和创意的责任在企业，不在消费者。但很多对消费者的调研，都把调查消费者变成了问计于消费者。这种情况，在创意测试方面特别普遍和突出。

经常有人会说，我们的意见不重要，消费者的意见才重要，这创意好不好，要去问消费者。这是胡说八道，创意好不好，那是决策者的责任，如何能问消费者。

调研有一个"角色代入"的问题，一个提问，就把消费者代入了一个角色。

你不要把他代入决策者的角色，代入决策者的角色，他就已经不是消费者角色了，他成了决策者，能这样请消费者来作决策吗？当然不能，但很多人就这么干。

一个品牌形象设计出来了，一个包装设计出来了，一个广告创意出来了。他自己没谱，于是做消费者测试，请消费者来选，来投票。找消费者不方便，干脆马上叫两百个基层员工上来，他们能代表消费者。

如果这样就能作出正确决策，规避决策风险的话，那真是白痴都能当老板。

"请问你觉得这个创意好不好？""请问你喜欢哪个包装？"做创意测试，问这些愚蠢的问题，你就把他代入了决策者的角色，他就开始给你当创意总监、营销总监了，这个好那个好。

为了更"科学"地了解消费者对创意的看法，于是，更科学的问题被调研公司设计出来了，诸如请消费者用5分制来表达他对某个广告创意的看法：

"这个广告是易于理解的"

"这个广告是有说服力的"

"这个广告所介绍的产品符合我的需求"

"这个广告包含了一些新的信息"

"这个广告包含了和其他产品不同的信息"

"这个广告中关于这个产品的介绍是可信的"

"这个广告使该产品对我更有吸引力"

……

最后，还算出一个总分，消费者评分最高的广告创意于是出炉了。这种"科学的"调研简直是荒谬之极。

太多的所谓"科学"，都是愚蠢的巫术，是愚蠢的人压制聪明人的巫术。科学已成为宗教，调查已成为巫术，这是我们每个人必须小心在意的。

创意测试应该问什么问题？不能问你喜欢哪个创意，要禁止使用创意这个词，因为这个词会让他远离消费者角色，而把他代入决策者角色。很多人上去就问："你喜不喜欢这个广告？"这个问题跟你要做的事一点关系都没有！

创意测试应该问什么问题？

华与华方法：创意测试四大问题——

1. 是谁？

2. 他要你做什么？

3. 你做不做？

4. 为什么？

学会问这几个问题，你会发现第一个问题就是一个超级试金石，很多你自鸣得意的创意给人家看过之后，人家连你是谁都不知道。但如果你问他喜不喜欢，他可能还很喜欢呢。

学会问这几个问题，你也会恍然大悟为什么一些你嗤之以鼻的广告大行其道，因为这四个问题它全解决了，而且解决得干净彻底。

调研即策划

调研是策划的一部分，而不是独立的工作。就像军事理论中所讲的那样，宿营和行军都是战斗的一部分，而不是战斗的间歇或准备阶段，行军甚至是战斗最重要的部分。认识不到这一点，就既不懂得宿营，也不懂得行军，更不懂得打仗。

世上没有客观的调研，所有调研都是主观的。

是先有假设预判，再有调研，调研是为了证实或打消假设，而不是交出一个任务："你去做个调研，回来交报告给我！"

调研就像战争中的侦察，拿破仑的侦察骑兵任务与别人不同。因为拿破仑每在战前，总是深思熟虑地设想敌我的各种行动可能，作出详细的战斗计划。这样，他派出侦察兵的时候，不是派他们去各处侦察敌情，而是直接派往若干他指定的方向，去证实或打消拿破仑的假设。

所以，拿破仑的侦察，不是侦察而是探察。与其说是发现敌军的位置，不如说是发现敌方的意图。

调研是在任何时刻都不能停止的工作

克劳塞维茨说战略是在任何时刻都不能停止的工作。同理，调研也是在任何时刻都不能停止的工作。

画家有一句话，叫"搜尽奇峰打草稿"，每看到一山一河一花一草，他心里都在打草稿，思考怎么画。

古代一位军事家，他从小立志于军事，游历全国，每到一处，都指指点点，哪里可以宿营，哪里可以设伏，战争年代到来的时候，他就了然于心了。

给我题写"华与华"字号的书法家朋友，我陪他一起看上海博物馆，他在每一幅书法作品前都停下来，手指在空中写画——操练每一个字如果换成他来写要怎么写。和我谈话的时候，他的手指也不时在空中写几个字——那是他突然有了什么想法。

2007年为葵花药业提出的儿童药战略，实际上源于我1999年在深圳读到的一张报纸，有一个豆腐块大小的报道，说中国儿童药"儿童酌减"的问题，那时候我就一直想有合适机会做一个儿童药品牌。一直到和葵花药业结缘，才把这件事干成。

最大的调研，就是生活的积累。

华与华方法是以终为始的方法，是后工序决定前工序的方法。因为营销传播是后工序，所以我们用传播学、符号学的方法，整合了从企业战略、产品开发到品牌营销的整个系统。

营销传播是后工序，但并不是最后一道工序，最后一道工序是消费，是消费者。所有的一切，最终都由消费者决定。

企业能否生存，是由消费者用钞票投票决定的。

品牌之繁荣，商品之畅销，都是消费者选择的结果。

所以，企业经营的一切活动，都是为了消费者，终点是消费者。因为终点是消费者，所以依据后工序决定前工序的原则，营销创意的起点，也必须是消费者。

附录一

华与华简史

谨以此文纪念改革开放四十周年

一、前传——家族的历史

2002年，华与华在广州成立。华与华这个名字，含义是创始人华杉与华楠。

我们哥俩出生在贵州省道真县一个教师家庭，我出生于1971年，华楠出生于1974年，所以华楠经常说华与华"Since 1974"。

我们出生的年代，还在中国的"文化大革命"时期，那时候的英雄，是"越穷越光荣"，还有"白卷英雄张铁生"，也就是说，谁最没有钱，最没有知识，而且最蔑视财富，最鄙视知识，谁就是国家英雄。

不过，到了我6岁的时候，也就是1977年，中国恢复了高考。紧接着是1978年，中国改革开放开始起步，提出"以经济建设为中心"，开始了"科学的春天"，科学家成了英雄，"知识就是力量"成了口号。我的父母都振奋了起来。

父亲毕业于贵州大学数学系，当时在道真县上坝公社中学任数学老师。母亲先后在上坝小学、上坝中学教书。因为比父亲晚一年上学，正赶上刘少奇倒台，出身不好的地主子女没有上大学的机会，她只上了一个"劳动大学"，算大专文凭。母亲看到恢复了高考，以后考大学要考英语，她看看全县也没有两个英语老师，以后谁来教自己的两个儿子英语呢？于是她开始自学英语。

父亲有极强的理财能力，他总是能用很少的钱，把家里的生活安排得非常好，能定期资助有困难的亲戚，自己还能有储蓄。不过，当时他们的钱也不算很少，在70年代，两个人的工资加起来，每月有七十多块钱，已经算是宽裕了。我出生的时候，父亲竟然能每月拿出15块钱工资给我请了一个保姆！全县只有县长家和我家有保姆了。我的保姆姓赵，爸爸妈妈叫她"赵大嬢"，也是我家的亲人了。等到母亲要学英语的时候，父亲又马上拿出六十多块钱，买了一台红灯牌收音机，这也是一笔巨款，但是对于他来说毫不困难。于是，母亲就开始跟着中央人民广播电台学英语。

后来县里办了夜校教英语，老师是彭乾中，毕业于贵州大学英语系，我怀疑他是全县唯一一个能教英语的人。彭老师是我父亲的好朋友，几年前来上海时还到我家里做客，大概因为学英语的缘故，他也是全县最时尚的人，我记得他后来是全县最早有摩托车的。彭叔叔一直是我的偶像。

母亲就在彭老师的班上学习。从上坝公社到县城，要骑车走十五公里山路，她上完夜校要骑车赶回来，第二天清晨还要带学生出早操。但她既不怕辛苦，也毫不畏惧夜里一个人走山路，她就是这么好强的人。夜校毕业，母亲又争取到机会，去贵州大学英语系进修两年，终于成为一名英语老师，而且是高三英语的"把关老师"，就是一直教高三，专门训练学生对付高考的魔鬼教练。我和弟弟后来都在母亲的"把关"下参加高考，英语都取得了好成绩，一切就像我母亲计划的一样。

不过，不要误以为我们的英语很好，我们只是能对付高考，是"高考英语"。

母亲有一个典型案例，就是我表哥张亚群。因为我父母都是老师，我家就成了父母双方家族子弟的教育基地，我还没有上学，就有表哥表姐们在我家住着准备考大学。我表哥张亚群，一米八的大帅哥，初中毕业考技工学校，六门功课考了一百八十多分，毕业当了五年工人，突然来我家跟我妈说："嬢嬢！我要考大学！"我妈取笑他说："你高中都没念过，考什么大学？"张亚群指了一下我们家客厅的双人沙发说："我就睡这里。"我看了一眼那沙发，他的脚肯定得跷到扶手上了。张亚群到我家，从A、B、C开始学起，就一年时间，他高考英语就考了八十多分，考上了北京语言学院英语系。现在他生活在加拿大。

这是张亚群的时代，不是张铁生的时代了。

再说回1977年，不，应该是回到1976年，在我5岁的时候，父母开始对我抓教育，那时候我每天有两个功课，一个是早上，妈妈带着我跑步。我们居住的上坝中学，在一个山谷边，谷底是一条山涧，山涧上游有一个小瀑布，叫飚水岩，飚水岩下有一座桥，是通往遵义市的公路。妈妈就带着我跑过那座桥，顺着盘山公路跑到半山腰，停下来给我讲一个故事，武松打虎、李寄杀蛇、曹冲称象什么的，回到家呢，我的功课就是把这个故事写下来，不会写的字用拼音代替，这是我最早接受的写作训练。第二个功课是书法，每天用格子本写铅笔字，写多少不论，写完我爸爸检查，写得好的字他就打一个圈，打满五十个圈算完成任务。这些训练打下了我的语文基础，以至于我从小学到中学毕业，每次作文差不多都是班级的范文，1988年高考，我语文考了全校第一。不过华楠说他高考语文是全市第一。（后来我家搬到六盘水市，父母在水城矿务局中学教书。）我相信我们学校的第一名，大概率就是全市第一。所以我也可能是全市第一。但是当时确实没查过，就这么一直让他得意了。

在学龄前，妈妈教我语文，父亲教我算术。那时候除了科学家，还有一种人很英雄，叫"神童"，神童里面最厉害的，是能考上中国科技大学少年班的，就是13岁上大学。经历了"知识越多越反动"的时代之后，中国特别急于培养科技人才，我父亲就特别希望我以后能考上少年班。当时，少年班有两个学习模范，一个叫宁铂，一个叫谢彦波，我父亲总是给我讲他们的故事，其中讲到宁铂如何刻苦学习，坐在火炉边读书，火炉把他的裤子烤焦了他都不知道。我也很神往那样的刻苦，也坐到火炉边去读书，看看能不能把裤子烤焦。我慢慢地把膝盖靠近火炉，太烫了，终于没能坚持到烤焦，就放弃了。

父亲又常常跟我讲诺贝尔奖，说最了不起的科学家就是能拿诺贝尔奖的科学家！当科学家，拿诺贝尔奖，就是我的童年梦想。上小学的时候，有一天县城来了一个摄影师，他带了一块布景板，上面画了一架飞机在蓝天飞行，窗户的位置是两个洞，孩子们就坐在布景板后面，把头从那个窗户孔露出来。我怀疑是不是每个小孩都去照了那张相，因为我们那个星期的语文课，写作文的题目就是这个飞机摄影。所有小孩写的都是"我仿佛驾驶着飞机在蓝天翱翔"，只有我写的是"我仿佛坐着飞机出国考察"。父亲对此很开心，觉得他儿子志向不一样，他叨咕了这事很多遍，否则我都不会记得这件事。

在一个教师家庭，学习就是第一大事。每年我们兄弟俩只有一天可以合法地全天不学习，那就是新年的除夕，大年初一也是必须学习的。这让我养成了终身学习的习惯，一天没学习，就有很强的罪恶感。

谈华与华的历史，我首先讲家庭和小时候的成长，因为我们是家族兄弟公司，而且完全是父母训练出来的。不过父母当初也想象不出后来中国的巨变，那时候我发挥最大想象力设想的最好人生，就是考上大学，留校任教；或者出国留学，回国报效。除此之外，不知道还有其他了。

我还要上溯到我的家族历史，因为我们家太传统，太标本了，是中国几千年历史最标本式的传统家族，而家族的历史也和我今天的事业有直接的联系。我们家族保存了一千六百年的家族史，一千六百年的基本脉络清清楚楚；八百年每一代都有名字；三百年每一代都有详细的事迹记录。

三百年前，我的祖先华有端从福建连城华家亭村移民四川资阳，投奔他的大哥华有君。有端开始时做货郎，走街串乡，贩卖一些针线玩具之类小商品，攒一点钱，就买一小块田，慢慢积攒起来，成家立业，成了一个农夫。他和大哥华有君，以及亲家廖氏，三家人房子挨在一起，叫"华廖亲"。现在他大哥的房子还在，成了家族祠堂。

幸福的生活没开始多久，沱江就发了一场洪水，有端的妻子和两个女儿都淹死了，房子也塌了。有端破了产，又重新开始，勤耕俭积。

"勤耕俭积"这四个字在家谱中出现频次很高，还有另外四个字，"开基创业"。总之，祖先的功绩就是勤耕俭积、开基创业，然后才有前人栽树，后人乘凉。这就是中国传统。

华有端四十二岁那年，娶了第二任妻子，这位夫人改变了我们家族的命运，因为她带来了知识，带来了文化，带来了文明。新夫人姓魏，嫁进来时二十四岁，也是老姑娘了。她的父亲叫魏显邦，是当地宿儒、私塾先生。魏夫人从小就跟她父亲读书，会背诵整部四书。四书是中国儒家思想的经典，标准教材，指《大学》《论语》《孟子》《中庸》四部书。魏夫人全部可以背诵下来。她嫁进来之后，就成了整个家族的中心，因为她有文化，还能讲故事，给妯娌和孩子们讲《今古传奇》，那是明代的一本小说，也都是我熟悉的书。

魏夫人改变了华氏家族，到他的儿子华兆蕙，华氏成了富足的耕读人家，家谱中留下好多宾客往来的诗文。到我父亲的曾祖父华光瑶，他是县里的神童学霸，当时资阳有三大学霸，跟江南四大才子差不多，叫"资阳三光"，因为三个人名字里都有一个"光"字。家谱里有华光瑶参加科举考试时县太爷给他写的评语，我记得县太爷说他的文字气势如虹，"横扫千军"。可惜他的文章没有留下来。

从华有端到我，是第九代。我觉得魏夫人还直接影响着我，这就是家道、家运、家风、家学吧！除了经营华与华，以及写作品牌营销的专业书籍外，我还是一位史哲作家，《华杉讲透〈孙子兵法〉》在中国销售了五十万册，而且已在韩国和泰国出版，我希望以后能在全世界出版。《华杉讲透〈论语〉》目前销售了九万册，《华杉讲透〈孟子）》《华杉讲透〈大学中庸〉》《华杉讲透王阳明〈传习录〉》《华杉讲透〈资治通鉴〉（第一册）》也已经出版。我希望我能把中国的传统价值观和智慧介绍到全世界。

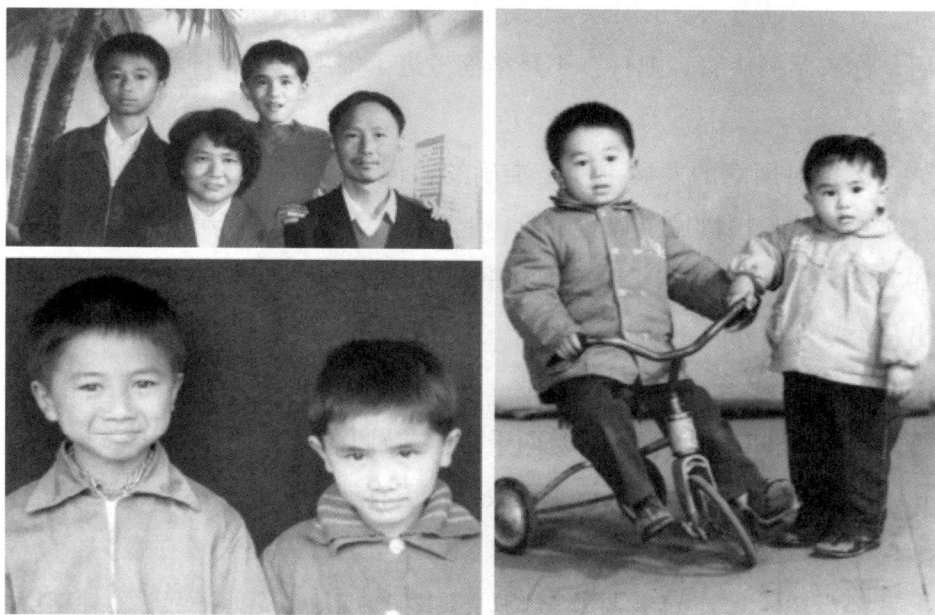

▲ 童年的华杉、华楠与父母

二、曾经有一个机会让我成为富二代，但是我爸没抓住！

中国的高中学制是三年，在高中二年级的时候，要进行文理分科，分成文科班和理科班。我的文科成绩好，不喜欢理科，所以我希望进文科班，但是父亲说："学好数理化，走遍天下都不怕。如果你学文科，以后再有政治运动，要挨整！"我极不情愿，但从小就是听父母的安排，也不知道世上还有可以不听父母的话这回事，就进了理科班。

1988年高考，父亲说："以后我们国家汽车工业肯定大发展，你去中国最好的汽车学院学汽车吧！"于是我考进了吉林工业大学汽车学院内燃机专业。

后来华楠考大学的时候，父亲说："以后我们国家会有很多五星级酒店，你去学酒店管理吧！"于是华楠考进了中山大学管理学院酒店管理专业。

父亲对国家的发展判断是准确的，但是对我们的判断有点偏差。我实在不擅长搞机械工程类专业。上实验课的时候，拆开一个最简单的195柴油发动机，我从来没能把它重新装配回去过，总是装配好了，还多出几个零件在外面。

大学四年，我除了应付考试，就是谈恋爱、踢足球、读书三件事。一是读中国古代哲学，主要是两千多年前轴心时代的中国哲学，老子、孔子、孟子、庄子、韩非子、商鞅等；还有就是醉心于兵书战策，《孙子兵法》自然不在话下，《吴子》《尉缭子》《六韬》《三略》《鬼谷子》都没落下，不过我喜欢战略，不喜欢阴谋。《孙子兵法》我很喜欢，《鬼谷子》我就厌恶。《战国策》我也熟读，但是阴谋诡计太多了，不喜欢。之后就是历史，各种中国史书，最重要的两部是《史记》和《资治通鉴》。《资治通鉴》有三百万字之巨，全是古文，每个中国人都知道这部书，但是很少有人能读完，我前后读过四遍。现在写作《华杉讲透〈资治通鉴〉》，算读第五遍了，估计要写七年，总共五百万字。

我的大学时代，就在阅读中国历史中度过去了。这时候我也不想当科学家拿诺贝尔奖了，因为知道自己不是那块料，我的理想是做哲学家、思想家，最差也要做一个专栏作家吧！我觉得专栏作家也挺酷的，总之就是有思想，然后能写作文影响他人的思想，帮助大家形成看法。这个影响和形成大众看法的工作，就是宣传家的工作了。不过那时候还没想到这一层，事实上，这正是我成为广告人的萌芽。

1992年，我大学毕业。那时候中国的大学生还是由国家分配工作，但是改革开放已经进行了十四年，深圳、珠海等特区已经很火热，可以不要国家分配的工作，自己"下海"了。我就决定下海，自己去找工作。东北的气氛还是比较保守，同学们会问我三个问题：

1. 你不是学企业管理的，怎么下海经商呢？

2. 你没有户口怎么办？

3. 你以后怎么能有房子呢？

关于第一个问题，我说国家主席也没有一个"国家主席专业"，好像不是问题。

第二个问题，我因为熟读历史，对《商君书》很熟悉，知道让人民保持贫穷，和限制人民迁徙，是法家统治术的两大基石。既然"允许一部分人先富起来"，不是"越穷越光荣"了，第一条已经取消了，第二条一定不能独存。所以我说户籍制度一定会取消。同学们都认为我说疯话。我也没有想到二十六年后的今天户籍制度还在，但毕竟已经远远不是原来那个户籍制度的概念了，国家没有限制人民的迁徙，也没有在这方面给我带来困难。

最后一个问题，没有房子怎么办。我不知道，那时候也绝想不到可以买房子，我说："我爷爷有房子，我父亲也有房子，总不至于我没房子吧！我也不知道房子从哪儿来，但总会有吧！"这是我的性格，未来不可预测，老是想以后怎么办，没有意义，我只决定今天要做什么，把未来交给命运和运气。

父亲非常支持我的想法，他说："就是应该去！开始几年困难，家里拿钱支持你。我要是在你这个年纪，我早就去深圳了。八十年代深圳刚开始招聘，我和你妈妈就想去，但是考虑到那边教育不行，怕影响你和弟弟读书，才放弃了。现在想来，当初的担忧都是错的。"我这才知道父亲也曾经想去深圳，他思考这问题的时候，我们根本不知道有深圳这个地方！正所谓——曾经有一个机会让我成为富二代，但是我爸没抓住！现在父亲愿意支持我去闯，我就可以啃老了。没想到，我这一啃，啃了三年半！

三、银湖好大雾

1992年我大学毕业，直接到了珠海。不过开始几年，我都没找到自己到底要干什么，没方向，中间有过两份工作，跑过新疆，还曾经"倒煤"，我在珠海市外贸开发公司承包了一个部门，从贵州把煤炭贩运到广东化州，不过我前后大半年，只做成过五个车皮，三百吨煤的生意，实在是不成规模，也养不活自己，于是又重新找机会。

从1992年到1995年，我的收入都无法养活自己，这就像我爸说的，他寄钱给我"闯"。所以我做了三年半的啃老族，也让我到现在都能理解啃老族，但是你不能啃习惯了，就畏惧社会，成了套中人。

那时候真是找不到自己到底能干啥，宝剑藏玉匣，阴符生素尘。但是，志气还是很大！身无半文，胸怀天下，每天仔细阅读《粤港信息日报》《投资导报》什么的，关心祖国的改革开放、经济建设，在大排档喝着海珠啤酒，和朋友们畅谈发财大计。1995年，我写了一篇文章——《试论中国经济的走向和投资方向》，纯属自娱自乐和以文会友，大意是说农业产业化、企业并购和家电连锁三个设想，我的一位朋友阿邓读了说："华杉，可以啊！像王志纲的手笔耶！"我问："你认识他？"阿邓说："见过一次，我有他名片。"我说："赶紧找出来！"

王志纲是新华社广东分社著名记者，那时候写了好多的大文章，我们都是他的读者粉丝，我就照着那名片上的地址，把文章寄给他，又附了一封信，署名"冒失鬼华杉"，意思是希望得到老师指点云云。

后来据王老师说，每天收到这样的信太多，翻一下就扔垃圾桶里了。还好当时王老师的父亲也在场，他是一位退休的中学校长，搞了一辈子教育。王校长把我的信捡起来，说："我看这个冒失鬼还不错，喊来见一下嘛！"我的传呼机就响了，1996年1月6日，我到广州见了王老师，从这一天起，我的职业生涯才算是真正开始了。

第一次见王老师，真让我振奋！主要是两句话，一句话，是他说："我要开创中国的策划产业，我要建立中国的商业思想库。"另一句话呢，就是他的口头禅："我在中国……"总是说我在中国如何如何。我想起当我还是一个"神童"的时候，还是有点资格说"我在道真县如何如何"的，什么时候我也能说"我在中国如何如何"呢？

我说："王老师！我来跟您干吧！"

老师说："要考试！"

我说："请出题！"

题目是要我写一个关于投资建设广东省文化中心的项目建议书。我在中山图书馆待了三天，把建议书交卷了。王老师说给85分，就把我收下了。从此我加入了王志纲工作室，包住宿，工资1000块一个月。

第一份工作是给一个贵族学校写一条电视专题片文案。那时候老师身边有一批文化人跟着他炒更的，其中一位小伙子叫罗勇，后来我们成了好朋友。罗勇带着我写的这条片子。我们俩讨论得兴奋起来，罗勇说："小华！我打字快！你口述！我打字！"我就在房间里走来走去地说，罗勇在电脑前打字，很快就弄完了。这工作太适合我了！

很快到了春节，我参与的第一个项目也结束了。结束后王老师就给大家分钱，其他人都是炒更没有工资的，做完项目再分钱。我是领工资的，没想过会参加分钱，但王老师也给我分了一份，3000块！所以我第一个月挣了4000块！春节我就坐飞机回家了。我的火车时代结束了，进入航空时代。

王老师的策划事业蒸蒸日上，他是中国策划产业的一个启蒙者，启蒙了好多人，包括我。而且，我"发财"了，一千块的工资实际上领了不到三个月，工资奖金都噌噌地往上涨。第二年，我就跟女朋友结了婚，在珠海买了房子，站在窗口踮起脚还能看见海景。

多年以来，王老师几乎每次见面都要取笑我："小华刚到工作室的时候，衣无领，裤无裆，到了工作室，很快就手里抓着大哥大了。"王老师在钱财上从没亏待跟他的人，就是这样。

1997年，王志纲工作室来了一个捣蛋鬼，叫陈竹父，之前在广告公司干过。现在也在上海经营一间广告公司，叫天阿广告。

陈竹父捣什么蛋呢？他跟我说："华杉，你不能跟王老师！"我说："为什么？"我刚刚脱贫致富，正在兴头上，还远远没到想这个问题的时候。

他说："王老师是中国传统智囊，不是职业社会的专业人士，你跟他，没专业，最后你也成不了他。你应该去干广告，我看你最适合干广告。"

"广告？广告不就是卖挂历吗？"那时候各公司年底都要印挂历，广告公司的业务员，就是200块钱底薪，去拉单印挂历，这工作太低档了吧？

"广告一点也不低档！奥格威你知道吗？"

"不知道！"

"有六个广告人上过《时代周刊》封面，奥格威是其中之一。奥格威还有两辆劳斯莱斯。"

"劳斯莱斯不是英国女王的车吗？"

"英国女王只有一辆，奥格威有两辆！"

哦，原来做广告可以登上《时代周刊》封面，还可以有两辆劳斯莱斯，开一辆，家里车库放一辆。

我问："他们有写书吗？"陈竹父给我开了一个书单，那年春节，我把奥格威的《一个广告人的自白》、霍普金斯的《科学的广告》、韦伯杨的《广告人日记》，还有台湾一位姓刘的老师写的书，通读了一遍，哎呀！这玩意儿太适合我了！我不仅能干，而且肯定和他们干得不一样，我会超过他们。我奋笔写了一篇两万多字的《我们的战略和战术》，就是我进入广告业的事业理论，主旨是不谋全局者，不足以谋一域，所有的事都是一件事，这是"华与华=战略咨询公司+产品开发公司+广告公司"的雏形，经营上也可以放大客户的项目和咨询预算。

1998年开春回来，我就找王老师辞职了。王老师很失望，他历来是"君子不器"的观念，强调的是通识、洞察，最忌讳的就是"专业"。我要去成为一个专业人士，他很不以为然，但看我去意已决，还是支持鼓励我。我也很舍不得离开，情绪不是很高。那时候工作室已经不在广州，而在深圳银湖，走的时候是一个雾天，我给工作室留下了一首诗，说诗也不是诗，说词也不是词，因为跟哪个词牌也对不上，后来我才知道，这是一种新的文学体裁，叫"回车"，就是写一句敲一下回车键的意思。

回车一首《银湖好大雾》：

清风浴雾，

隐隐婆娑树。

无限风光在险峰，

人道仙人住。

我欲登高作赋，

何处拾级觅步。

兜转徘徊迷了路，

银湖好大雾！

四、广告生涯

1998年2月，我到深圳力创企业形象设计公司工作。力创是中国第一代的CI设计公司，当年的代表作有嘉陵摩托、扬子电器、乐凯胶卷等。力创专门为我成立了力创广告公司，这样，我初入门进入广告界，就做了广告公司总经理。

从来没人教过我做广告，这就让我二十年来形成了自己的一套方法论。

上任做力创广告总经理，我的第一个任务倒不是广告，而是替临时走不开的设计公司总经理出一趟差，带设计公司的团队去贵阳，给南方汇通做CI标识提案。这是我第一次接触平面设计。在力创工作期间，我结识了几乎所有中国第一代的平面设计大师，也养成了我对标识和字体的判断和审美，特别是字体。后来我读《史蒂夫·乔布斯传》，他讲到年轻时学习字体设计对他的影响，我深有同感。有了判断和审美，就知道自己没那个手艺，所以之后华与华的几乎所有标识和字体设计，我在自己团队完成设计之后，都会再请大师修改。手艺这东西，没有张屠户，就得吃混毛猪！别人动动手就两小时，你花两年也是白费，我深刻地懂得这道理。现在配合我比较多的是深圳华思设计的刘永清，他特别愿意跟我学习，也积极地配合我的工期。所以，华与华的很多设计都是请他参与。

说回我的广告生涯，处女作是深圳的喜悦洋参，当时我们用一个印第安酋长的形象来作为喜悦的品牌形象，设计了所有包装和广告，获得了很大的成功。入门第一脚就踹对了，这个对我很重要，因为我一开局就走在了正确的经验上。

1997年，华楠从中山大学毕业，在一所旅游专科学校做了一年老师，然后也下海干了广告。华楠一进广告界，就显露出他的文案天才，他的第一句广告文案作品，是广州海珠区的一个房地产楼盘，他写了一个标题，叫《海珠的珠在哪里？》。我觉得这个标题真不错！后来我在珠海有一个房地产项目叫凤凰花园，我也用了这个标题，叫《珠海之珠，凤凰之冠》。可惜那时候还没有华与华方法，如果是现在我就不会用"凤凰之冠"，而是直接说"珠海之珠，凤凰花园"，而且我会买下《东方之珠》歌曲的改编权，然后教会全珠海人唱："珠海之珠，凤凰花园，就在情侣路香洲码头对面！"

华楠先后在合众广告和英扬传奇短暂地干过一阵子，然后他就自己干了。我劝他去奥美什么的学习一下，他不愿意，要自己挣钱，三个小伙伴一起做一间叫"平方"的广告公司。那时候广州是中国的电视广告制作中心，他们的生意，就是打听到哪个企业要拍电视广告，然后做好创意去提案，如果客户认可，就接拍广告，挣制作的钱。

如此各自做了四年，2002年5月，华楠跟我建议，我们俩做一间兄弟公司算了。2002年7月，我们在广州注册成立了华与华。

五、咨询公司也要请咨询公司咨询咨询

2002年7月8日，华与华在广州成立，公司开张时5个人。我们在广州天河建和中心租了一间办公室，有十六个座位，不过，直到我们离开广州，也没有坐满。

第一个客户是竹林众生牌双黄连口服液，一年给一百万元。我印象挺深，11月1日，十六大开幕那一天，我签了康必得，就是大家早年熟悉的"康必得治感冒，中西药结合疗效好！"2003年1月，签了大连美罗，这样我们就有三个客户，三百多万咨询费收入，我觉得公司"稳了"。

5月，签了田七牙膏，三百万年咨询费，这时候我们全公司9个人，有九百多万咨询服务合同。

只提取前两道药汁，竹林众生牌双黄连口服液。

康必得治感冒，中西药结合疗效好！

胃痛？光荣！肯定是忙工作忙出来的！美罗牌胃痛宁片！

拍照大声喊"田——七——"，田七牙膏。

我们的广告作品可以算是风靡中国，之后又增加了几个客户，我们很快有了超过一千万的年咨询费收入，到2003年结束的时候，全公司也就11个人而已。

2003年，我们决定把公司迁往上海，说搬就搬，12月24日，华与华迁址到上海南京西路中欣大厦。我记得那幢楼是GE的亚太总部，我们公司隔壁一边是新浪网，一边是雅马哈，这是我一贯的风格，咨询创意公司，办公室必须"高大上"。

2004年在上海的第一个新客户是晨光文具，后来又有了三精制药、黄金酒、黄金搭档、葵花药业等客户，公司业务蒸蒸日上。那时候是电视广告的黄金时代，我们差不多每个月都在拍广告。在2008年左右，我

在一本杂志上，看到一个中国十大广告主的排名，就是统计在广告投放上花费最多的十个广告主，我一看，十个里面，有四个华与华的客户，就是田七牙膏、三精制药、黄金酒和黄金搭档。我已经习惯了，打开电视，遥控器换来换去，都是我们的广告作品。

华与华早期业务的迅猛发展，跟一个人有关系，他就是哈尔滨晓声广告的老板于晓声。他的业务，是媒介代理，代理全国各大卫视的电视广告，主要是服务于制药业。我和他因为早年共同服务于益佰制药结识，之后又介绍他跟竹林众生和康必得代理广告，他就把他的所有客户介绍给我——没错，是所有客户。三精制药、葵花药业、辅仁药业、天方药业……还有一个长长的名单，都是他介绍给我的。我后来跟他说，没有于晓声同志，华与华也能发展起来，但是还要在黑暗中多摸索三年，有了于晓声同志，华与华就一帆风顺了。他说："华杉，我告诉你！企业发展极快！一旦上了道儿，极快！你自己都挡不住自己！"

华与华的作品，有三个特点。

第一个，当然就是超级符号。"超级符号"这个词，是华楠提出来的，所以我们说：华与华是超级符号思想的发源地。无论是视觉符号还是听觉符号，我们创建的品牌，都以一个符号为核心，用《孙子兵法》来说，就是"形名"。形，就是视觉符号；名，就是听觉符号。一切行动听指挥，就是听符号指挥。超级符号，就是所有人都熟悉的符号，而且是所有人都接受它的行动指令的符号。

第二个，是购买理由，往往就是一句超级口号。符号让人找到品牌，之后还得给他一个理由让他购买。尤其在拍摄电视广告时，我们始终强调，用15秒钟，让受众购买一个他第一次听说的东西。有购买理由，还要强调是第一次听说，就是零基础沟通，永远不要认为顾客已经了解我们了，要"品牌升级"了。只用15秒，第一次看见，就一目了然，过目不忘，一见如故，不胫而走，马上想要，这就是超级符号思想的出发点。后来，华楠把这套思想，总结成十六个字：货架思维、购买理由、品牌寄生、超级符号。

第三个，是所有的事都是一件事，华与华=战略咨询公司+产品开发公司+广告公司。最开始，我们讲所有的事都是一件事，主要是讲包装设计和电视广告是一件事。因为我们本身既做平面设计又做电视广告，又把包装当成品牌最大的媒体和战略工具，包装和广告都围绕超级符号，所以我们就要求包装设计和广告创意是一件事，要用一个系统来完成，这样我们才能把整个品牌资产凝聚在一起。后来我们提出"包装设计就是产品再开发"。因为产品开发就是购买理由设计。再往下走一步，那就是先设计购买理由——成果物体现为包装设计，再作为《产品开发任务书》交给企业，我们用这个方法开发了田七长牙牙、换牙牙儿童牙膏，晨光孔庙祈福考试笔，益佰制药克刻牌"冰喉30分钟"润喉糖等非常成功的商品。这样就把产品开发，也就是商品概念开发发展成了华与华的拳头产品。企业战略，就是产业结构和业务组合，我们从产品开发又发展出企业战略咨询服务，后来的代表案例，是葵花儿童药战略，以及360转型互联网安全业务的企业战略等。整个过程，就是后工序决定前工序，一路往上推演的过程。华与华也由此形成了独树一帜的"战略营销品牌创意咨询服务"。

2013年，我们出版了《超级符号就是超级创意》，介绍华与华方法和案例，并在2016年增补再版，成为财经类的畅销书。

大概在2007年，我读到一本韩国人写的漫画书《丰田就这么几招》，这是我第一次接触到TPS丰田生产方式，我一口气读完了这本书，我的妈呀！简直跟我的做法一模一样！这就是良知良能，生而知之，不学而能，这就是事物的本质规律，就该这么干！我买了好多本送给当时的客户朋友，其中包括晨光文具的董事长陈湖雄。书给了他两年，他也没看。两年后的一天，他带着公司高管和优秀经销商，奖励去欧洲旅游，抓了这本书路上看。在飞机上他就看入了迷，下飞机就取消了旅游行程，在酒店租会议室集体学习。回来后，我去晨光开会，看见每个人桌上都放了一本《丰田就这么几招》[1]，还请台湾老师来讲TPS。

我对陈湖雄说："呵呵，这书给了你两年，今天终于认识到了？"

他说："你认为TPS的精髓是什么？"

我就把少人化、多技能工人、U型生产线、后工程引授、全攻全守、JUST IN TIME、看板管理、一页纸计划，如数家珍说了一遍。

他说："呵呵！我看你还是没掌握TPS的精髓！"

我深知一个道理，叫作知行合一，他说我没掌握，一定是因为他企业比我大，知道了更多我还没有接触到的东西，便赶紧请教："老师教我！"

陈湖雄说："我看丰田生产方式的核心，是持续改善！如果一个公司，每个员工都能有持续改善的意识，那这公司不得了！"

哦，我似懂非懂，但是"不明觉厉"，牢记在心。

时间到了2014年，我去参加厨邦酱油的阳西新厂投产仪式，遇到了尚和管理咨询公司的桥本正喜老师和胡光书老师，知道他们是厨邦酱油的TPS顾问，我便抓住机会，请桥本老师和胡老师来华与华做顾问。两位老师不相信，说你自己就是咨询公司，怎么还要请咨询公司呢？我说，咨询公司也要请咨询公司咨询咨询！

1　本书中文简体字版已由读客文化策划出版，新书名译为《漫画丰田生产方式》。

2015年，华与华启动TPS的"5S"管理，从清扫活动开始，我亲自带头，每周一早上全公司清扫一小时，每个月有两天的5S辅导活动，而且每年派出游学团去日本学习，从总经理一直到基层员工，全员都去。具体情况不细说，可以专门写一本书了。

2018年，5S活动结出初步成果，同事们的持续改善意识建立了起来，行动落实了起来，并且在客户服务上屡创佳绩。最近给绝味鸭脖做的一个终端改善活动，客户评价说值一个亿，这就是我们在日本学习鱼国总本社小组改善活动的成果。说一千，道一万，过去二十年，在中国赚钱太容易！躺着天上都往下掉钱，需要弯腰捡的钱，根本没人要。等天上不往下掉钱了，还是不懂得弯腰，只是抱怨钱难挣！我们干活都太糙了，只要愿意细致地去做，愿意慢一点积累，就能建立压倒性的优势。你看日本人，挖空心里，细致到变态的地步，就争那么一点点优势，而我们这儿，不还在粗放经营高周转吗？我在华与华两大拳头产品：超级符号、超级口号的基础上，再加一个——持续改善！

持续改善，吾知之矣！我始终记着当年和陈湖雄的对话，赶紧把胡光书老师推荐给他，现在尚和管理咨询公司也是晨光的顾问。就像当年于晓声对我的支持一样，我把华与华的客户也都推荐给了胡光书老师，这也是把我十几年积累的资源分享给他。因为华与华，尚和在中国的业务也迅猛发展了。这是一种感恩，感恩不是报恩，报恩是利益交换，而感恩是把精神和价值传递出去。

六、生病是上帝的礼物

2009年，公司业务红火，我也疯狂地工作，起早贪黑加熬夜，那都不算啥，关键是我简直没有一分钟停止思考，脑袋始终在高速运转，没有消停的时候，以至于我都担心我的大脑会不会因为过热烧坏了！醒着的时候在思考，睡着了做梦还在想创意！有时候梦到一个创意，会惊醒跳起来，赶紧写下来！所以我床头柜上都会放着本子和笔。

梦中工作这病，我直到今天还有，经常在梦里跟客户开会，我能在梦里做完一个完整的案子！所以对《三国演义》里曹操自称梦中杀人，我完全能理解，这不一定是说假话。

白天呢，就是疯狂地飞，可能早上飞哈尔滨，下午在三精制药开会，开完会直接回机场吃饭，晚上飞机回上海。第二天上午在公司，下午又飞贵阳益佰制药了。一年飞两百多趟，极端时一天飞两个城市，以至于看见飞机都想吐，上了飞机还想逃出来。

然后我的身体就垮了。垮了啥呢？也查不出什么毛病，就是睡不着觉，有一次连续三天三夜没有睡着一分钟，太可怕了！我跟我妈说我三天没睡着，她说："我都听见你打呼噜了！怎么没睡着？"好吧！可能是短暂的浅睡，我自己也不知道。

后来发展到车也不能开了。记得那天我开着车在延安高架上，就觉得浑身僵硬，手脚都不听使唤。我想我别在这里造成连环撞车，太可怕了。从此我再也没有开过车。

总是失眠、紧张，总觉得累，累到什么程度呢？累到觉得呼吸的力气都没有！平时我们不会觉得呼吸需要用力，但我那时候就觉得没力气呼吸！然后就是紧张，紧张到什么程度呢？跟别人在一起坐着，能体会到什么叫如坐针毡，就想马上走！还会有濒死感，有一天在办公室觉得自己要死了，赶紧把华楠喊来。华楠问："你有什么遗言哦？"我说："财产归小土（我太太），爸妈归你！"

生病就找医生啊，西医检查全没病，那就找中医，针灸、汤药，折腾了一年多，也没什么效果。这时候我的一个朋友说，你可能需要去北京安定医院看看，某人也是跟你一样，紧张，开不了车，安定医院某医生给他开了药，吃好了。

安定医院？我印象中隐约觉得是精神病院，不管怎么说，我还是去了，预约了他介绍的医生。到了医生门口，护士往我身后看："病人呢？"我说："我就是。"她看了我一眼，我心想她可能觉得我不像精神病。但是，不是精神病，却跑来精神病院看病，那不是精神病是什么呢？

接着就见了医生，说了情况，又到一个像教室一样的房间，和其他病人一起，像在考场考试似的填了一些问卷，我还觉得自己考得不错！之后又检查了脑电波，我心想天才的脑电波可能都不会正常吧？太正常的人恐怕也平庸。不过我也不算天才，我主要是勤奋！就这么胡思乱想着，医生给诊断了，他说："你这个情况，属于焦虑症，中轻度的焦虑，所以失眠，并且有躯体症状，我给你一个方案，我不说百分百，但是一个半月之后，应该就有改善。"我一听这意思就是百分百了，很高兴，又关心我的脑电波如何。医生说："边缘状态。"我问什么叫边缘状态。医生说："就是在正常范围的边缘，还没有到轻度异常。"我暗暗觉得测试很准确！是普通人中最聪明的，但还不是天才！

医生开的药，是来士普、佐匹克隆、佳静安定一起吃，这是一种抗焦虑的药、两种安眠药。我后来基本理解了精神科大夫用药的逻辑，就是大剂量先把你按住，睡下来，解决症状，然后再慢慢减药，最后到停药。但是，停药是个艰难的过程，所以有"药不能停"的笑话，后来自己摊上了才知道不是笑话。

我之前有一个错误的观念，叫"是药三分毒"，不愿意吃药，至于安眠药，更觉得那是自杀用的。后来看的医生多了，才懂得自己的观念是错的，那不吃药对身体的伤害，比药物的所谓副作用，不知道大多少倍呢！

吃药一个半月之后，果然没事儿了，睡觉睡得好，焦虑症状也没了，一切正常！这样过了差不多两年，我慢慢停了药。然后继续那种紧张的工作状态，然后又复发了。然后又吃药，然后又没事了。然后又停药，然后又复发了。直到现在还在"药不能停"的状态。

两次停药，都没有在医生严格的指导下进行，这又是教训。现在一定听医生的话，即使是不听，也是医生叫停也不停，不会是医生没叫停自己停了。

我刚开始失眠的时候，就有医生给我开安眠药，当时我拒绝吃，怕形成药物依赖。医生说："依赖就依赖嘛！"我当时没有理解，后来才明白了，是啊，药物依赖又怎么样呢？那高血压不得终身服药吗？为什么要担心一个未来可能出现的小小问题，而拒绝解决现在的严重问题呢？

因为人追求完美，不愿意自己有啥毛病，以至于就挺着，不愿意采取行动。不能积极解决问题，但总是很善于对别人给出的解决方案提出质疑。平时我们开会讨论问题，不也总是碰到这样的人吗？

我详细写下自己生病和吃药的过程，因为我觉得太多人需要这样的信息，太多人需要吃药却没有吃。所以后来，我就总是劝我那些明显是焦虑症、抑郁症的朋友吃药，可他们当中还有好多人拒绝吃药，而且他们的亲友也阻止他们吃药，甚至觉得让他们吃精神类药物，是对他们的侮辱和谋害。

在知道自己有"精神问题"之后，我也开始找心理咨询师。我跟老师说："我一切都好啊！工作、生活都好得不得了！我没有任何可焦虑的事啊！我为什么会生这个病呢？"

老师说："你这是不接受，不管遇到什么，你首先要接受，要悦纳。你凭什么不接受呢？凭什么你就应该工作、生活、身体样样都好呢？"

我说："您的意思是，要和疾病共存，而不是和疾病斗争？"

老师说："对，要接受，要悦纳，要面对，然后再处理。"

我突然想起德鲁克说的："不要试图解决所有问题，要与问题共存，学会带着问题前进。"我一下子就理解了老师的话。我的长处，是总能把我遇到的所有事、读过的所有书、听到的所有话，全都联系起来，全都用上，知行合一。所以跟心理医生的这次谈话，看似平常，但是对我有非常巨大的影响。

后来又有一次，我说："现在一切都好，但是有时候，遇到一点事情，还是会紧张，会出现那种焦虑的感觉，怎么办？"

老师说："你还想打100分哪？你就感谢上帝还给你留点毛病吧！否则你都不知道自己是谁了。"

我又释然了，因为我经常碰到一些想打100分的人，无论你让他做什么，他都觉得方案还没到100分，不愿意做！这时候我都想抽他！但是，没想到自己也是想打100分的人。

生病是上帝的礼物，是我人生观、价值观的一次洗礼、一次重组，让我的智慧增长了很多。总结一下我从生病中学到的。

1.学会了接受失败。努力做好自己现在能做的事，把结果交给命运和运气，失败了也接受。

不要说能接受任何结果，因为当你说接受任何结果的时候，你想的还是好结果。一定要真心能接受失败，失败都能接受，那有点缺陷就不算什么了，对别人做一点让步，就更不是事儿了。接受失败，在人生观上，就是夭寿不二，死亡也能接受，还有啥呢？我只凭着大是大非，按着自己的志向去做就是。

2. 学会了等待，不要急于解决问题，要学会与问题共存，带着问题前进。

能等待，就不会焦虑，就不会乱动作，就不会犯错。

3. 学会了接受副作用，聚焦于解决问题，而不是聚焦于挑解决方案的问题。

4. 学会了不追求最好的结果。因为没有最好的结果，只有最不坏的结果，所以要夯实最不坏的结果。

这四个学会，都是在生病这件事上学到的，后来又和我学到的一切智慧组合在一起，构成了我新的价值观。后来我在写《华杉讲透〈孙子兵法〉》时总结说，《孙子兵法》不是战法，而是不战之法；不是战胜之法，而是不败之法。这个体会，与其说我是在《孙子兵法》中读到的，不如说是在我自己的人生经历中体悟到的，没有这些经历，我读不懂《孙子兵法》。

除了人生观上的改变，生病还彻底改变了我的生活习惯，从此严格按自己的作息生活，而且大量地减少交际和非必要的事物，学会了对任何一件事，不是尽量去做，而是先问可不可以不做，可做可不做的事，一概不做，把时间聚焦到自己的工作、学习、锻炼和休息。

所以，这几年生病，是我人生的一个分水岭，不仅改变了我，也改变了华与华，让华与华的事业上了一个新台阶，打开了一个新天地。

这个新台阶、新天地，是从2014年开始的。

七、转型企业家

2006年，华楠创办"读客图书"。

出版业务比较适合我们，用华与华方法来看，就是商品概念开发和包装设计，所以我们进军出版业很顺利。到了2010年，随着《藏地密码》《官场笔记》《黑道风云二十年》等畅销书集中爆发，读客的业务越来越忙，华楠也基本参与不了华与华的工作了。

这时候，我身体状态正是最差的时候，我都怀疑我还能不能继续工作了，我就跟肖征谈，让他做总经理。肖征2000年就跟我一起工作，华与华创办后，他又来到华与华继续跟我，当时是公司的副总。

之前华与华还是只有两个人主持，总共二三十人的小公司，华楠在家管生产，做创意和制作，我在外面管销售，负责客户拓展和提案交付，其他人都是学徒和助手。以至于除了我，公司基本上没有人跟客户提过案。有时候我在客户会议上，遇到其他咨询公司或广告公司的人，看人家就来一个小姑娘，上台说话也落落大方，挥洒自如，我心里就想："唉！为什么华与华的人就没有一个能自己出来提案的呢？"我还不知道问题在我自己身上，我以自己为100分的标准，99分都不接受，所有的提案都自己去，别人当然没机会，也不敢提了。

如今我自己玩不动了，不让别人干也得让出来，我纯属被逼无奈，这是一种妥协。没想到这一妥协，妥协出了一片新天地。人家肖征干得很好，2012年，又提拔颜艳做了副总。颜艳是2004年到华与华的，是公司迁址上海后的第一批员工。

2012年，我病也好了，公司气象为之一新，生病一点没耽误公司发展，还多了两员大将。我又雄心勃勃起来。这一年，我去中欧国际工商学院念EMBA，两年的学习，对我帮助非常大。因为之前从来没学过怎么做企业，都是自己干出来的，而且我做的，基本上还不算一个"企业"，只是一个师父带着一帮徒弟，出去接一些品牌创意的手艺活儿。到中欧念两年书，就是一个系统的扫盲。一块块的拼图都拼接起来了，对企业有了全景认识，自己负责的部分也得到加持了。

去中欧学习，本来也是我的一位企业家朋友督促我去的，我开始时不以为然，认为经营是实践，不是学校里能学的。他跟我比画说："咱们做企业，是这么大一块事儿（比画了一个大圈），你干的活儿呢，是这么大一块事儿（比画了一个小圈），虽然在你的范围，你是专业，但是，如果你对整个企业的所有事儿没有理解，没有场景感，有时候你就不理解我们在说什么，你对不上话，找不到感觉。你对整个企业的理解不足，你的专业也会有局限。"

他又说："你必须搞合伙人制，不能像现在这样干。现在这样干，师父带徒弟，只能是小作坊，不是企业。"

这两条意见——做企业家、搞合伙人制，对我有很大震动，也改变了华与华之后的轨迹。我想我也是在做一个企业，我也要做一个企业家，而不是一个创意人，所以我就去中欧学习，后来又到清华大学五道口金融学院念金融EMBA，确实是对企业的整个经营事务，建立起了结构性的认识。

在和华夏幸福合作的时候，我结识了麦肯锡的全球合伙人张海濛，并请他到公司交流，也给大家讲一课。张海濛说："咨询公司的发展主要是四个阶段。第一，有自己的一套方法论，而且确实行之有效，能为客户解决问题。这个看起来你们已经有了。第二，这套方法能教会其他人，而不是只有创始人自己会，能复制。这个不知道你们做得怎么样。第三，能国际化。第四，创始人退出，公司还能继续发展。"

他讲这四条，我就一一对应考虑，自己的一套方法论，这个咱有，就是华与华方法。这套方法能教会其他人，能复制，这个咱们一定程度也做到了，但是需要提高教学复制的效率。第三条，国际化，顺其自然，我还不是太关注。第四条，创始人退出，这是必须考虑的，因为时间会让你必须退出。

其中第二条是重点，就是如何复制。后来尚和管理咨询公司给我们做管理辅导，胡光书老师说："要把个人的技能变成公司的技术。"

胡老师的辅导，让我认识到我们过去"师徒制"的问题。华与华一直是师徒制，公司骨干都是我带出来的徒弟。但是，我们的师徒制文化有句话叫："师父领进门，修行在个人。"又说"言传身教"，看徒弟自己的"悟性"。总之在学得会、学不会上面，主要责任在徒弟，不在师父，这就不是一个有效率的培养方法论。只是从师父的技能到徒弟的技能，而没有从每个人的技能，最终形成公司的技术。所以师父必须承担更大的教学责任，必须形成教材。后来我读到万达公司的《商业地产运营管理》，那是整个流程捋下来的详细操作手册，我觉得华与华也要形成全业务流程的操作手册，每一步具体怎么做，都要整理出来，也要公开出版。这就是我们现在正在做的工作。

再回过头去说合伙人制，我也大致了解了麦肯锡的合伙人制分配机制，然后就想怎么才能建立一个"科学的"合伙人机制呢？想来想去也不知道，那就土法上马，分两级，董事合伙人以全公司收入为基数拿提成比例，合伙人按自己负责业务的收入为基数拿提成比例，就这样先做起来，以后再慢慢迭代，或许以后要走向麦肯锡一样，按利润池分配，但开始的时候，我想在广告和培训上投入比例会比较大，如果按利润分配，大家恐怕没有我这样的投入意愿，干脆不让他们参与投入的事，合伙人不必为利润负责。

合伙人制在2014年启动，当时我们也是请了一间咨询公司，台湾做引导力辅导的开放智慧公司，来给我们全公司开了一个叫"裂变"的凝聚共同愿景的会议。这个会对于我来说很新鲜，因为我习惯了"一言堂"，我说，我干，然后大家跟着干。而现在是让每个人来说、来写、来画公司的愿景和行动计划，贴墙上去，然后把共识找出来。

裂变的意思是要通过合伙人制，裂变出人才，裂变出规模，裂变会议提出的三年目标——2017年咨询费收入达到1.5亿。当时我们一年大概4000万的收入，所以这个目标还是挺大的。后来到2017年，做到了1.35亿咨询费收入，2018年做到了1.5亿。

在分组讨论的时候，我听到陈俊在小组发言说："公司既然说重视创意，那你就拿100万出来，重奖超级创意！"我一听这个创意不错！马上和华楠、肖征商量，当天就宣布每年重奖年度最佳案例100万元，2014年就发了第一届，西贝莜面村项目组拿了第一个百万大奖，之后几年的获奖案例分别是360、吉林云天化、汉庭酒店和莆田餐厅。百万大奖搞得很有激情，我又宣布增设一个每五年一届的500万元大奖，奖励能为客户长期持续创造价值的案例小组。我不知道这是不是我的诺贝尔奖情结。没机会拿奖了，就自己发一个。

2014年之后，我们在培训上也加大了投入，首先是合伙人和骨干总监全部由公司支付学费去念EMBA，然后是全公司分批赴日本学习TPS，每年策划骨干和设计骨干分别有一次海外游学，2018年国庆节我们就组了一个30人的团到美国东海岸的西点军校和哈佛大学游学。

2018年，公司成立十六年了，我带的第一拨徒弟，都已成为经验丰富的老将。合伙人制的激励，让公司取得了迅猛的成长，人员也增长到150人。我觉得我已经从一个策划人，转型成为一个企业家。从1996年进入咨询业开始，我从业已经22年了，这22年，接触的都是中国最优秀的创业者、企业家，耳濡目染，跟他们学到很多企业经营的思想和方法。

贾国龙说西贝最大的产品是"人"，我深刻地体会到这一点，花在培训上的时间越来越多。领导者的责任，就是成就他人，就是培养新的领导者。在经营上，我对咨询业务也找到了"规模感"，我的规模感具体在5亿～10亿。但是，像麦肯锡那样全球做到70亿美元，是怎么做的呢？我还不清楚。先把我们的10亿人民币目标完成吧！做到10个亿，靠什么呢？就靠华与华价值观。

八、华与华价值观

华与华的价值观，基本上都是儒家价值观。基本原理就是时间积累。在华与华办公室的企业展厅墙上写着：

经营使命：让企业少走弯路。

核心价值观：不骗人，不贪心，不夸大。

企业精神：真人真心真本事。

经营理念：悦近来远，终身服务。

这四条，都是儒家思想。其中经营使命和核心价值观的表述，看起来是"消极的"。经营使命是"让企业少走弯路"，而不是一飞冲天，征服世界；核心价值观首要的是"不骗人"，而不是开拓、进取、创新、奋进之类。这种表述，本身就是我们关于价值观的价值观，那就是——价值观是一个最低标准的底线，而不是立一个高标准的追求。当你对这个底线认真起来，你会发现要守住这个底线，并不容易。就像谷歌要守住"不作恶"的底线，容易吗？

关于让企业少走弯路，是有针对性的，因为千百年来，人性的弱点总是贪巧求速，想要捷径，想要"不走寻常路"。所以《论语》里孔子说："谁能出不由户，何莫由斯道也？"难道人们都不是从大门出来的吗？为什么大道上没人走呢？人们嘴上都会说"大道至简"，但都不能知行合一，不懂得走简单的大道，总觉得可以一蹴而就，总想要另辟蹊径，就会走入王阳明说的"断蹊僻径"，就会走弯路。

最高的效率是不返工，最快的进步是不退步，所以只管扎扎实实地去做，不要"将迎意必"，不要"期必"——就是一心盼望着成果一定会怎样，而是只问耕耘，不问收获，勿忘勿助。勿忘，是每一天都不要忘了下功夫；勿助，是不要拔苗助长。你以为你跑得快，其实都是给自己挖坑埋雷，这一点我们见得太多了。

客户来找咨询公司，往往本身就有贪巧求速的心态，觉得你那么多成功案例，帮我们也搞到像某某那样成功吧！或者遇到了什么问题，希望你马上给他解决。这时候，咨询公司如果利用他的一厢情愿和侥幸心理，很容易吸引他下注，下注给咨询公司，再下注到市场。咨询公司也很容易用客户的身家，下自己的赌注，赌赢了，咨询公司扬名立万；赌输了，那客户他自己销声匿迹，因为没有一个输家会站出来控诉咨询公司的，那是丢自己脸的事。

在咨询公司和客户的这个合作关系中，咨询公司天生有这样的优势，就像医生治疗生男生女，成功率怎么算也有50%，就算无效退款，也能发财。所以咨询公司会骗人，会贪心，会夸大。会把过去的成功案例，贪天之功以为己有，吹嘘得天花乱坠。手里再拿着一瓶灵丹妙药，鼓动客户下注，而客户一旦下注，就进入人性的第二个弱点——人们会在他已经下注的地方继续下注。等到损失巨大终于死了心，已经好几年过去了。

我们的立场，就像我在《华杉讲透〈孙子兵法〉》里说的："兵法不是战法，是不战之法；不是战胜之法，是不败之法。"我们追求的不是大获全胜，而是立于不败之地。因为企业经营的目标是永续，是永远，我们经历过太多的成功失败和起起落落，知道"成功"不算个啥，基业长青才是王道。企业家必须把自己的征服欲降下来，使命感提上去，宁静以致远。看了我们的"成功案例"来的，我要告诉他那是别人的成功，别人能成功，不等于你跟华与华合作能成功。咨询公司要和客户的"成功"保持距离，成败都是他的事，我们也只是尽自己的本分，做好自己本职工作而已。有时候客户会问："我付你那么多钱，你能给我带来啥？"这个问题很危险，背后是将迎意必的心思，就是"期必"，期待一个必然的结果，这不是好的做事的心态，最好到胸脯拍得最响的公司那里去下注。在华与华，我们对这个问题的标准回答是："你就当这钱打了水漂您也认，您就来！"

话都说到这个份儿上了，我就可以保证我做到了"不骗人，不贪心，不夸大"。

言过其实为耻，行胜于言为善。这样做，本身也是让华与华自己少走弯路。孟子说，要"集义而生"，不要"义袭而取"。集义而生，就是滴水穿石，一天天攒出来的。义袭而取，就是一把搞一个大的。

《孟子》又说："原泉混混，不舍昼夜。盈科而后进，放乎四海，有本者如是，是之取尔。苟为无本，七八月间雨集，沟浍皆盈，其涸也，可立而待也。故声闻过情，君子耻之。"那有源之水，滚滚流出，昼夜不停。盈科而后进，把沟坎注满，再继续往下流，渐进而流入江河，注入大海。有本有源的事物，就是这样子。孔子就赞许它这一点罢了。假如没有本源，就像那七八月间的骤雨，一下起来，哗啦哗啦，大小沟渠都满了，但是一会儿就干涸了。所以名声超过了实际的，君子引以为耻。

人呢，实胜于名为善，名胜于实为耻，如果道德才能都本不足称，却获得了超过实际的虚名，虽然一时可以掩饰，时间长了必然败露，就像暴雨后的大水退去一样，之前的声名，都成了一场事先张扬的丢脸事件。

君子重本，得不到不往前面凑，而是往自己身上找，反身修德，养深而蓄厚，然后实大声宏，而名誉随之，有本有源，渐进不已，取之不尽，用之不竭，不管他有多高的声名，他都还有更大实力在后面！

《中庸》说："诗曰：'衣锦尚絅。'恶其文章之著也。故君子之道，暗然而日章。小人之道，的然而日亡。"锦，是五彩织成的衣服。絅，是禪衣。尚。是加。暗然，是韬晦不露。的然，是用意表现。衣锦尚絅，就是穿着锦绣的衣服，却在外面套一件朴素的禪衣罩着。为什么呢？因为锦衣文采太露，所以遮盖一下，外面虽然尚絅，暗然韬晦，但毕竟里面有锦衣，实德、实力都在其中，自然不能藏露，所以日渐彰显。小人之道呢，出发点就是动人视听，惑人心志，所以专事文饰，外面虽用意表现，但虚伪无实，里面的实德、实力却无法支撑，时间一长，他就撑不住了，所以日渐消亡。

真人真心真本事，就是衣锦；不骗人，不贪心，不夸大，就是尚絅。衣锦尚絅，就能暗然而日章，就能少走弯路，就是大道。

华与华的企业精神，我还经常引用朱熹的一句话，叫"存天理，灭人欲"。有的人听到这句话，反应很激烈，以为不让他过性生活了。朱熹这话到底什么意思呢？朱熹说："吃饭是天理，美食是人欲。"这个标准太高了，我们可以调低一点——美食是天理，管不住嘴吃多了，吃出肥胖三高，就是人欲。这样，你每一顿饭都可以修行"存天理，灭人欲"了。在我们的工作中，什么是天理，什么是人欲呢？为客户创造价值，就是天理；想要和客户合作关系稳定，继续续约，就是人欲。如此存天理，灭人欲，你就不会猜客户想要什么，不会投其所好，而是该怎样就怎样，发挥出你最大的价值，给客户他所需要的，不是他自己想当然想要的，这就是真人真心真本事。如果客户不识货，不接受，那就是"用之则行，舍之则藏"，这就是孔孟的态度，你用我，我就行道于天下，不用我，我一身本事，卷而怀之，藏之山林，也不患得患失。

华与华的价值观，就是彻底杜绝患得患失，绝不有利必趋、有害必避，一切只凭着良知，凭着大是大非去做。能这样存天理，灭人欲，自然就做到不骗人，不贪心，不夸大。

真人真心真本事，我后面还有一句话，叫"良师益友父母心"。咨询公司，当然是客户的良师益友，而且是最重要的良师益友。良师益友的理念，最重要的就是父母心。你要把自己当客户的父母。当父母，不是把自己辈分抬高了。我的司机曾经开车在路上跟别的车斗气，我说你对我要有父母心，如果后面坐的是你的孩子，你就不会跟他斗气了。从此他再也没有跟人开过斗气车。医院的医生，如果有父母心，就不会给病人乱开检查单子乱开药；生产奶粉的企业，如果有父母心，还需要担心奶粉质量吗？所以父母心是个宝。很多人以为找客户难，殊不知甲方找一个靠谱的乙方，比乙方找到一个靠谱的甲方，不知道难多少倍！你真正能有"真人真心真本事，良师益友父母心"，好多人还是看得到的。

不过这也真的是很难的修行。但人生什么样的修行不难呢？扎扎实实去做，就能做到最后一条，华与华的经营理念——悦近来远。这话也是《论语》里的，叶公问政，孔子说："近者悦，远者来。"就是说，客户啊，你也不用去外面找，把在这儿的服务好了，近处的喜悦了，远方的人，他自己就来了，这就叫近悦远来。如何能做到近悦远来呢？就叫悦近来远。你出去找，你要多少人、多少精力、多少投入啊！他自己来，你就没有成本。

近悦远来，就是流量成本为0。

流量成本为0，就是孟子说的王道。

实现流量成本为0的王道，就靠价值观，靠时间，不将迎意必，不期必，不贪巧求速，不拔苗助长，只问耕耘，不问收获，勿忘勿助，日日不断，滴水穿石，集义而生，仁者不忧，知者不惑，勇者不惧，志有定向，至诚无息，止于至善，活在他人想象之外！

九、正心术，立正学，为往圣继绝学

企业是经营知识的机构，咨询公司当然更是经营知识。除了经营知识，我们也应该给这个世界留下知识遗产。我一向是爱学习，爱总结，也爱动笔的人。在公司经营工作之余，写作也就成了我的第二事业。更何况，我的写作，本身也是公司经营的一部分。

十几年前，清华大学的博导高中羽老师就劝我写书。我说我的积累还不够，有一些经验，但是很难说系统地写一本书出来。他说："唉！负责任的人，都觉得自己积累还不够，不负责任的人就成了大师了。"我听了他的话，2013年，终于鼓起勇气出版了我和华楠合著的第一本书——《超级符号就是超级创意》。那时候我正在中欧上学，我就请中欧的营销系系主任蒋炯文教授给我写序。蒋教授热情洋溢地给我写了一篇充满赞扬之词的序言，不过他也对我说："华杉，你这本书真不像一本畅销书的写法，比如说你写超级符号，整本书应该只有一个主题，就是超级符号，比如你说超级符号的三大特征：一、明确的指称；二、浓缩巨大的信息量；三、强烈的行动指令。你说超级符号是所有人都熟悉的、都听它指挥的符号，能让一个新品牌在一夜之间成为亿万消费者的老朋友，能激发品牌偏好和大规模购买。这些观点已经够一本书了，后面就是一个一个的案例分析，去印证这些观点，这本书就写完了，读者也能学到。但是你这本书的信息量太大了，话题太多了！"

蒋教授说得非常准确，《超级符号就是超级创意》这本书，确实并不只是讲超级符号。2016年我又出了增补版，增加了更多内容，都不是超级符号的内容。这本书，实际上是华与华方法的一个精要版。所以之后我还会出版一本书，就叫《华与华方法》，就是重新整理过的华与华方法精要。

按蒋教授的标准，这本书应该分拆扩充写成十本书，这是我的计划，也是我的任务。但是，就像之前我跟高中羽老师说的——我的积累还不够——或许要再积累十年。积累什么呢？一是读书学习，二是积累经验，三是积累案例。我希望我写的，都是自己的实践案例，因为你观察分析别人的东西，总是不把握，就像我看别人有时候分析我的案例，往往边都不挨。所以最好是自己实践得来、知行合一的东西。要建筑科学的大厦，有四梁八柱，屋顶窗户，分割一个一个的房间，然后说，这幢房子，这些个房间，相互独立，完全穷尽，我把这些事情都给讲清楚了！那可不是一件简单的事情，需要毕生的精力去完成。

在这个积累酝酿的过程中，我也想找点其他的事干，如果说有什么我从小就熟悉、与生俱来，又身体力行、知行合一的，恐怕就是中国的兵法和儒家价值观了。这些东西我差不多每一个毛孔都懂，我就想写"四书"注解。但是，我想我一个搞咨询公司的，写一本《论语》解读，恐怕没人看。我就临时决定，先写一本《华杉讲透〈孙子兵法〉》，因为搞咨询的，写兵法比较合理呀！兵法有人读了，就成了"国学大师"了，《论语》也就有人读了。

于是我把家里的《十一家注孙子》翻出来，下我的日日不断之功，每天早上5点起来，开始写《华杉讲透〈孙子兵法〉》，183天就写完了。写这些东西，对于我来说，真是举手之劳，竹筒倒豆子，全部交代了就是，因为差不多就是写我自己。《华杉讲透〈孙子兵法〉》2015年出版，获得了很大成功，如今在中国已卖出超过50万册，并且已经在韩国、泰国出版，中国台湾也出了繁体字版。我希望我这本书能翻译成十种语言，传播到全世界。2018年，我又受罗振宇邀请，在得到APP开了一个《华杉讲透孙子兵法·30讲》的音频课程，也非常受欢迎。很多读者说，我这本书颠覆了他们对《孙子兵法》的认识，我说，我不过是把你们过去搞错的给归正一下而已，也没有一个字是我的观点，都是十一家注的正解，只是人们不熟悉古文，后面讲的老师又个个都想发明新观点，于是越描越黑，圣道就失传了，我不过是把原著原意上的灰尘抹去，重新擦亮，这就是为往圣继绝学。

《孙子兵法》之后，我紧接着又出版了《华杉讲透〈论语〉》，如今卖了9万册，也算开局不错。再接着又出版了《华杉讲透〈孟子〉》《华杉讲透〈大学中庸〉》《华杉讲透王阳明〈传习录〉》，这样就完成了我的儒家思想写作计划。

写作儒家思想，我是希望以后能写一本《儒家企业文化》，因为我一直向日本企业学习，管理思想上宗法德鲁克，而德鲁克也说他的思想在日本得到了最好的实践。他说，日本是将西方管理思想和本国文化结合得最好的国家。而以我的观察，日本结合的本国文化是什么呢？就是儒家思想！我的日本老师们都很喜欢我，因为当他们跟我讲丰田生产方式的某某理念的时候，我都能在"四书"或王阳明的思想里给他们找出根源来，他们也觉得可以和我教学相长。《孙子兵法》当然也是他们最崇尚的了。

中国企业这些年学习美国太多，学习日本不够，我想把《孙子兵法》、儒家思想和美国、日本过去的经验整合起来，看看能不能形成一套中国的儒家企业文化和管理思想呢？我不知道自己学力够不够，也还需要长时间的积累，不过，在现在的能力范围内，先把儒家经典解读写一遍再说。一来写这些思想，对于我来说都是与生俱来，生知安行，知行合一；二来自己写一遍笔记，也是重新学习一遍。

滴水穿石！当你知行合一，切实笃行去滴，你就会发现没几块石头经得起水滴的，滴吧，滴吧，一块石头穿了；滴吧，滴吧，一块石头又穿了！前后四年时间，我就把《孙子兵法》、四书、王阳明《传习录》都写完了。之后要回到我的正题，写华与华的战略营销品牌创意方法论系列，但我的积累还不够。可是，早上写作已经写习惯了，不写难受，我就找了一块大个儿的石头——《资治通鉴》。这块石头，够滴个七八年的，刚好七八年后我也差不多可以把我的专业修炼到敢写书了。

选择《资治通鉴》，也是有策略的，因为这书部头太大，一百年也很难有一个人鼓起干劲去搞一遍。目前市面上的《资治通鉴》白话文本，一种是分给二十多个人，一人分译一部分的，这种译本通常质量都很差，因为它是出版社的一个定制产品，参与的译者本身对书也没热情。译的时候也很盲目，译得跟白开水一样，很多不必译成白话也能理解的，他译得比白话还白，原文的气脉全没了。还有一种呢，就是柏杨老师译的，柏杨下的功夫很多，贡献很大，但是他对中国历史是持根本的否定和批判态度，所以整本书的仇恨倾向太强，也不合适。所以我就想自己写一本，一是把原文韵味和白话文翻译的尺度把握好，二是用《孙子兵法》和"四书"的角度去解说历史，在"司马光曰"之外加一个"华杉讲透"，《孙子兵法》正可解读战例，而政事可以用"四书"解读，不是说"半部《论语》治天下"吗？我们正可用整部《论语》，再加上《孟子》《大学》《中庸》，去解读一遍《资治通鉴》，把《资治通鉴》写成《孙子兵法》和"四书"的案例集。我想这也是一个有价值的工作吧！

德鲁克说，知识人的社会，人过了四十五岁，往往他本职工作的知识就会落伍，自己在工作岗位上也不强了。这时候，人应该找到自己的第二志向，或者第二志趣也行，以免陷入中年危机。我很幸运，我的工作和读书学习，完全统一。

55岁之前，我应该可以完成我的全部中国历史和文化写作。55岁之后，就全部转入专业企业写作了，主要集中在企业战略、品牌营销、企业管理和企业文化方面。这方面，我志向还挺大，六个字，就是"正心术，立正学"吧！因为千百年来，一代又一代，总是正邪之战，总是正学和歪门邪道的平衡，而道高一尺，魔高一丈，人们因为贪巧求速，拔苗助长，总是很容易掉进魔道里去，每个领域都一样。所以，我想用华与华的实践和学术，树立一个正心术、立正学、走正道的范例，也找到我们的同道，我读王阳明的《传习录》，看他总哀叹如何拯救天下人，我也想像他一样，建立"致良知"的"企业心学"！

2013年，父亲去世之前，在最后的昏迷中，他反复给自己鼓劲说："努力！努力！"这就是父亲留给我们的最后遗产——努力！

附录二

华杉年会演讲：终身事业，终身顾客

　　我今天给大家演讲的标题是"终身事业、终身顾客"，接下来我会通过"时间"、"勤"、"诚"、"爱"和"事"这五个关键词来做今天的分享。

一、时间

1. 一切都是时间的成果，我们要经营自己的人生总时间

　　我在标题里面用了两个"终身"。这里的"终身"就是一个时间长度，是从我们出生到死亡的时间长度，这决定了我们是一个什么样的人，度过了什么样的一生。在我们的一生中，每个人都有他的至暗时刻，也有他的巅峰时刻。

　　大家认为人的巅峰时刻应该是什么时候？我觉得一个人的人生巅

峰，应该是在他死了以后。他死了以后，仍然不断有人在认识、学习他的思想，他的思想还一直在影响更多的人。千秋万业靠的是教育家，圣人就是在他死了一千年以后，每年都还在创造新的思想巅峰。这就是"时间"的概念，就是要看你活在一个什么样的时间里，以及你死了之后，你的时间是不是还在继续。

罗振宇是我们的合作伙伴，是我们的好朋友，我从他那里学到了一个概念：我们的生意有两种，一种是时间的朋友，一种是时间的敌人。比如说你购买了汽车之后，说这个车不想要了，想退回去，马上要打上七五折，但是你买一个房子，结果是越往后越升值。所以房子是时间的朋友，汽车是时间的敌人。一般来说，高科技的公司往往都是时间的敌人，因为今天最顶尖的，可能明天就会变得一钱不值。

那什么生意是时间的朋友呢？比如说我们"读客文化"做的出版，它是时间的朋友，做得越久，你的版权就越多，做出版跟做收藏一样，越久越值钱。所以我们做生意，要选择做时间的朋友。我想华与华的工作也是时间的朋友，我们每个人都要做时间的朋友，所有的成功都是靠积累得来的。

罗振宇还提到了"国民总时间"这个概念。华楠在做"读客文化"的时候，他说我们不是在跟别的图书竞争，我们是跟电影竞争、跟游戏竞争，我们要做的是让大家不要看电影、不要玩游戏，来读我的书。这实际上还是一个时间的竞争，竞争的是"国民总时间"。

所以我们要去体会时间的意义——一切都是时间的成果，每一个人都要去经营我们的"人生总时间"。时间在哪里，结果就在哪里，我们要对每一天的时间都提前做好规划，去经营好自己的时间。

2. 集义而生，把时间都用在有价值的事情上

很多人都说用"画象限"的方式可以做到高效率地利用时间，就是把事情分成"重要又紧急"、"重要不紧急"、"不重要但紧急"和"不重要又不紧急"。我看了这个东西之后，我就觉得这个人实在是对时间没有概念。如果大家每天都在用这个来区分自己的事情，那你会永远只处理紧急的事，而且永远都有紧急的事。

所以，如何善用我们的时间？首先是要把它全都用在有价值的事情上。如果说我们能够做到"集义而生"，每天只做能够长期积累价值的事情，这样在你的时间表上也就不会有什么"重要紧急""重要不紧急"的划分了，因为你压根就没有什么"紧急的事儿"，因为每一件事都要日积月累地去做。然后，你要想没有紧急的事儿，还需要"少做事"，这个道理是曾国藩告诉他的弟弟曾国荃的。曾国荃打下南京，发了大财，衣锦还乡。曾国藩就给他说，你要"少举事"，不要今天去捐桥，明天又去修路，老想给家乡做贡献。这听起来好像是好事，但是会分散你的精力，让你无法去修养自己。

3. 时间管理三原则：日日不断、大块使用、只给自己用

时间管理有三个原则。第一个原则，就是时间一定要日日不断地用，做一件事你必须日日不断。第二个原则，时间一定是大块地使用。现在流行说"时间碎片"这个词，但是大家想过没有，你的时间为什么老是碎片呢？少举事，只做重要的事，集中时间处理事情，你就应该没有碎片时间。我们要把时间都大块大块地使用，这样才能"集中优势兵力打歼灭战"。第三个原则，绝对不给别人用，只给自己用。就是要学会铁石心肠地拒绝别人的邀约，不管是谁，不管是什么事，只要跟我的主战场没关系，就不做。

4. 做终身顾问，为企业提供终身服务

上个星期我给我们公司确定了一个新的定位，就是"企业的战略营销品牌终身顾问"。实际上我们公司一直没有解决这个定位的问题，我们老说"华与华＝战略咨询公司＋产品开发公司＋广告公司"。跟我们合作时间长的客户，像华夏幸福，他们说我们就是他们的战略营销品牌总顾问，但是我觉得应该改成终身顾问。这个"终身顾问，终身顾客"也是我们公司的一个经营理念，我们咨询费的定价是以这个思维模式来的——就是以企业能持续支付、华与华能终身服务为标准。我们以前没有把这个强调出来，我现在把这个强调下。

然后，非常感谢胡老师，胡老师帮我解决了华与华的"质量标准到底是什么"的问题。胡老师说质量标准，一定要数字化，一定要量化。我说我们行业没法数字化，没法量化。但是胡老师他就是死磕着找，就给我找到了一个数据——客户的存续时间。

客户的存续时间就是我们的品质标准，这样我们就可以把每个客户的品质都数字化出来。我们以季度为单位，最低分就是1分，能做满一年的就是4分，两年的是8分，这样华与华做过的所有客户质量分就出来了，这就有一个指标、有一个KPI去衡量它。"终身顾客、终身服务、终身事业"就是我今天给大家讲的最核心的一个内容。

二、勤

刚才讲了"时间"这个词，我要说的第二个词就是勤奋的"勤"。我请设计总监程林越给我做了一张墓碑的图，墓碑上写着"一个勤奋的人"。这个意思是想说，如果我死后，我想在我的墓碑上刻一个"勤"字，我希望勤奋是我一生的写照。

这个"勤"也是曾国藩说的，他说："人生于勤，毁于惰，成于敬，毁于傲。"有两个字是最能让人败下来的，一个是"惰"，一个是"傲"。"天下古今之庸人，皆以一惰字致败；天下古今之才人，皆以一傲字致败。"我们每个人要时刻警惕这两个字，一个是"惰"，一个是"傲"，我们要跟自己的惰性做斗争。

华为讲的"高层要有使命感，中层要有危机感，基层要有饥饿感"，这里面说的"饥饿感"，是那种对成功的欲望，我们不能成功，往往就是因为最基本的欲望不够。一旦欲望不够，那动力就不足，所以我们一定要有饥饿感。

我们一定要勤奋，要去除"惰"字，然后一定是要心怀感恩和敬意，去除"傲"字。

三、诚

1.尽人之性

第三个我要说的是"诚"字。《中庸》里面说"天命之谓性，率性之谓道，修道之谓教"。天命就是上天给你的性质，就相当于给这个物体的物理性质或化学性质，水到100摄氏度就要变成气体，到0摄氏度就会结冰，这是它的物理性质。上天给我们的是人性，率性就是把我们的个性充分发挥出来，这就是"道"，而修这个"道"就是"教"。"唯天下至诚能尽其性"，只有我们一片至诚，才能充分地发挥自己，才能"尽性"。

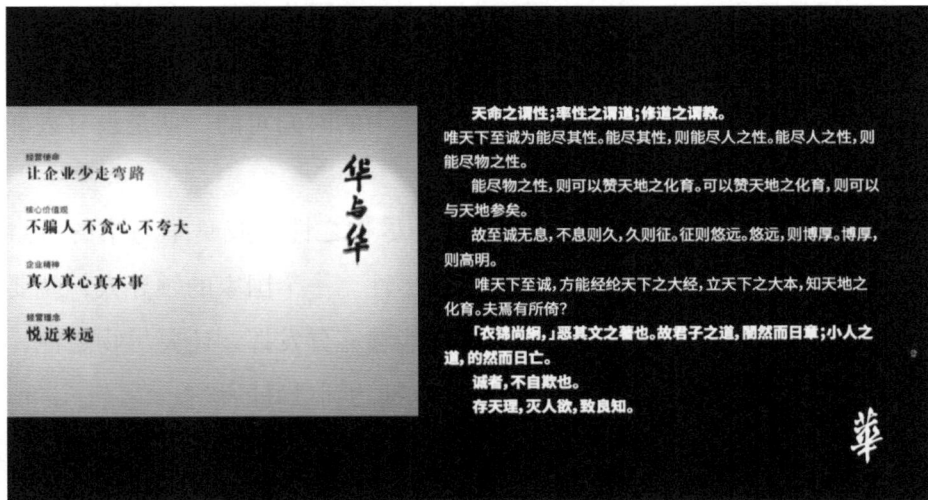

我们对客户一定要一片至诚，要无我，要只想着怎么把这个活儿干好，只想着怎么去帮他解决问题。我们越能"尽性"，就越能充分发挥出自己的价值。可能有人总是担心自己和客户想的不一样，担心客户是不是不喜欢我了。我最恨的就是这个想法，为什么非要知道客户想干什么？我们要做的是给他真正需要的，而不是投其所好给他想要的。只有做到天下之至诚，才能够尽己之性。

"尽己之性"之后还要"尽人之性"。不管你是一个合伙人，还是一个小组长，作为领导的职责，就是要让每个人都尽性，让每一个人都得到充分的发挥，把他的全部能量都发挥出来。我们每天早上开晨会，大家互相交流、相互帮助，就是为了尽小组之性、尽每个组员之性，把整个团队的力量充分发挥出来。

2. 尽物之性

尽人之性了之后也要尽物之性。我们去日本学习5S，看到车工每天都会把车床擦得干干净净。所以这个车床用了25年，生产效率还是那么高，这就是尽物之性。大家工作的时候有没有尽你们的电脑之性？一台电脑在你的手里到底用了几年？是不是有的人用的时间长，有的人用的时间短？用的时间长的，就是尽物之性；用的时间短的，就是没有去好好爱护它。

我们要能够尽己之性，尽人之性，尽物之性。我是华与华的董事长，我的职责就是让你们所有人都能够尽性。一个国家的领导人，就要让全国人民都能够尽性，让全国人民都能够充分发挥，还要尽物之性，让山川河流、一草一物、空气、阳光和水都达到最好的状态。

3. 至诚无息

至诚无息，无息是没有停息的意思。什么是原则？原则就是没有例外，对谁都是一样的。西贝的贾总为什么那么支持我？他说："华杉你知道我最看重你什么？我最看重的是你没有私心。"他确实看到我们在对西贝的服务里边，从来没有为了保护自己而去做一些不恰当的事儿。没有私心时间长了，自然就表现出来了，而且悠远，持续很长时间。基业长青，厚德载物，这是一点点攒起来的东西。

　　在2016年的年会上，我说我们要做国民咨询公司，要以"诚意"形成寡头垄断，道理就在这里。所以说："唯天下至诚，方能经纶天下之大经，立天下之大本。"

　　再讲一个"衣锦尚絅"，里面穿着锦衣，外面套着麻衣，让最有价值的东西慢慢地自我显现。一个人的人生巅峰要在他死后，有的人刚开始看的时候很厉害，走近了之后才发现名不副实。另外一些人，开始看的时候，不怎么起眼，越接触越觉得厉害，而且每一次接触都觉得他后面还会有东西，我们就是要做这样的人。

　　这就是"君子之道，暗然而日章；小人之道，的然而日亡"。小人是用意表现，开始的时候让你觉得很厉害，是大师，后面一年、二年、三年、五年，的然而日亡，破产了，那些纸糊的大厦就都被撕碎了。而君子之道不那么显眼，但是会暗然而日章，是一点点开始的，你开始觉得他土鳖、草根，但最后他会成为最耀眼的明星。

孟子也讲过这句话，说你不要做七八月间的大雨，呼风唤雨得不得了，但是一会儿就没有了，明天人们就忘了这场雨了。要做有源之水，能填满一个水塘，往下再填满一个溪流，最后可以汇成江河、大海。我们要做日日不断之功，要积累，要滴水穿石，最后也是汇成大河。

所以，华与华最核心的价值，就是一个"诚"字。那么什么是"诚"呢？朱熹说得最精彩："诚者不自欺也。"不要欺骗自己。欺骗的原理是自欺欺人，人若欺人必须先自欺，先把自己骗信了，然后就欺人。所以我们写PPT的时候，大家要看一下里面有哪些话是你自己都不信的。当你很认真地去对待时，你说出的每一句话，写下的每一个字，你都能做到自己不欺自己。

4. 存天理，灭人欲，致良知

"存天理，灭人欲，致良知"，我也经常讲这个，这也是朱熹的话。朱熹说吃饭就是天理，美食就是人欲。我觉得说得有点过了，因为朱熹自己还喜欢喝美酒。我觉得应该是美食就是天理，管不住嘴、吃多了、吃胖了就是人欲。这样一看，每吃一顿饭都可以修"存天理，灭人欲"。

在我们跟客户的合作里面，给客户把活儿干好就是天理，想办法续签就是人欲。天理人欲的分界就在这儿，这样你就不会为了去签合同而做一些迎合客户的事情，你就能够始终按自己的原则来办事。这就是王阳明说的"我心光明"，我只凭着大是大非去做，这就是良知。良知是不问结果的，人欲是要结果的。所以，我们做事不要人欲，一切只凭是非去做。

5. 没有什么是理所应当，一切都是难得可贵

我最近经常给大家讲两句话。第一，"没有什么是理所应当的，一切都是难得可贵。"今天所有的一切，包括你的家庭，包括你在华与华的工作，包括今天巨大的繁荣的中国市场，都是难得可贵的，不是理所应当的。我们收客户这么多钱，是难得可贵，不是理所应当。为什么？在亚当·斯密的《国富论》里面有答案，他说在穷国是赚不到钱的，在富国也是赚不到钱的，只有在迅速增长的地方才能赚钱，因为财富有增量，有增量才可以用于分配。

6. 没有什么是一劳永逸，一切都需要不断获取

我要说的第二句话是："没有什么是一劳永逸，一切都需要不断获取。"我们有好几个客户都表态说："除非我死了，否则我都要跟华与华

合作。"如果你听到这句话，并且把它当真了，你觉得可以一劳永逸的话，那你很快就会被这个客户所抛弃。所有的问题，都出在做成一件事之后，就觉得可以一劳永逸了。为什么婚姻会出问题？因为没结婚的时候都在不断获取，一结婚就以为可以一劳永逸了。

四、爱

我还要讲一个"爱"，这个字是我在西贝学习到的。华与华是一个特别理性的公司，西贝是一个特别感性的公司，我非常羡慕西贝能把爱传递出去的文化。

我前段时间看了我们的客户电话记录，很多人问我们有没有分公司。华与华为什么没有分公司？这其实也因为我们的一个基因，就是一定要让所有人在一起工作。这次年会有一点让我感受很深，就是设计师专项奖的评选，每一个人上去讲述的华与华方法，我都觉得非常地准确。这是我努力所得来的，因为我每星期至少会和全公司的人一起开一次会，要么就是周一的例会，要么再加上周二的培训。

"在一起"这个词非常地重要，我们有非常多的集体活动，有非常多像现在这样大家在一起交流的机会。所以，我说华与华的办公室一定要有一个能容下全公司所有人的会议室。现在我们公司的会议室我认为已经到了极限，以后华与华到300人、500人，我已经研究好了怎么设计办公室的会议室，就是类似英国下议院的那种会议室。下一个华与华的全体会议室就那么装修。这样的话，我们每周还是可以一起来讨论，一起来进行脑力的激荡。

同时，我也希望你们大家除了小组的团建以外，也要加强小组长之间的交流、设计总监之间的交流以及和我们合伙人之间的交流。各个不同的团队，要发扬在一起的友爱文化，相互帮助，促进进步。否则，一个公司里边很快就变成不同的小团伙了。这些都是在一起的意义。

五、事

1. 必有事焉而勿正，勿忘勿助

最后一个字，就到了我们的主题"事"。"必有事焉"，事就是要用功，有事一定是有具体的事儿。这是孟子提出来的，王阳明也经常引用这四个字。"必有事焉而勿正"是孟子修心的方法，就是只问耕耘不问收获，只管努力，别问结果。我们说问题，一定要说具体的问题。只有说到具体的事，才有具体的解决方法。我们要言必有事、行必有事。

"而勿正"，"正"就是有预期，有期待；"勿正"是不要有期待；"勿忘"就是不要忘记，要下日日不断之功，每天要下的功夫别忘了；"勿助"就是不要拔苗助长。

所以，你们每一个人在华与华的成长，想要成为合伙人，想要成为大师，就要做到"必有事焉而勿正，勿忘勿助"，这就是修身的心法。你老是急躁，就永远练不成。

2. 知行合一，事上琢磨

王阳明说："人须在事上磨练，做功夫，乃有益。"这就是我们说的凡事彻底。凡事彻底是我们2018年年会的主题，今年说事上磨练，来来回回一直也都在磨这一个事儿，只有你在事儿上磨练，你才能够知行合一。

我今天说的，第一个是时间，做终身事业，服务终身顾客，行日日不断之功。你去做了，你就会找到其中巨大的乐趣和成就。你一定得在事上磨练，去做了，你就知道什么叫勤奋，不要惰，不要傲。不要有期待，你自然能体会到那种诚意。所有你得到的东西，往往都是事先没有期待的，你要去理解这一点，因为奇妙的地方就是它自己会来。我们不要老想去夺取，而是你自己在这儿，让它自己来。你得去事上磨练，才做得到知行合一。你深深地投入了对别人的爱，你也能够得到别人传递给你的爱，你也才能够对"爱"知行合一。

附录三

华与华历届百万创意大奖金奖案例

▲ 四只猫项目组获得华与华第9届百万创意大奖金奖

在华与华价值观中，做企业，就要做到不可撼动。为企业制定战略，想要达到的就是帮助企业实现不可撼动。四只猫咖啡就是这样一个标杆案例，华与华为四只猫洞察到"云南咖啡与消费者间信息不对称，导致没有定价权、咖农弃咖种菜"的社会问题，提出"让中国人民喝上货真价实的云南好咖啡"，为企业一举扎下事业母体的根，开凿流量的根本源泉。

用"云南咖啡好，认准四只猫"的品牌谚语和"四只戴着咖啡豆的云南瓦猫"的超级符号，为企业一举扎下"文化母体"的根，用云南文化重塑咖啡这一全球品类，激活五个市场，使四只猫咖啡成为响应乡村振兴、助力区域经济、被国务院经济研究所点名邀请交流的中国电商标杆案例。

▲ 蜜雪冰城项目组获得华与华第8届百万创意大奖金奖

蜜雪就是茶饮界的可口可乐，在大众消费品赛道用平价征服世界，向规模要利润。 蜜雪和可口可乐有着相同的品牌基因：高质与平价、爱与平等。从第一支3元冰淇淋开始，让全球每个人享受高质平价的美味，就被写进了蜜雪的企业使命当中。

"全球品牌，百年企业"，这是华与华服务蜜雪的目标。而全球品牌从全球化的超级符号"雪王"开始，到品牌歌曲，再到营销活动，华与华的超级符号与文化母体四部曲理论，直接指导着蜜雪项目品牌全球化的建设和管理工作。

▲ 洽洽项目组获得华与华第7届百万创意大奖金奖

华与华同洽洽合作开始于2019年2月，同年7月18日，洽洽首次对外发布全新品牌战略
"洽洽掌握关键保鲜技术"，与此同时，华与华为洽洽设计的全新产品包装也同步上市
发售。新包装上市首月，销售同比提升120%，销量、市值双双破新高！

2020年，华与华在成功为洽洽打出第一个拳头产品后，又快速拉出风味每日坚果和坚果
早餐两大品类围圈，相继推出洽洽早餐每日坚果燕麦片和洽洽益生菌每日坚果两个重量
级新品，两个产品一经上市再次大获成功。

▲ 足力健项目组获得华与华第6届百万创意大奖金奖

在鞋服行业这样一个竞争高度白热化、市场成熟度高的领域，尤其是近年大量国内外鞋服品牌面临着业绩下滑、关店潮的情况下，足力健老人鞋则凭借开创全新品类，专注于老人鞋类别，创造了一个鞋服行业新奇迹。

2017年，足力健老人鞋同华与华达成战略合作，用华与华方法中的价值之轮，深入企业和品牌内部，夯实老人鞋品类基础。华与华为足力健老人鞋创意策划超级符号、超级服务、品牌活动等内容，从创新产品入手，提供鞋服行业门店新服务，让消费者享受到极致舒适的产品与购物体验，推动品牌成为老人鞋行业乃至老人产业龙头企业。

華与華方法
**在亚洲战场的
第一次成功实践**

莆田
PUTIEN

4年
持续合作

▲ 莆田项目组获得华与华第5届百万创意大奖金奖

2015年，莆田餐厅作为新加坡中餐品牌的代表进入中国，率先选择了华与华。在持续4年的合作中，华与华以中国市场为范本，一举完成了莆田全球品牌的管理升级，统一了莆田全球门店。通过食材节战略为莆田建立了一整套独立的企业经营活动，统领了莆田全球总部营运、品牌传播、产品开发、创新业务的节奏。

莆田案例的成功，是华与华开启海外出征和全球服务的第一步，也是我们用华与华方法孵化和培育全球化品牌的一次成功实践。

336

▲ 汉庭项目组获得华与华第4届百万创意大奖金奖

2016年，华与华为汉庭酒店确立了极致干净的品牌战略，创作了"爱干净，住汉庭"的品牌超级口号，设计了品牌体验系统，推动汉庭干净行动工程，开创了汉庭酒店的新蓝海时代。

▲ 六颗星项目组获得华与华第3届百万创意大奖金奖

2009年，华与华成为吉林云天化的品牌战略伙伴，为其化肥板块业务进行战略营销咨询服务。为六颗星创作了"星条格"的品牌超级符号，和"六颗星牌长效肥 轰它一炮管半年"的品牌超级口号，合作八年成功落地十个产品开发的金点子，体现了华与华营销先行的产品开发方法。

▲ 360项目组获得华与华第2届百万创意大奖金奖

2012年，华与华同360开始品牌战略营销咨询合作，为360提出转型互联网安全的企业战略，确立了"保护中国互联网安全"的经营使命，将360定位为"中国互联网安全中心"，围绕这个战略，华与华帮助360重新设计了业务组合和产品结构，策划了中国互联网安全大会，推动360转型为覆盖国家网络安全、政企网络安全、个人网络安全的全领域安全公司。

▲ 西贝项目组获得华与华首届百万创意大奖金奖

2013年，华与华为西贝创作了 I ♥ 莜 的品牌超级符号，并在以后的几年，为西贝创意了"亲嘴打折节"等精彩的营销活动，推动西贝从西北乡土气息浓厚的地方菜一举跃迁为国际化的时尚餐饮品牌。

蜜雪冰城与超级符号哲学模型

华杉

上海华与华营销咨询公司董事长

2023年4月，《经济学人》杂志将蜜雪冰城列为全球第五大连锁餐饮品牌，排名仅次于麦当劳、赛百味、星巴克和肯德基，从而让这个中国冰淇淋和茶饮品牌引入了全球商界格局的顶层视野。蜜雪冰城的成功，特别是在海外市场品牌的迅速成长，得到了华与华独特的超级符号方法的支持。

2013年，华与华公司的创始人华杉、华楠兄弟出版了《超级符号就是超级创意》一书，后来推出了英文版本《SUPER SIGNS》。此书中开宗明义写到：

"超级符号是人人都熟悉的，并且会听它指挥的符号。将品牌嫁接超级符号，能让一个新品牌，在一夜之间成为亿万消费者的老朋友，迅速建立品牌偏好，并引发大规模购买。"

蜜雪冰城，就是华与华超级符号方法的标杆案例。

华与华定义超级符号两个特征，一是人人都熟悉，二是人人都会听指挥。

书中举例说明的两个例子，一个是男女厕所标识，一个是红绿灯，这两个符号在文化上一定是人人都熟悉，而且必须听指挥。

华与华超级符号方法的创作宗旨，就是为所有品牌标志设计和所有营销传播创意设定标准。无论是标志设计、文案写作、包装设计、门店设计、展览设计等等一切，都要以男女厕所标识和红绿灯这样的效果和效率为标准。

关于熟悉度，在华与华-浙传超级符号研究所出版的《超级符号理论与实例》一书中，称之为"共同的文化契约"，只使用每个人都熟悉的元素，而绝不做任何独一无二的设计，因为只有人人都熟悉，才有共同的文化契约，才能实现沟通，而且是最高效率的沟通。

关于听指挥，是指传播的目的，即消费者行为。消费者需要执行两种行为：一个是向我们买——购买行为，一个是替我们卖——口碑传播行为。所以，一切创意设计，都是激发行为的指示，是设计一个指挥棒。华与华方法是行为主义的和行动导向的。

华与华设计的蜜雪冰城品牌标识，是一个戴着王冠，披着斗篷的雪人，举着一个冰淇淋头的权杖，其中的雪人、王冠、斗篷、权杖、冰淇淋等元素，都是标准图标式的，就像公共标识一样。

这反应了华与华的设计理念，让品牌形象"公共标识化"，公共标识化的意义有两点，一是共同的文化契约，确保没有歧义，也没有"杂念"，没有添加；二是设计的"大众化"和"规模感"，不小资，不小众，不脱离实际，不狭隘，而是成为公众品牌，这样才有大生意的规模，才是追求国际扩展性的企业至关重要的。

为确保没歧义，没杂念，没添加，华与华设计的蜜雪冰城的雪人，一定是一个儿童读物绘本上最标准的雪人，不能是一个创新的、独特的雪人，要是一个全世界所有人都认识的一个雪人，每个人看到它都能毫无疑虑地认出它是雪人，因为戴了一顶王冠，他自然就被称呼为雪王。

所以，华与华的设计不追求独特性，而追求熟悉感，或者我们干脆说追求普通，因为我们认为独特会提高成本。《超级符号就是超级创意》书中说超级符号"能让一个新品牌，在一夜之间成为亿万消费者的老朋友"，就是因为超级符号的设计元素只用"老朋友"，只用所有人最熟悉的元素。一切传播都是符号的编码和解码，这些"老朋友符号"的编织，就构成一个全世界所有人都无障碍、不设防的超级符号，这就是蜜雪冰城品牌迅速风靡世界的符号学秘密。

华与华说，一切问题都是哲学问题，我们发布了超级符号哲学模型，来解释超级符号方法。

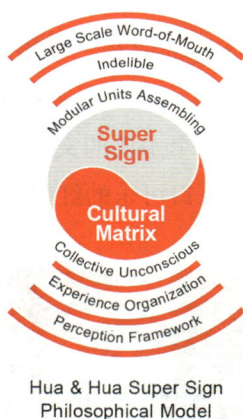

超级符号哲学模型
Hua & Hua Super Sign Philosophical Model

Hua & Hua Super Sign
Philosophical Model

中间是超级符号和文化母体，超级符号来自于文化母体，可以说，有文化母体，就是超级符号，没有文化母体，就不是超级符号。那么，什么是文化母体呢？

文化母体就是养育我们的整个文化，是我们生活中不断循环往复，不断重复的那部分，重复到成为我们所有人共同的经验，共同的知识，共同的观念，是我们与生俱来的，祖先传下来的，每个人都知道的，而且每个人的观念和行为都会受其影响，甚至会受其操控的文化。

文化母体是我们成长的文化，是我们生活中循环的那部分。例如，圣诞节是一个重要的文化母体，全世界人每年都会庆祝圣诞节。我们还有一些小的文化母体，比如人们在拍照的时候会喊"Cheese"。要将文化母体作为营销传播的资源，可以将其分解为四个步骤，即"文化母体四部曲"。

1. 寻找母体
2. 回到母体
3. 成为母体
4. 壮大母体

文化母体四部曲模型
Hua & Hua Cultural Matrix Tetralogy

文化母体四部曲有一个很好的例子：1937年可口可乐公司希望在冬季销售更多可口可乐，于是委托艺术家协助他们创意圣诞节营销活动。这位艺术家选择了一个主要的文化母体"圣诞节"，并创造了超级符号"圣诞老人"，穿戴着可口可乐的红白色夹克和帽子。

在那之前，圣诞老人的形象是没有统一的颜色的。他们有时是蓝色、有时是绿色、但从未是红白色的。在寻找母体和回到母体之后，可口可乐圣诞老人成为了唯一的圣诞老人，在全球传播和推广壮大了圣诞节和圣诞老人。这就是可口可乐使用"文化母体四部曲"的方式，尽管当时他们并不知道这个理论的具体细节。

　　华与华在2003年为田七牙膏创意的电视广告，也运用了"文化母体四部曲"。在这个广告中，人们一起拍照，大声喊"田七~"，明亮的笑容露出洁白的牙齿。它利用了一个已经建立起来的文化概念——说一个特定词语从而鼓励展颜微笑，笑当然会露出牙齿，例如"Cheese"。然后，用品牌名称代替这个词语，就让这个词语与大家习惯性特定词语和习惯相联系，比如英文"Cheese"或中文"茄子"。说田七的好处在于，它比说茄子更夸张，更令人兴奋。拍照大声喊"田——七——"，是品牌名称的独特听觉符号，它甚至也同时是广告口号，咧开嘴，露出牙齿，也传达了品牌的身份、价值和体验。

　　在超级符号哲学模型的最底层，是人的知觉框架，也就是人将感官获得的信息处理成经验的框架，知觉框架可以说有先验哲学的意味。什么叫先验哲学呢，就是康德的先验唯心主义哲学。在康德之前，以培根为代表的经验主义哲学认为，人的一切知识都来源于经验；康德则指出，人把感官接触到的信息处理成经验的能力是从哪里来的呢？这个能力不是学习得来的，不是经验得来的，而是先天被给予的，是先于经验的。这就区分了经验和先验。

　　先验不是人的智慧，而是产生智慧的处理器，我在这里把它称为"知觉框架"，在现在的时代背景下，我更愿意称之为"感知框架"。认识这一点很重要，今天的人工智能（AI），可以说和先验唯心主义哲学有直接的联

345

系，我们说ChatGPT建立在一个大语言模型上，它建立了一个知觉框架，一个处理器，所以AI是可能超越人类的，因为它的处理逻辑跟人类一样，而处理能力则可以是人类的无穷多倍。

总之，我们首先认识到有这样一个先验的知觉框架，这个框架不是我们学习得来的，是安装在我们身上的。这个知觉框架处理信息，形成经验，而所有的经验，构成一个"经验秩序"。经验秩序的底层，是集体潜意识；集体潜意识之上，不同文化的人，有不同的文化母体。你可以理解，集体潜意识是来自人类共同祖先的，文化母体是不同族群，不同文化的。

知觉框架、经验秩序、集体潜意识、文化母体，就是我们创作超级符号的基础、原料，在文化母体中提取预制件、标准件来编织符号，它契合人的经验秩序，能激发人的集体潜意识，它就能很容易安装到经验秩序里去，无法卸载，也就是看一遍就忘不了。不仅过目或过耳不忘，无法卸载，而且有转述给他人的冲动，也就能发动大规模播传。

大规模播传是最高效的、且没有任何成本的有效传播方式。这也是超级符号的"超级价值".

蜜雪的雪王，就是一个可以体现超级符号商业价值的典型案例：雪人、王冠、斗篷、权杖、冰淇淋，都是母体符号的预制件，是标准图标，不要改造，不要独特，也是为了便于预制件，也就是标准件的安装——安装进受众的大脑——如果不是标准件，就不符合经验秩序，就不容易安装，强挤进去也容易脱落。

蜜雪冰城的符号系统，除了视觉的雪王形象，还有一首风靡全球的品牌歌曲，歌曲只有三句话："你爱我，我爱你，蜜雪冰城甜蜜蜜"，英文版则是"I love you, you love me, MIXUE ice cream and tea."这也是超级符号的编码方法，在"你爱我，我爱你，蜜雪冰城甜蜜蜜"这句歌词中，你爱我，我爱你，甜蜜蜜，都是华与华所说的"母体词组"，是预制件、标准件，是在集体潜意识和经验秩序中的，中间只加入了一个"蜜雪冰城"，所以，相当于三匹马拉一架车，它很容易就绕开心理防线，溜进了受众的脑海。歌曲的旋律，也是预制件，选用风靡170年的美国民歌《啊！苏珊娜》的旋律，也就实现了"无法卸载"和"发动大规模播传"。

346

像《啊！苏珊娜》这样的歌曲也是"文化母体"，它们每隔约10年通过歌曲旋律中的共生现象重新流行起来。我们将这首经典歌曲改编成了蜜雪冰城永久的广告歌。这与之前提到的"文化母体四部曲"方法相呼应。寻找一首歌曲，回到这首歌曲，成为这首歌曲，壮大这首歌曲。

超级符号的符号，不是狭义的视觉符号，而首先是语言符号，事实上，符号学是语言哲学，即语言研究。语言是最大的符号系统，而在非语言符号中，又包含视觉、听觉、嗅觉、味觉、触觉五种感官符号，都是我们选择和编织的材料。在蜜雪冰城的品牌符号编码中，我们已经有雪王的视觉符号编码，"你爱我，我爱你，蜜雪冰城甜蜜蜜"的语言符号编码，而最后风靡全球的音乐符号，则是超级符号的又一哲学。

音乐本身就是哲学，叔本华说："音乐的客体直接是意志，而意志，作为一切一切之所系，在本质上就是最严肃的东西。——音乐的语言是如何内

347

容丰富，意义充沛，即令是重奏符号以及重头再奏也可以证实。如果是在文字写的作品中，那样的重复会令人难以忍受，而在音乐的语言中反而很恰当，使人舒适。音乐用一种最普遍的语言，用一种特有的材料——单是一些声音——而能以最大的明确性和真实性说出世界的内在本质，世界自在的本身——这就是我们按其最明晰的表出在意志这一概念之下来思维的东西。假定我们对于音乐所做的充分正确的、完备的、深入细节的说明成功了，即是说把音乐所表示的又在概念中予以一个详尽的复述成功了，那么，这同时就会是在概念中充分地复述和说明了这世界，或是和这种说明完全同一意义，也就会是真正的哲学。"

对我而言，音乐是连接人类知觉框架和文化母体的虫洞。通过音乐，我们基本上可以进入人们心中的宇宙，因此，通过创作广告歌，我们创造了一个虫洞。

有一句话说，歌曲是"耳虫"，意味着一首歌曲，或一首广告歌曲，有时会在一个人的思维和记忆中反复出现，这会导致他们无意识地唱出这首歌，从而实现信息的病毒式传播。在这个意义上，它几乎像是"口口相传"的广告歌。

这就是蜜雪广告歌"你爱我，我爱你，蜜雪冰城甜蜜蜜"的运作方式。虫洞和耳虫效应如此强大，以至于人们自发地将歌词翻译成二十多种语言，在全球播放超过600亿次，平均每个地球人听过十遍，而且这个数据还每一天都在继续攀升。

这就是哲学，就是意志。

将经典名曲改编成广告歌，是所有广告公司都经常做的创意，但是却很少有人取得华与华这样的成功，这是因为其他公司在做这件事的时候，只是把他作为某一次的电视广告创意，而华与华将他们作为品牌超级符号的组成部分来选择和坚持。不仅是蜜雪冰城，华与华给每一个品牌选择的歌曲都非常恰当，而且都是像设计品牌标识一样永久性的使用。

华与华是超级符号理论的发源地，而不仅是超级符号，华与华在传播理论、品牌理论、设计理论上都有创新，我们将持续推进蜜雪冰城品牌和华与华方法。